E-Book inside.

Mit folgendem persönlichen Code können Sie die E-Book-Ausgabe dieses Buches downloaden.

```
69018-irx6p-
56r01-2nt9q
```

Registrieren Sie sich unter
www.hanser-fachbuch.de/ebookinside
und nutzen Sie das E-Book auf Ihrem Rechner*, Tablet-PC und E-Book-Reader.

Der Download dieses Buches als E-Book unterliegt gesetzlichen Bestimmungen bzw. steuerrechtlichen Regelungen, die Sie unter www.hanser-fachbuch.de/ebookinside nachlesen können.
* Systemvoraussetzungen: Internet-Verbindung und Adobe® Reader®

Neumann
Souverän auftreten

Reiner Neumann

SOUVERÄN AUFTRETEN

Auftritt, Wirkung, Rhetorik

HANSER

Bibliografische Information der Deutschen Nationalbibliothek

Die Deutsche Nationalbibliothek verzeichnet diese Publikation in der Deutschen Nationalbibliografie; detaillierte bibliografische Daten sind im Internet über <http://dnb.d-nb.de> abrufbar.

Dieses Werk ist urheberrechtlich geschützt.

Alle Rechte, auch die der Übersetzung, des Nachdrucks und der Vervielfältigung des Buches, oder Teilen daraus, sind vorbehalten. Kein Teil des Werkes darf ohne schriftliche Genehmigung des Verlages in irgendeiner Form (Fotokopie, Mikrofilm oder ein anderes Verfahren), auch nicht für Zwecke der Unterrichtsgestaltung, reproduziert oder unter Verwendung elektronischer Systeme verarbeitet, vervielfältigt oder verbreitet werden.

© 2017 Carl Hanser Verlag München
www.hanser-fachbuch.de

Lektorat: Lisa Hoffmann-Bäuml
Herstellung: Thomas Gerhardy
Satz: Kösel Media GmbH, Krugzell
Umschlaggestaltung: Stephan Rönigk
Druck & Bindung: Hubert & Co, Göttingen
Printed in Germany

ISBN 978-3-446-44930-5
E-Book-ISBN 978-3-446-44974-9

Vorwort

„Man kann nicht *nicht* kommunizieren", formulierte Paul Watzlawick bereits in den 1960er-Jahren. Andere Menschen nehmen uns wahr und beurteilen uns. Immer.

Natürlich geht es um das Was. Eine ebenso große Bedeutung kommt allerdings auch dem Wie zu: Menschen, die gestikulieren, bekommen mehr Aufmerksamkeit. Durch gut gewählte Pausen unterstreichen wir unsere Präsenz. Blickkontakt und ein Lächeln wirken sympathisch und wertschätzend. Sympathische Menschen können uns leichter überzeugen.

All diese Faktoren und noch viele mehr beeinflussen unseren Erfolg – in alltäglichen Situationen, privat ebenso wie im Beruf.

„Souverän auftreten" bedeutet, Körpersprache und Stimme richtig einzusetzen. „Souverän auftreten" bedeutet, seine Meinung klar und verständlich zu formulieren, überzeugende Argumente auch überzeugend vorzubringen. „Souverän auftreten" bedeutet, eine mitreißende Rede zu halten oder eine Präsentation fesselnd zu gestalten.

Bücher zum Thema gibt es viele – nicht alle sind inzwischen noch aktuell, manche versprechen den durchschlagenden Erfolg für jedermann nach einem Patentrezept, wieder andere ignorieren fundierte wissenschaftliche Erkenntnisse über unser Verhalten. In diesem Buch finden Sie das wichtige Rüstzeug für Ihren souveränen Auftritt – gesichertes Wissen, probate Methoden und erprobte Hinweise zur richtigen Anwendung. Illustriert wird alles durch spannende Beispiele aus Unternehmen und Öffentlichkeit mit einer ganzen Reihe bekannter Persönlichkeiten.

Nähe zu Ihrem Alltag hat das Ganze auch: Seit mehr als 30 Jahren arbeite ich – gerne und erfolgreich – mit den verschiedensten Menschen aus unterschiedlichsten Unternehmen in vielen Ländern – als Trainer und Berater, davor als Manager. Dieser Hintergrund prägt das Buch – lassen Sie sich informieren, vielleicht überzeugen und vor allem gut unterhalten.

Rotenburg, im Frühjahr 2017
Reiner Neumann

Inhalt

1	**Auftritt und Wirkung – Emotion vor Fakten**	**11**
1.1	Der erste Eindruck: Schnell, aber fehlerhaft	11
1.2	Sympathie und Nähe: Gleich und Gleich gesellt sich gern	18
1.3	Erfolgreich kommunizieren: Ein schwieriges Unterfangen	23
1.4	Aussehen: Schönheit liegt nicht nur im Auge des Betrachters	30
1.5	Stand, Haltung, Position: Auch stehen und gehen will gekonnt sein	33
1.6	Mimik und Blickkontakt: Lassen Sie Ihr Gesicht sprechen	36
1.7	Gestik: Mit den Händen sprechen	38
1.8	Körpersprache interpretieren: Mit Vorsicht	42
1.9	Kleidung und Accessoires: Unsere soziale Haut	44
1.10	Stimme und Sprechen: Lassen Sie von sich hören	48
1.11	Literatur	52
2	**Dialektik und Argumentieren – Überzeugen, überreden, gewinnen**	**57**
2.1	Verstehen und Verständlichkeit: Auf den Punkt gebracht	57
2.2	Sprache und Wörter: Sagen, was Sie meinen	63
2.3	Begründung und Argumentation: Das ist so, weil	72
2.4	Macht der Menge: Orientieren an der Mehrheit	85
2.5	Gewohnheiten – Regeln – Normen: Von Spielregeln bis Bürokratie	88
2.6	Zahlen, Daten, Fakten und Experten: Vertrauen und Hinterfragen	90
2.7	Knapp und besonders: Selten hat seinen Preis	95
2.8	Reziprozität oder Verpflichtung: Wie du mir, so ich dir	98
2.9	Souverän im Dialog: Fragen richtig stellen	101

2.10	Eristik und Angriffe: Abteilung Attacke	103
2.11	Literatur	109

3 Rede, Vortrag, Präsentation – Souverän vor Gruppen 115

3.1	Rhetorik: So geht eine gute Rede	115
3.2	Die Rede – der Auftritt	117
3.3	Die Rede – die Sprache	118
3.4	Die Rede – das Manuskript	121
3.5	Die Rede – den Text schreiben	124
3.6	Haben Sie PowerPoint …?	128
3.7	Lampenfieber oder Blackout	138
3.8	Von Siegern lernen	138
3.9	Literatur	142

4 Mensch und Medien – Der öffentliche Auftritt 145

4.1	Im Gespräch mit der Presse	145
4.2	Richtig verhalten im Kontakt mit Medien	148
4.3	Bedürfnisse der Journalisten	151
4.4	Ihre Erwartungen an Journalisten	152
4.5	(Hintergrund-)Gespräch – Der häufigste Kontakt	154
4.6	Interview – Das besondere Format	155
4.7	Das Besondere an Rundfunk und Fernsehen	158
4.8	Die passende Kleidung fürs Fernsehen	160
4.9	Krisen und Kommunikation	161
4.10	Literatur	165

5 Charisma und Wirkung: Geschenk des Himmels oder bewusst gestalten? 167

5.1	Punkten mit Charisma	167
5.2	Charisma als Merkmal der Persönlichkeit?	169
5.3	Authentisch sein	171
5.4	Flexibilität und Feedback	175
5.5	Image Shaping – Ihren Auftritt bewusst gestalten	176
5.6	Small Talk – Das kleine Gespräch	183

5.7	Gestalten Sie Ihr Image	185
5.8	Literatur	187

Literatur: Was schreiben andere? 191

Index 195

Der Autor: Wer hat es geschrieben? 201

1 Auftritt und Wirkung – Emotion vor Fakten

Das können Sie lernen

- Der erste Eindruck ist entscheidend für die Wahrnehmung von Personen.
- Wir achten bevorzugt auf deutliche Signale.
- Gut sichtbare überdecken andere Merkmale.
- Frühzeitig wahrgenommene Merkmale bestimmen Bild und Interaktion.
- Ähnlichkeiten in Aussehen und Verhalten wirken positiv.
- Übereinstimmungen in Erwartung und tatsächlichem Eindruck überzeugen.
- Also: Vorsicht bei der (Über-)Bewertung des ersten Eindrucks.
- Interpretieren Sie vorsichtig.
- Senden Sie als Akteur bewusst klare Signale.

1.1 Der erste Eindruck: Schnell, aber fehlerhaft

„Nur wenn andere dein Äußeres okay finden, gibt es überhaupt die Gelegenheit, dass sie auch dein Inneres kennenlernen, egal, ob es um die Aufnahme in die Schule, das Vorstellungsgespräch für einen Job oder die Partnersuche geht." So steht es auf der Website der chinesischen Kosmetikfirma Mitao (Maak 2014).

„Die Menschen, die uns gegenübersaßen, hatten schwarze Anzüge an und dunkle Brillen, äh, was aber durchaus auf Seriosität schließen ließ." Mit diesen Worten begründete der damalige Chef der Berliner Verkehrsbetriebe (BVG) sein Vertrauen in ein schwer durchschaubares Collateralized-Debt-Obligations-Geschäft mit der amerikanischen Investmentbank J. P. Morgan (Wassermann 2014). Der Deal endete mit etwa 200 Millionen Dollar Verlust für die BVG.

Kurz und schnell, und doch von großer Wirkung – der erste Eindruck. In Sekundenbruchteilen machen wir uns ein Bild von anderen Menschen. Das dauert maximal ein paar Sekunden. Nach diesem ersten Überblick steht unser Urteil fest.

Anhand des Gangbildes schätzen wir das Maß der Extravertiertheit anderer Menschen ein. Aus der Gestik können Versuchspersonen die sexuelle Orientierung ihnen unbekannter Personen mit einer guten Trefferquote erkennen. Die Klugheit eines Menschen machen wir an seiner Sprechweise fest. Aus der Festigkeit des Händedrucks schließen wir auf den Charakter der Person (Miketta/Siefer 2002).

Den ersten Eindruck bilden wir aus den Elementen, die unser Auftreten und unsere Wirkung bestimmen – Gesichtsausdruck, Stimme, Gestik, Körperhaltung, Kleidung, die Art und Weise der Ansprache. Die zuerst wahrgenommenen Kriterien sind das Alter, das Geschlecht und die Attraktivität. Vor allem werden hier die Mimik, der Gang, der Geruch (bei ausreichender Nähe der Personen zueinander) und die Stimme beachtet. Lachen wird als Freundlichkeit interpretiert, ein fester Blickkontakt als Selbstsicherheit. Für die Einschätzung der Klugheit ist die Sprechweise ein wichtiger Indikator, besonders flüssige und saubere Formulierungen unterstützen diesen Eindruck. Lautes Sprechen wird als Anzeichen für Geselligkeit und Selbstsicherheit gedeutet, ruhige Bewegungen als weiteres Merkmal für Selbstsicherheit, und ausladende Bewegungen deuten auf Geselligkeit hin.

Viel hängt von der Klarheit der Signale ab: Deutliche Signale werden früher und besser als undeutliche wahrgenommen, ein dominantes Signal kann alle anderen überstrahlen. Die betreffende Person wird dann schnell nach nur diesem einen Merkmal beurteilt. Ein eventueller Mangel an erkennbaren Signalen wird als Langeweile interpretiert. Der Beobachter braucht dann zu lange, um sich ein Bild zu machen.

Der erste Eindruck entsteht spontan und weitgehend unbewusst. Er beruht auf Vorurteilen als Mix aus unserer bisherigen Erfahrung, Stereotypien, Prägungen in unserer sozialen Umwelt und natürlich auch situativen Elementen.

Wir haben blitzschnell entschieden, was von dem anderen zu halten ist – wir schließen anhand des Erscheinungsbildes auch auf tiefer liegende Eigenschaften wie Ehrlichkeit oder Selbstsicherheit. In Abhängigkeit von dieser Wahrnehmung richten wir unser weiteres Verhalten im Kontakt mit diesem Menschen.

> Der erste Eindruck entsteht in wenigen Sekunden.

Nach etwa 30 bis 40 Sekunden überprüfen wir – unbewusst – unseren ersten Eindruck. Dabei allerdings achten wir besonders auf die Merkmale, die uns schon beim „allerersten" ersten Eindruck aufgefallen sind.

Das ist die Wirkung des Primäreffekts (Primacy Effect; Asch 1946). Er beschreibt unsere Tendenz, früh aufgenommenen Informationen größere Bedeutung zuzuschreiben als den Informationen, die wir erst mit der Zeit dazugewinnen. Der Grund dafür liegt in unserem Bedürfnis, unsere grundsätzliche Unsicherheit in solchen Situationen schnell zu verringern (Need for Closure). Also hat das besonderes Gewicht, was wir zu Beginn wahrnehmen.

Ein zweiter Grund für die besondere Bedeutung des Primäreffekts ist eine als „Change of Meaning" bezeichnete Verhaltenstendenz: Wenn Menschen sich erst einmal einen Eindruck über Situationen oder über Personen verschafft haben, dann interpretieren sie später erlangte Informationen bevorzugt im Sinne dieses (ersten) Eindrucks. Hier lauert natürlich ein systematischer Fehler in der Interpretation des Verhaltens anderer.

> Primäreffekt: Früh wahrgenommene Merkmale prägen unsere Einschätzung in besonderem Maße.

Frauen in roter Kleidung werden von den meisten Männern als attraktiver wahrgenommen. Ihnen wird eher sexuelle Freizügigkeit zugeschrieben als Frauen in andersfarbiger Garderobe. Andere Frauen identifizieren rot Gewandete darüber hinaus eher als potenzielle Rivalinnen (Pazda/Prokop/Elliot 2013). Allein die Farbe der Kleidung reicht also aus, um einen anderen Menschen einzuschätzen. Und mehr als das: Unser Urteil geht weit über die mögliche Vorliebe für oder die Abneigung gegen eine Farbe hinaus. Menschen trauen sich ja anscheinend zu, die Bereitschaft zur Paarung bei unbekannten Dritten anhand der Farbe von Kleidungsstücken einzuschätzen. Dieser Haloeffekt (Cooper 1981) beschreibt, dass wir uns von einzelnen hervorstechenden Merkmalen besonders stark beeinflussen lassen. Unser Urteil wird dann in die Richtung der Interpretation dieses Merkmals verzerrt. Wenn jemand bei der ersten Begegnung stolpert, werden wir ihn tendenziell für weniger geschickt halten; wenn jemand uns mit einer festen dunklen Stimme beeindruckt, werden wir ihn vermutlich auch für selbstsicher und entscheidungsstark halten. Zwischen diesen Merkmalen gibt es keine kausalen Zusammenhänge. Gleichwohl schaffen wir uns solche Verbindungen, das ist in unserem System zur Verarbeitung von Wahrnehmungen verankert.

Matt Taylor brachte es im November 2014 zu weltweiter Berühmtheit. Der eigentliche Anlass war die erfolgreiche Landung des Minilabors „Philae" auf einem Kometen. Eine herausragende wissenschaftliche Leistung. Bei seinem Auftritt vor der Weltpresse trug Matt Taylor allerdings „ein wild changierendes Satinhemd, bedruckt mit schreiend bunten Comiczeichnungen leicht bekleideter Frauen" (Rottmann 2014). Dieses Accessoire führte dazu, dass dem Wissenschaftler zunächst weniger für seinen Erfolg applaudiert wurde. Vielmehr wurde er unter dem Hashtag #shirtgate für die sicher wenig geschickte Wahl seiner Kleidung weltweit heruntergemacht. Das Motiv auf dem Hemd allein reichte aus, um ihn zum Sexisten zu stempeln und zum Opfer der Meute zu machen. Matt Taylor war gezwungen, sich in einem Film der ESA auf YouTube zu entschuldigen. Den von vielen vielleicht doch ein wenig falsch gewählten Schwerpunkt in der Beurteilung dieser Person kommentierte eine Twitter-Userin (-in!!!) mit den Worten: „Da landet ein Typ ein verdammtes Labor auf einem Planeten, und alle reden über sein Hemd? Kann mir das mal einer erklären?"

> Haloeffekt: Einzelne Merkmale überlagern alle anderen – daraus leiten wir weitreichende Folgerungen ab.

Der erste Eindruck ist ein Relikt unserer Stammesgeschichte. Unsere Vorfahren mussten bei vielen Begegnungen spontan entscheiden: Ist es Essen oder will es mich essen? Freund oder Feind? Ehrliche Absicht oder Täuschung? Unser Überleben bis zum heutigen Tage zeigt, dass die Mehrheit dieser Entscheidungen ziemlich richtig war. Sonst wären Sie jetzt kaum hier und könnten diesen Text lesen.

Gleichwohl ist Vorsicht geboten. Menschen neigen dazu, die Qualität ihres Urteils zu überschätzen. Einzelne erfolgreiche Zuordnungen bestärken uns in unserer positiven Meinung von uns selbst und in unserem selbst attestierten Vermögen zur Beurteilung anderer. Fehler werden gerne verdrängt oder gar nicht erst wahrgenommen. Diesen Fehler begehen auch Experten: So zeigt eine Studie, dass Intensivmediziner, die sich ihrer Diagnose aufgrund „klarer Symptome" vollständig sicher waren, in vier von zehn Fällen falsch lagen (Dworschak 2012).

Der erste Eindruck funktioniert besonders gut über die Bildung von Kategorien anhand weniger Merkmale. Solche Kategorien erleichtern uns die Einschätzung anderer Menschen, sie verstellen allerdings auch den offenen Blick auf Unterschiede. Beispielsweise vermuten wir bei Angehörigen ein und derselben Berufsgruppe (Polizeibeamte sind ehrlich … Versicherungsvertreter wollen einen doch nur über den Tisch ziehen …) oder bei Menschen, die besonders gut erkennbare körperliche Merkmale teilen (Rothaarige sind feurig … kleine Männer haben ein schlechtes Selbstbewusstsein …), ein hohes Maß an Übereinstimmung. Dahingegen wird der Unterschied zwischen Kategorien (Männer sind sachlich, Frauen sind emotional geprägt … Deutsche sind ordentlich, Franzosen sind charmant …) in der Regel überschätzt.

- Kategorien erleichtern uns die Einschätzung anderer Menschen.
- Individuelle Unterschiede werden dabei leicht übersehen.
- Unterschiede zwischen Gruppen werden überschätzt, Unterschiede zwischen den Angehörigen derselben Gruppe unterschätzt.

Diese Tendenzen werden dadurch verstärkt, dass wir uns selber für recht gute Menschenkenner halten. Wir glauben, dass wir andere Menschen wirklich gut beurteilen können. Das steht nicht immer in Einklang mit der Realität. Aber da wir bestätigende Informationen besonders aufmerksam registrieren und weniger intensiv nach abweichenden suchen oder diese sogar ignorieren, steht das unserer Selbsttäuschung nicht im Wege.

So stellt Claus Peymann, der Intendant des Berliner Ensembles, im Interview kategorisch fest: „Ich studiere das Mienenspiel. Ich sage Ihnen, ich erkenne hundertprozentig die Lügner. Ich hab ja nichts anderes gelernt, als Menschen zu beobachten. Ich sehe, wenn das Innere was ganz anderes sagt als das Äußere" (Stuff/Weidermann 2015).

Neben dem Haloeffekt sind weitere häufige Fehler bei der Beurteilung anderer Menschen der Kontrast- und der Gewichtungsfehler. Kontrastfehler führen beim Vergleich mehrerer Personen – beispielsweise hinsichtlich ihrer Leistung – dazu, dass wir unbewusst einen besonders leistungsstarken oder recht schwachen Kandidaten als „Maßstab" nehmen. Im Vergleich schneiden dann alle anderen zwangsläufig deutlich schlechter oder eben besonders gut ab.

In den USA werden mit „Cleanse"-Fastenkuren jährlich etwa fünf Milliarden Dollar Umsatz erzielt. Wissenschaftlich nicht fundiert, das Prinzip der „inneren Reinigung" klingt aber gut. Vor allem jedoch werden diese Produkte von Gwyneth Paltrow angepriesen (Kullmann 2015). Die Schauspielerin ist erfolgreich und hat viele Fans – die Zahl ihrer Follower auf Facebook ist siebenstellig. 2013 wurde Gwyneth Paltrow vom Magazin *People* zur „Most Beautiful Woman" gewählt. Neben einer solchen Frau kann man ohne Hilfe nur schlecht bestehen – viele greifen wohl auch deshalb zu den von ihr als ein Geheimrezept ihrer Schönheit beworbenen Kuren.

Der Gewichtungsfehler beschreibt die Tendenz, besonderen negativen oder positiven Informationen proportional mehr Gewicht beizumessen. Diese Faktoren bestimmen das Ergebnis der Beurteilung dann weit stärker als andere Aspekte.

Die moderne Welt ist digital, 4.0 und irgendwie Silicon Valley. Wenn Sie das mit Ihrem Unternehmen nicht abbilden, sind Sie ziemlich „yesterday". Das sichtbarste Symbol des modernen erfolgreichen und zukunftsorientierten Mindsets ist anscheinend die Krawatte. Beziehungsweise keine – Volkmar Denner (Bosch), Joe Kaeser (Siemens) oder Dieter Zetsche (Daimler) verzichten inzwischen beinahe lustvoll auf eine Krawatte. „Den neuen Look haben die deutschen Top-Manager nicht selbst erfunden, sondern abgekupfert bei denen, die sie auch sonst zum Vorbild erkoren haben: den Internet-Pionieren im Silicon Valley" (Weiguny 2015). Die rein äußerliche Ähnlichkeit im Verzicht auf eine Krawatte wird damit zum Beweis der grundsätzlichen geschäftlichen Orientierung stilisiert.

> Haloeffekt, Kontrast- und Gewichtungsfehler machen die Einschätzung anderer Menschen schwierig.

In unserer Wahrnehmung orientieren wir uns stärker an negativen als an positiven Emotionen. Es wird ein entwicklungsgeschichtlicher Zusammenhang mit vermuteten Bedrohungen wie zum Beispiel einem ärgerlichen Gesichtsausdruck angenommen. Auf solche Signale reagieren wir schnell und stark. Schon ein Mangel an klar positiven Signalen wird von uns schnell als negative Stimmung interpretiert.

Die Offenheit anderen gegenüber ist das wichtigste positive Element für unseren ersten Eindruck. Offenheit verbinden wir mit Körperhaltung und Blickkontakt. Wirkt die Körperhaltung entspannt, lädt das andere zum Kontakt ein. Auch ein Lächeln wirkt sehr stark.

Verbindungen zwischen unterschiedlichen Eindrücken stellen wir bevorzugt dann her, wenn diese Elemente miteinander assoziiert werden. Gutes Aussehen beispielsweise wird mit Intelligenz verbunden, Größe mit Macht. Schöne Menschen gelten als intelligenter und sozial kompetenter.

Sonja Bischoff, Professorin für Allgemeine Betriebswirtschaftslehre an der Universität Hamburg, hat in einer Langzeitstudie die Bedeutung des Aussehens bei der Einstellung von Personal untersucht. Sie stellt fest: „Nur mit Wissen kann niemand eine besondere Ausstrahlung erhalten, die heutzutage vor allem für Führungskräfte ausgesprochen wichtig ist" (Bischoff 2010). Stuften 1986 lediglich sieben Prozent der Befragten das Aussehen als wichtig ein, sind es 2003 bereits 28 Prozent. Schöne Menschen sind demnach selbstbewusster und wirken zielstrebiger.

Eine umfangreiche Studie mit vielen Sekundäranalysen einschlägiger Untersuchungen zur körperlichen Attraktivität hat Daniel S. Hamermesh (2011) durchgeführt. Er lehrt als Sue Killam Professor an der Universität von Texas und als Professor für Wirtschaftsökonomie an der Universität von Maastricht. In seinem Buch *Beauty Pays* weist er nach, dass attraktive Menschen aufgrund ihres Aussehens bei Einstellungen bevorzugt werden, dass sie bessere Arbeitsergebnisse attestiert bekommen und besser bezahlt werden. Einzelne oder wenige hervorstechende Merkmale wie Schönheit reduzieren auf einen Schlag die Komplexität und damit die Unsicherheit der Entscheidung. Wir fühlen uns sicher in unserer Einschätzung. Wenn jemand kompetent und überlegen aussieht, hat er den größten Teil des Wegs ins Ziel schon zurückgelegt.

Am stärksten sprechen wir auf Ähnlichkeiten an. Wir bevorzugen Personen, die in Aussehen, Körpersprache und Stimme zu uns zu passen scheinen. Das ist einer von uns! Und damit ist er (oder sie) uns gleich sympathischer.

Rebekah Brooks begann ihre Karriere als Sekretärin bei der Zeitschrift *Post*. Danach wechselte sie zunächst als Sekretärin und dann als Schreiberin zur *News of the World*. Von dort ging es weiter zur *Sun*, immerhin schon als stellvertretende Chefredakteurin und dann als Chefredakteurin zurück zur *News of the World*, alles übrigens Blätter aus dem Imperium von Rupert Murdoch. Der *Spiegel* berichtet mehr von dem Weg, der Rebekah Brooks so weit nach oben geführt hat: „Brooks lernte Tennis, wenn ihr Vorgesetzter Tennis spielte, und lernte das Golfspielen, als sie einen anderen Vorgesetzten mit anderen Vorlieben erhielt. Und dann machte sie ihren Segelschein, obwohl keiner ihrer direkten Chefs segelte. Aber die Murdochs segelten, und der Durchbruch in den Familienkreis des Tycoons schuf die erste Grundlage für ihre … Stellung" (Hoyng/Rosenbach 2011, siehe auch Leithäuser 2011). Der Volksmund mag das A…kriechen nennen, es scheint aber zu wirken.

Menschen mögen nun einmal Menschen, die etwas mit ihnen gemeinsam haben. Menschen, die uns in einzelnen Merkmalen ähnlich sind, schreiben wir gerne weitere Eigenschaften zu, die wir bei uns selber positiv finden. Mangel an Ähnlichkeit wird ebenso leicht mit kritischen Eigenschaften assoziiert.

> Ähnlichkeit wird bevorzugt.

Besonders intensive Erfahrungen können Menschen schon dann machen, wenn sie nur anders aussehen. Am ersten Juli-Wochenende 2016 wurde ein Geschäftsmann aus den Arabischen Emiraten von einer Empfangsmitarbeiterin in einem Hotel in Cleveland wegen seiner traditionellen Kleidung als Terrorist identifiziert. Daraufhin rückte die Polizei in Kompaniestärke an und überwältigte den Ahnungs- und Hilflosen in brutalster Manier (N. N. 2016a). Neben der Naivität der Eingeborenen in Ohio (gerade Terroristen tarnen doch wohl eher ihre Absichten, sollte man meinen) unterstreicht das wieder einmal die Macht des ersten Eindrucks. Die Behörden in den Vereinigten Arabischen Emiraten empfahlen ihren Bürgern in den USA daraufhin als Erste-Hilfe-Maßnahme den Verzicht auf traditionelle Kleidung. Vielleicht ist es an der Zeit, einmal wieder Arthur Millers *Hexenjagd* (1987) zur Hand zu nehmen und den Inhalt kritisch zu reflektieren.

Auch wenn es nicht immer gleich zu solchen verstörenden Überreaktionen kommt, so bleibt die Tatsache bestehen, dass wir uns auf der Basis unseres ersten Eindrucks schnell ein Bild von anderen machen und aufgrund dieses Bildes handeln. Wir meinen dann zu wissen, wie sie oder er wirklich ist und wie dieser Mensch sich zukünftig verhalten wird. Und an diesem erwarteten Verhalten richten wir wiederum unser Verhalten aus. Das bekommt die Person dann zu spüren – im Guten wie im Schlechten.

Nehmen Sie die Macht des ersten Eindrucks ernst. Es fängt schon damit an, selbst nicht den gleichen Fehler zu machen wie andere, die uns vielleicht unzutreffend einschätzen. Wir selbst bilden uns täglich nach denselben Handlungsmustern und mit denselben Fehlerquellen ein Urteil über andere Menschen.

Der Kabarettist Vince Ebert berichtet über einen seiner Auftritte: „In einem kleinen Ort bei Karlsruhe gibt es die Eckerle Gruppe, einen typischen Maschinenbauzulieferer. Die hatten für ihre Veranstaltung das Gemeindezentrum gebucht, ein grausamer Ort, und der Chef hatte Klamotten an, es war zum Davonlaufen" (Balzter 2016). Ein verheerender erster Eindruck also. Und sicher auch ein Beispiel, wie schnell dieser erste Eindruck entsteht und mit welchem Mangel an Respekt daraufhin manche von uns anderen Menschen begegnen. Doch auch ein Beweis dafür, wie sehr wir uns beim ersten Eindruck täuschen können. Denn der Text geht weiter: „Aber dann entpuppte er sich als ein total interessanter, kluger, aufgeschlossener Mann, der außerdem 3000 Mitarbeiter beschäftigte." Und sogar unverschämten vorurteilsbehafteten Kabarettisten ein gutes Auskommen ermöglicht, möchte man hinzufügen.

Am problematischsten ist jedoch fast immer das Abtauchen, weil man ja sowieso keine Chance hat – und dabei nicht bemerkt, dass man damit nur den bestehenden Eindruck bestärkt. Denn es gilt: Wer die Wahrnehmung der eigenen Person und seinen Eindruck verändern will, muss erst recht aus der Deckung kommen und Punkte machen, wo es nur geht.

- Sortiere ich andere schnell in eine bestimmte Schublade?
- Bin ich offen für davon abweichende Wahrnehmungen?
- Wie wirke ich auf andere?
- Will und kann ich diesen Eindruck ändern?

1.2 Sympathie und Nähe: Gleich und Gleich gesellt sich gern

- Schaffen Sie Nähe zu anderen Menschen.
- Ähnlichkeiten in Aussehen, Vorlieben und Verhalten machen sympathisch.
- Ähnliche Menschen überzeugen uns leichter als andere.
- Die Wahrnehmung von Nähe unterstützen Sie durch private Informationen.

Wenn Sie dazugehören wollen, machen Sie das besser schon durch Ihr Outfit deutlich. Auf der Südtribüne beim BVB tragen Sie besser auch ein „Bienen-Shirt", und die Erlaubnis zum Tragen der Kutte ist in einschlägigen Kreisen hart umkämpft – nur damit sind Sie vollwertiges Mitglied im Chapter.

Das Gleiche gilt für das menschliche Verhalten. Darum versuchen Partneragenturen, Menschen zusammenzuführen, die möglichst viele Ähnlichkeiten aufweisen. Parship beispielsweise vergibt Matchingpunkte für Übereinstimmungen. Menschen mit vielen Matchingpunkten, so die Theorie, werden sich unweigerlich ineinander verlieben. Übereinstimmende Profile sind die Basis für Sympathie und Nähe. Als soziale Wesen haben wir ein Bedürfnis nach Nähe und Kontakt zu anderen Menschen. Schon Säuglinge richten ihren Kopf bevorzugt in die Richtung, aus der sie eine menschliche Stimme hören.

Aufmerksamkeit wird in unserem Umfeld durch eine Vielzahl von Elementen beansprucht. Von Menschen bis Maschinen, von Facebook bis Fachbüchern. Menschen konkurrieren immer um die Aufmerksamkeit anderer – ob sie als Straßenkünstler ihren Hut füllen oder die Zuneigung einer bis dato ihnen weniger zugeneigten Person erobern wollen. In seiner *Ökonomie der Aufmerksamkeit* beschreibt Georg Franck (1998), dass die Hauptwährung in unserer Gesellschaft eben die Aufmerksamkeit für unsere Angebote darstellt. Allein die Zahl der „Freunde" auf Facebook übersteigt bei vielen die Wahrnehmungsspanne, in der ich andere Menschen noch mit konkreten Vorlieben und Abneigungen oder persönlichen Eigenschaften verbinden kann. Der Mathematiker Stephen Wolfram errechnete laut *FAZ* (Beeger 2017), dass jeder Facebook-Nutzer im Schnitt 342 „Freunde" hat. Die Spanne reicht bis zu 5000 „Freunden", Prominente haben auf ihren Facebook-Präsenzen wesentlich größere Scharen an Followern. Selbst die „bescheidene" Menge von 342 Freunden überschreitet allerdings bei Weitem die magische Grenze der Dunbar-Zahl von etwa 150 bis 200 Personen (Dunbar 1993). Beschrieben wird damit die größte mögliche Menge an Kontakten, die unser Gehirn verarbeiten kann. Der britische Anthropologe Robin Dunbar untersuchte, in wie vielen Fällen wir Namen einzelner Personen jeweils mit Gesicht und persönlichen Informationen verknüpfen können. Durch einen gelungenen Auftritt und durch gute Selbstdarstellung schaffen Sie eben diese Aufmerksamkeit für Ihre Person, um bei für Sie wichtigen Menschen in den „Dunbar-Kreis" zu gelangen.

Bibb Latané (1981) beschreibt in seiner „Theorie der sozialen Wirkung" Einfluss als das Ergebnis der Faktoren „Stärke", „Nähe" und „Häufigkeit". „Stärke" hängt vom Status, den Fähigkeiten und der Verbindung zum Publikum ab. Je mehr Nähe wir zu einer Quelle empfinden, desto größer ist ihre Wirkung. Die Nähe zu anderen Menschen bedeutet auch ein größeres Maß an Ähnlichkeit. Menschen, die sich auch räumlich nahe sind, haben mehr und intensivere Interaktionen. So finden viele ihren Lebenspartner unter den Menschen, die ihnen räumlich nahe sind und die sie häufiger treffen – in der Nachbarschaft, im Verein oder während der Arbeit.

> **Nähe schafft Sympathie.**

Wiederholte Treffen vertiefen eine anfängliche Bekanntschaft, der nächste Schritt ist Vertrautheit, Vertrautheit wird häufig zu Sympathie (Ausnahmen bestätigen in diesem Fall die Regel). Robert Zajonc (1968) belegte dies, indem er in Versuchen nachwies, dass Menschen zum Beispiel Wörter oder Gesichter interessanter und angenehmer fanden, je öfter sie ihnen im Versuch gezeigt wurden. Bei häufigeren Kontakten halten wir diese Menschen für ehrlicher oder intelligenter.

Manchmal reicht es, wenn die Ähnlichkeit nur vorgetäuscht ist. Das hat die amerikanische Partnerbörse OkCupid in einem groß angelegten Versuch untermauert (Schwenkenbecher 2014). Einer der Mitbegründer, Christian Rudder, hat die Matchingpunkte der ausgewählten Personen systematisch variiert. Bei einem geringen Wert von 30 Prozent Übereinstimmung ließ er das Ergebnis auf 60 oder 90 erhöhen. Obwohl diese Kunden laut ihrer ursprünglichen Matchingpunkte nur wenig Übereinstimmung aufweisen konnten, reichte die Angabe des Systems aus, um beim anderen ausreichend intensiv nach eben dieser vermuteten Übereinstimmung zu suchen. Angegebene 90 Prozent Übereinstimmung führten dazu, dass diese Personen doppelt so lange Kontakt miteinander hatten wie die Mitglieder einer Vergleichsgruppe mit „echten" 30 Matchingpunkten.

> **Vermutete Nähe reicht aus!**

Viele Strategien erfolgreicher Verkäufer beruhen darauf, Sympathie und Nähe aufzubauen oder darzustellen. Der erste Schritt ist häufig Ähnlichkeit in Kleidung, Sprechweise oder Themen. Sie machen einiges richtig, wenn Sie sich in diesen Kategorien Ihren Partnern nähern. Wohldosiert, aber erkennbar.

Bernie Madoff hat seine Anleger insgesamt um über 65 Milliarden Dollar betrogen. Die Quittung bekam er mit 150 Jahren Haft – vermutlich wird er im Gefängnis sterben. Trotzdem muss man feststellen, dass es ihm gelungen ist, eine Vielzahl sonst anscheinend intelligenter Menschen über Jahre hinweg zu täuschen. Als eines seiner Erfolgsrezepte wird beschrieben, dass er sich als erfolgreicher Fondsmanager die notwendigen Attribute des Erfolgs leistete – mehrere Villen, tolle Urlaube, aber: „Trotz seines vermeintlichen Genies und trotz seines Geldes leistete sich Madoff nämlich nur jene Extravaganzen, die in der New Yorker Oberschicht ohnehin üblich waren" (Kremer 2016).

> **Akzeptanz durch äußere Attribute als Zeichen von Nähe.**

Gefühlte Nähe ist ebenso das Erfolgsgeheimnis der Tupperpartys und ähnlicher Verkaufskonzepte des Direktvertriebs. Die (meistens) Kundin muss keineswegs ein Geschäft aufsuchen und mit einer Verkäuferin sprechen, die sie womöglich nicht einmal kennt. Das Treffen findet in vertrauter Atmosphäre bei einer guten Bekannten oder gar Freundin statt. Es kommt auch nicht irgendein Verkäufer, es kommt eine begeisterte „Botschafterin" der Marke. Diese stellt zusammen mit der schon überzeugten Kundin das Produkt deren Freundinnen vor. Sie können alles anfassen, ausprobieren und natürlich kaufen. Meist gibt es einen Prosecco und etwas zum Essen. In der Regel wird auch gekauft, häufig mehr als nur ein bisschen, und sei es deswegen, weil man zur Freundin schlechter „Nein" sagen kann. Das System funktioniert hervorragend, zumindest für den Hersteller. Geschätzt findet alle paar Sekunden irgendwo auf der Welt eine Tupperparty statt. Produkte von Kosmetik über Dildos und Dessous bis zum Thermomix verkaufen sich bestens über Sympathie und Nähe.

> In angenehmer Atmosphäre wächst das Gefühl von Sympathie und Nähe. Viele Verkaufspraktiken machen sich das zunutze.

Die von Stanley Schachter und Jerome Singer (1962) formulierte Zwei-Faktoren-Theorie der Emotion beschreibt, wie sehr wir unsere Gefühle von der Beobachtung anderer Menschen abhängig machen. In dem mittlerweile klassischen Versuch wurde Probanden eine geringe Dosis Adrenalin verabreicht. Adrenalin führt zu einer leichten Erregung – Herzschlag, Erröten und leichtes Muskelzittern. Einigen Versuchspersonen wurde der Zusammenhang zwischen der verabreichten Droge und der körperlichen Wirkung erläutert, einer Kontrollgruppe nicht. Jede dieser beiden Gruppen wurde dann in wiederum zwei Hälften unterteilt. Der einen Untergruppe wurde jeweils tatsächlich Adrenalin gespritzt, die andere erhielt ein Placebo. Nach der Injektion verbrachte jeder Proband eine gewisse Zeit in einem Raum zusammen mit einer fremden Person. Diese war ihnen als weitere Versuchsperson vorgestellt worden. Tatsächlich handelte es sich jedoch um einen Schauspieler, der vom Versuchsleiter beauftragt worden war, sich je nach Instruktion entweder unruhig und ausgelassen oder eben verärgert zu verhalten. Nicht informierte Versuchspersonen mit verabreichtem Adrenalin interpretierten ihren besonderen Zustand, indem sie sich am Verhalten des anderen Anwesenden orientierten. Sie beschrieben die Wirkung der Injektion je nach dem Verhalten des Schauspielers als entweder aufheiternd oder deprimierend. Wenn wir nicht leicht zuzuordnende Gefühle interpretieren, orientieren wir uns bevorzugt an den Menschen in unserem unmittelbaren Umfeld.

> In der Interpretation unserer Empfindungen orientieren wir uns an den Menschen in unserem Umfeld.

Wenn Ihr Gegenüber nicht ohnehin besonders gut oder schlecht gelaunt ist, können Sie diese Tendenz nutzen. Bieten Sie in Ihrem Verhalten positive Emotionen und Nähe an, dann können Sie andere leichter von Ihren Absichten überzeugen. Viele Verkäufer arbeiten darum gezielt daran, es ihren Kunden möglichst angenehm zu machen. Sie sind geschult, durch ihr Verhalten Nähe zum Kunden herzustellen.

Wahrgenommene Nähe lässt sich durch gezielte Einblicke in Privates verstärken. Showstars und auch Manager verraten der Öffentlichkeit ausgewählte Ereignisse aus ihrem Privatleben. Aber auch von Arbeitskollegen oder Freunden erwarten wir nach einer gewissen Zeit der Bekanntschaft Einblicke in Privates. Private Geschichten zeigen uns scheinbar den Menschen „hinter der Maske".

> **Ausgewählte private Informationen schaffen das Gefühl von Nähe.**

Den Menschen in unserem Umfeld wollen wir vertrauen. Gleiche Werte, ein ähnlicher beruflicher und privater Hintergrund, vergleichbare Erfahrungen – das unterstützt unser Gefühl von Vertrauen. Der erklärende Faktor dabei ist Nähe. Wenn uns etwas mit anderen Menschen verbindet, unterstützen wie sie gerne und schenken ihnen wiederum unser Vertrauen. Ähnlichkeit übt eine besondere Wirkung aus. Mitarbeiter, die in einzelnen Merkmalen Ähnlichkeiten mit ihren Führungskräften aufweisen – oder im Lauf der Zeit erlernt haben, diese zu entwickeln –, können eher mit Sympathie und Akzeptanz rechnen als Kollegen, bei denen dies nicht festgestellt wird.

> Nähe entsteht durch
> - gemeinsam verbrachte Zeit,
> - emotionale Intensität,
> - gegenseitiges Verständnis und Vertrauen,
> - wechselseitigen Nutzen.

1.3 Erfolgreich kommunizieren: Ein schwieriges Unterfangen

- Sender und Empfänger, Sach- und Beziehungsebene machen Kommunikation kompliziert.
- Wir kommunizieren immer.
- Kommunikation findet auf der Sach- und auf der emotionalen Ebene statt.
- Sender und Empfänger codieren dieselbe Nachricht oft unterschiedlich.

Gefragt, warum er Banken ausraube, antwortete Willie Sutton (ein legendärer Verbrecher aus New York) „Because that's where the money is" (Hank 2016; „Weil dort das Geld ist" eig. Übers.). In einem Interview zum Abgasskandal beschönigte Matthias Müller den jahrelangen Betrug mit den Worten „Wir haben einen Fehler gemacht, wir haben das amerikanische Recht nicht richtig interpretiert. ... Das ist das Ding" (Vetter 2016). Ingeborg Glock (Pseudonym Fanny Müller) zur Ausländerfeindlichkeit: „Ich frage Sie: Können Menschen, die ihre Kinder Marvin, Kevin, Mandy und Michelle-halt's-Maul (meine Nachbarin von gegenüber) nennen, ausländerfeindlich sein?" (Schmitter 2016).

Das eine wird gefragt, das andere wird gesagt. Das eine wird gesagt, das andere wird verstanden. Kommunikation ist kompliziert – manchmal wird sie auch kompliziert gemacht.

Wir kommunizieren immer – ob Sie eine lange komplizierte Rede über ein wichtiges Thema halten oder ob Sie Ihrem Gesprächspartner mitten im Satz den Rücken zuwenden. Genauso nehmen wir die Signale anderer Menschen wahr und interpretieren diese. Signale empfangen und senden wir auf allen Ebenen – beispielsweise durch Körperhaltung, Gestik, Lautstärke und Satzlänge. Meist werden mehr Signale gesendet, als der Sender und auch der Partner wahrnehmen. Wir konzentrieren uns bevorzugt auf bestimmte Signale und nehmen bewusst oder unbewusst andere Elemente der Kommunikation überhaupt nicht wahr. Sender und Empfänger achten dabei nicht auf dieselben Signale. Gleichzeitig werden Signale immer unterschiedlich interpretiert. Ist eine Kostümierung als „Indianer" zu Halloween (vgl. dazu Stein 2016) oder zum Karneval nur eine von vielen möglichen Verkleidungen oder stellt das eine Geschmacklosigkeit gegenüber den ohnehin benachteiligten Angehörigen der „First Nations" dar? Nett, vielleicht sogar sexy – oder geschmacklos?

Zwischenmenschliche Kommunikation beschreibt zunächst den Austausch von Signalen zwischen Sender und Empfänger. Eine Nachrichtenquelle, unser Gehirn, wählt eine Nachricht aus, codiert und sendet diese. Der konkrete Sender sind dann unsere Stimmbänder (und mehr), übertragen wird die Nachricht durch Sprache. In den Ohren und dem Gehirn des Empfängers werden die Signale wahrgenommen, decodiert und interpretiert. So weit, so gut.

Es gibt Nachrichten, deren Inhalte durch konkrete Übermittlungsprobleme leiden – der Sender spricht zu leise, die Umgebungsgeräusche sind zu laut, der Empfänger war nicht von Anfang an aufmerksam. Die wichtigste Quelle für Missverständnisse jedoch ist zwischen den Ohren. Die Codierung durch den Sender kann mehr, weniger oder andere Nachrichten enthalten, als in der Decodierung durch den Empfänger entschlüsselt werden. Kommunikation dient dem Zweck, sachliche Inhalte (= Informationen) zu vermitteln. Wie komme ich von hier auf dem schnellsten Weg zum Bäcker? Welche Tasten muss ich beim Smartphone drücken, um die Tastaturtöne auszuschalten? Doch selbst dann kann die Botschaft mehr enthalten als die simple Antwort auf die Frage: „Das zeige ich Ihnen gerne, schließlich können Sie das als Fremder nicht wissen …", „Nicht jeder kennt sich gut mit seinem Smartphone aus …" und dergleichen mehr.

> Man kann nicht nicht kommunizieren (Paul Watzlawick).

Paul Watzlawick (Watzlawick/Beavin/Jackson 1982) stellt fest, dass wir immer kommunizieren – durch Kooperation oder gleichermaßen, indem wir die Kommunikation verweigern. Jede Kommunikation hat inhaltliche Aspekte und Facetten, die die Beziehung der Personen untereinander vermitteln. Neben dem sachlichen Inhalt werden weitere Botschaften vermittelt. Jemand will seine Kompetenz zeigen oder auf unser Unvermögen hinweisen.

Friedemann Schulz von Thun (1981) hat das Modell der „vier Seiten einer Nachricht" formuliert. Dieses Modell beschreibt, dass jede Nachricht immer eine Vielzahl von Botschaften enthält. Gesendet wird auf den vier Kanälen der Sachbotschaft (das Was …), des Appells, der Selbstoffenbarung und der Beziehung (… und das Wie der Nachricht). Jeder Sender sendet immer gleichzeitig auf allen vier Kanälen. Die gesendete Nachricht entspricht jedoch keineswegs der empfangenen Nachricht. Eine „Sendung" kann nicht eindeutig sein, sie kann zu wenig verständlich sein oder nur indirekt formulierte Botschaften enthalten. Der Empfänger kann einzelne Elemente der Botschaft stärker wahrnehmen als andere, oder er kann sie vielleicht auch schlicht und einfach nicht verstehen.

> Kommunikation findet auf der Sach- und auf der emotionalen Ebene statt.

Einfacher zu verstehende Botschaften sind explizit (= ausdrücklich formuliert), schwieriger sind implizite (= nicht ausdrücklich gesagte) Botschaften. Noch komplizierter wird die Sache dadurch, dass die Botschaften auf jedem der vier Kanäle jeweils explizit oder implizit sein können. Und neben dem gesprochenen Wort werden weitere Signale körpersprachlich codiert, und alle Signale können kongruent (= inhaltlich gleich gerichtet) oder inkongruent (= widersprüchlich) sein.

Unsere Wahrnehmung ist subjektiv – abhängig von unseren Erfahrungen und Einstellungen, unserer momentanen Gestimmtheit oder unserer körperlichen Verfassung und vielen anderen Faktoren. Sie alle beeinflussen die Interpretation der Nachricht.

Die Sachinformation enthält dem Namen entsprechend die Informationen über den Sachverhalt („Die Ampel ist rot", „Die Auswahl der Klingeltöne treffen Sie in der Rubrik ‚Einstellungen'"). Wenn andere Elemente stärker betont oder stärker wahrgenommen werden, können die Sachinformationen in den Hintergrund rücken. Entscheidend für die Qualität der Sachaussage ist es, dass wir uns um Verständlichkeit und klare Kernaussagen bemühen, dass wir logisch und strukturiert argumentieren. Kurze Sätze, eher sparsam gebrauchte Fachausdrücke und Fremdwörter machen meist besser deutlich, was wir vermitteln wollen.

Klarheit auf der Sachebene

- Präzise Botschaft – Kernaussagen,
- kurze klare Sätze,
- prägnante Wortwahl,
- einfache anschauliche Formulierungen,
- nur wenige Fremdwörter oder Fachausdrücke,
- Verben zeigen Handlungsorientierung,
- Floskeln vermeiden.

Kommunikation auf der emotionalen Ebene besteht aus Appell, Selbst- und Beziehungsaussage.

Der Appell dient der Klärung von Zielen und Absichten („Machen Sie jetzt genau Folgendes …", „An der nächsten Ampel bitte links abbiegen"), er stellt eine Aufforderung zum Handeln dar. Auf der Appellebene wollen wir Einfluss nehmen, andere zum Handeln bewegen. Das gelingt leichter, wenn ich einen Nutzen auch für den Partner deutlich machen kann.

Das Element der Selbstaussage oder der Selbstoffenbarung informiert über den Sender („**Ich** weiß Bescheid", „**Ich** mag das nicht"). Diese Botschaften werden manchmal ignoriert oder zumindest nicht hinreichend gewichtet. Über die Selbstaussage stellen wir in der Situation unser Selbstbild und unsere Bedürfnisse dar. Wir wollen eine gute Figur machen und anerkannt werden, vielleicht wollen wir mit einer Bitte zum Ausdruck bringen, dass uns wirklich an der Unterstützung durch den anderen gelegen ist.

Der Beziehungsaspekt definiert die jeweilige Wahrnehmung der Beziehung („**Ich** weiß das besser", „**Du** wolltest das doch reparieren"). Auf dieser Ebene drücke ich Akzeptanz oder Ablehnung aus, ebenso meine Sicht der gegenseitigen Machtverhältnisse. Lewis Carroll beschreibt die Definition der Beziehung durch Kommunikation treffend in *Alice im Wunderland*: „Ich verstehe nicht, was Sie mit ‚Glocke' meinen", sagte Alice. Goggelmoggel lächelte verächtlich. „Wie solltest du auch, ich muß es dir doch zuerst sagen. Ich meinte: ‚Wenn das kein einmalig schlagender Beweis ist!'" „Aber ‚Glocke' heißt doch gar nicht ‚einmalig schlagender Beweis'", wandte Alice ein. „Wenn ich ein Wort gebrauche", sagte Goggelmoggel in recht hochmütigem Ton, „dann heißt das genau, was ich für richtig halte – nicht mehr und nicht weniger." „Es fragt sich nur", sagte Alice, „ob man Wörter einfach etwas anderes heißen lassen kann." „Es fragt sich nur", sagte Goggelmoggel, „wer der Stärkere ist, weiter nichts" (Carroll, L.: Alice im Wunderland. 1963).

> **Klarheit auf der emotionalen Ebene**
> - Präzise Botschaft – Kernaussagen,
> - deutliche Darstellung der eigenen Position,
> - Vorschläge – Appelle – Anweisungen,
> - Steuern durch Fragen und Zusammenfassung,
> - keine unnötigen Entschuldigungen oder Erklärungen,
> - körperliche Hinwendung,
> - Aufmerksamkeitssignale wie Blickkontakt oder Nicken.

„Rüschen, Rouge und kurze Röcke gehören … zur Grundausstattung. Mal trägt sie blaue, mal gelbe Perücken und Kontaktlinsen, die der Iris einer Katze nachempfunden sind. Ihre Augen wirken dadurch riesig. Perfekt bedient sie das Image der Lolita: süß, unschuldig, püppchenhaft. Aber Pin-yus Äußeres täuscht. Sie ist nicht nur süß, sondern vor allem tough. … Die Studentin taucht auf vielen politischen Versammlungen auf, denn sie engagiert sich für ihr Land" (Kürschner 2016). Wer hätte das gedacht? Sieht aus wie eine Puppe und kann anscheinend doch denken! Und engagiert sich dann auch noch in der Politik!

Der äußere Schein spielt eine gewichtige Rolle bei der Einschätzung anderer Menschen. Wir achten immer zuerst auf die visuellen Signale anderer Menschen.

„Während Kaeser, 58, doziert, entfaltet sich unter dem Besprechungstisch ein Schauspiel, das nach einem anderen Skript abläuft. Seine schwarzen Schuhe scheinen sich selbständig gemacht zu haben, sie sind rastlos in Bewegung, Trippelschritt links, Trippelschritt rechts, dann ein hochfrequentes Wippen zu einem unhörbaren rasend schnellen Beat. Können Füße lügen?" So beschreiben Dinah Deckstein und Konstantin von Hammerstein (2015) Details einer Begegnung mit dem Vorstandsvorsitzenden der Siemens AG.

Körpersprache beschreibt all das, was wir an anderen Menschen sehen – vom Aussehen bis zur Gestik. Körpersprache ist die entwicklungsgeschichtlich älteste Form der Kommunikation und lange vor der gesprochenen Sprache entstanden. Und auch der moderne Mensch unserer Tage achtet immer noch in der Hauptsache auf diese Botschaften, oft unbewusst, aber gleichwohl sehr aufmerksam.

> Unsere Körpersprache ist zentral für unsere Botschaft.

Gestik, Mimik, Blickkontakt und Haltung bilden die wichtigsten natürlichen Elemente der Körpersprache. Dazu kommen weitere Elemente, die gleichsam unsere „soziale Haut" darstellen wie Kleidung, Frisur, Kosmetik und Schmuck. Gerade diese Signale werden eingesetzt, um unser Rollenverständnis (zum Beispiel „seriös" oder „kreativ") oder Mitteilungen über unsere Persönlichkeit (zum Beispiel „cool" oder „wichtig") zu machen. Die Wirkung anderer Menschen auf uns beruht zu einem signifikanten Teil auf deren Körpersprache.

Der amerikanische Kommunikationsforscher Albert Mehrabian untersuchte in den 1960er-Jahren das Zusammenspiel von verbaler und nonverbaler Kommunikation. Mehrabian spielte seinen Probanden Wortaufnahmen vor und zeigte ihnen dazu Bilder des Sprechers. Die Versuchspersonen sollten bestimmen, in welcher Stimmung der Sprecher war. Ein etwas künstlicher Versuch, auch mit wenigen Versuchspersonen … und einem recht logischen Ergebnis: Die Probanden verließen sich bevorzugt auf die Bildinformation, dann bewerteten sie den Tonfall und danach erst die Bedeutung des gesprochenen Wortes. Sehen geht eben vor Hören und Hörerlebnis vor Inhalt. Auf dieser Grundlage fußt die lange Zeit beliebte „55-38-7-Formel", die den Bedeutungsanteil von Körpersprache, Stimme und Inhalt beschreiben soll. Sie geistert immer noch durch das Repertoire wenig fundiert arbeitender Kommunikationstrainer und mancher Autoren. So vermittelt beispielsweise die Führungsakademie des Deutschen Olympischen Sportbundes auch im Jahr 2016 diese falschen „Erkenntnisse" (Niemeyer 2016) noch unverdrossen an leitende Vertreter von Vereinen und Verbänden. Die „magische" Formel kann allerdings aus der beschriebenen Versuchsanordnung nicht abgeleitet werden. Mehrabian hat das im Übrigen auch nie getan.

> Die sogenannte „55-38-7-Formel" ist falsch.
> Richtig ist, dass Körpersprache und Stimme einen wichtigen Beitrag zum Erfolg unserer Kommunikation leisten.

Gleichwohl können Sie davon ausgehen, dass – je nach Situation von unterschiedlichem Gewicht – ein spürbarer Anteil vom Ergebnis einer Kommunikation durch Körpersprache und Stimme beeinflusst wird. Und vor allem wird von uns die Stimmigkeit der unterschiedlichen Aussageebenen beachtet: Passt die Körpersprache zum Inhalt? Sind Stimme und Inhalt kongruent? Stützen sich die verschiedenen Elemente oder widersprechen sie einander? Nichts lässt uns mehr zweifeln als die berühmte „Wort-Bild-Schere" – verschränkte Arme vor der Brust und dazu die Worte: „Natürlich bin ich offen für Ihre Vorschläge!" Erfolgreiche Kommunikation beruht auf dem passenden Mix von Inhalt, Körpersprache und Stimme.

Die Bedeutung von Körpersprache oder Stimme darf jedoch keinesfalls zu stark bewertet werden. Wir verlassen uns zu leicht auf einzelne Anzeichen wie eben die vor der Brust gekreuzten Arme. Das ist eindeutig ein Beurteilungsfehler! Es ist sehr schwierig, die Körpersprache anderer Menschen zu lesen. Selbst für Profis: Das Projekt „Body Leads" in den USA (Schmitt 2014) widmet sich dem Versuch, auf wissenschaftlicher Grundlage Körpersprache und Stimme von Personen dahin gehend zu analysieren, ob diese Elemente der Darstellung auch zum Inhalt passen. Hauptzweck des Projekts ist allerdings nicht das wissenschaftliche Erkenntnisinteresse. Das Projekt wird vom Office of Net Assessment im Auftrag der amerikanischen Regierung betrieben. Objekt der Forschung sind meist ausländische Regierungschefs. „Russland erwägt keinen Anschluss der Krim" (Eisenhauer 2014). Meint Wladimir Putin das tatsächlich ernst oder handelt es sich um eine dreiste Lüge? Es ist immerhin von strategischem Wert, darüber Bescheid zu wissen. Ob das Projekt der amerikanischen Politik tatsächlich die erhofften entscheidenden Erkenntnisse ermöglicht, bleibt geheim.

Die Körpersprache anderer Menschen lässt sich nur sehr schwierig korrekt interpretieren. Das gilt insbesondere dann, wenn Sie mit der Person nicht wirklich vertraut sind. Besser verkaufen lassen sich Patentrezepte, wie man andere Menschen auf Anhieb durchschauen kann. Unter einem Titel wie „Face Reading" werden arglose Teilnehmer dann von einem selbst ernannten „Coach für Face Reading" mit Erkenntnissen zu den „3 Primär-" und den „3 Sekundärnaturellen" beglückt, darüber, „Was die Nase über unseren Selbstverwirklichungswillen verrät", oder über „Die Dreiteilung der Stirn und ihre Bedeutung".

> Die Körpersprache anderer Menschen kann man nur schwer richtig deuten.

Seriöse Wissenschaftler bewerten den Sachverhalt anders: Mark G. Frank, Melissa A. Menasco und Maureen O'Sullivan haben 2008 einen wissenschaftlichen Überblickartikel zur Interpretation von Körpersprache veröffentlich. Darin stellen sie zusammenfassend fest, dass die Entdeckung von Täuschung durch den anderen meist zum Scheitern verurteilt ist: „We find that there is no clue or clue pattern that is specific to deception. ... In general, behavioral clues are only limited in their ability to identify deception." („Wir finden keinen für Täuschungen typischen Hinweis oder ein Muster von Hinweisen. ... Generell sind Verhaltensmerkmale begrenzt geeignet, um Täuschungen zu erkennen" eig. Übers.). Auch Profis sind keineswegs treffsicherer als Laien: „Researches that examined unselected professionals involved in security settings – police, federal agents, and so forth – have typically found that they too are not any more accurate in their abilities to spot deception than laypeople" („Versuche mit zufällig ausgewählten Sicherheitsprofis – Polizei, Bundesagenten und so weiter – haben ergeben, dass sie nicht besser als Laien in der Entdeckung von Täuschungen waren" eig. Übers.). Diese Aussagen werden von Paul Ekman unterstützt. Er ist einer der wichtigsten Wissenschaftler auf dem Gebiet der Erforschung menschlicher Emotionen. In seinem Buch *Telling Lies* (2009) stellt er fest: „The behavioral clues in face, body, voice, and manner of speaking are not signs of lying per se. They may be signs of emotions that don't fit what is being said" („Verhaltensmerkmale in Gesicht, Körper, Stimme oder der Art zu sprechen sind für sich genommen keine Anzeichen für eine Lüge. Sie können Zeichen für Emotionen sein, die nicht mit dem Inhalt der Aussage übereinstimmen" eig. Übers.).

Vertreter des Neurolinguistischen Programmierens positionieren sich im Trainingsmarkt gerne mit dem Versprechen, dass man nach einschlägigen Trainings andere Menschen besser verstehen und nach weiteren Trainings deren Verhalten sogar ganz einfach steuern könne. Anhand der Blickrichtung können diese modernen Zauberer laut eigenem Anspruch beispielsweise feststellen, ob der andere lügt oder woran er gerade denkt. Wer beispielsweise im Gespräch nach rechts oben schaut, sagt gerade nicht die Wahrheit. Auch in Filmen werden ja Lügner bekanntlich immer wieder anhand ihres unsteten Blicks erkannt. Das ist allerdings nur gelogen. Einschlägige und seriöse Forschungen belegen immer wieder, dass zwischen Augenbewegungen und Inhalt keine nachweisbaren Zusammenhänge bestehen (Wiseman et al. 2012).

> Märchen entzaubert: Anhand der Blickrichtung oder der Augenbewegungen lassen sich Lügner nicht identifizieren. ∎

Auch der Lügendetektor enttarnt keine Lügner. Mit dem Polygrafen werden Veränderungen im Erregungspotenzial gemessen – elektrische Leitfähigkeit der Haut, Veränderungen der Pupille, Schwankungen in der Stimme und dergleichen mehr.

In der Theorie gibt sich ein Lügner unweigerlich dadurch zu erkennen, dass er bei gezielten Fragen nach seinem Vergehen klare Veränderungen in den gemessenen Parametern gegenüber den Messwerten bei unverfänglichen Fragen aufweist. Alle Experten sind sich allerdings darin einig, dass in jeder Situation nur die Veränderung im Erregungsniveau der betreffenden Person gemessen werden kann. Der Rest ist Interpretation. Frage ich Sie also nach der Beteiligung an einem Attentat, kann es natürlich sein, dass Sie sich ertappt fühlen und der Polygraf deswegen starke Ausschläge zeigt. Genauso gut kann es allerdings auch sein, dass Sie ein solches Attentat abscheulich finden und es zudem für eine Zumutung halten, damit überhaupt in Verbindung gebracht zu werden. Dem praktischen Einsatz in vielen Situationen vom Bewerbungsgespräch bis zum Verhör besonders in den Vereinigten Staaten hat diese eindeutige Befundlage allerdings nicht geschadet. Das Geschäft läuft gut. Es ist eben fein, wenn man die Spreu vom Weizen auf so einfache und dann auch noch „fundierte" Weise trennen kann.

> Lügendetektoren messen den Zustand der körperlichen Erregung. Sonst nichts.

Wenn wir Normalsterbliche die Körpersprache anderer Menschen interpretieren, ist also doppelt Vorsicht geboten. Achten Sie neben den unmittelbar wahrgenommenen Signalen auch auf Faktoren wie den kulturellen Hintergrund der Person und auf die allgemeinen Bedingungen der Situation. Die kulturellen Regeln für den Individualabstand oder die vom Gastgeber erwartete und damit korrekte Kleidung können je nachdem sehr unterschiedlich sein.

Die Gesamtheit der Körpersprache besteht aus den Elementen Aussehen, Stand – Bewegung, Haltung, Position im Raum und relativ zu anderen Menschen, Mimik, Blickkontakt und Gestik sowie den zusätzlichen Attributen Kleidung und Accessoires.

1.4 Aussehen: Schönheit liegt nicht nur im Auge des Betrachters

Schon im Jahr 2005 wurden in Deutschland etwa 500 000 kosmetisch-ästhetische Operationen durchgeführt. Das ermittelte die GP Forschungsgruppe München im Auftrag des Bundesverbraucherministeriums (Schöne 2016). Die konkreten Erfordernisse ändern sich mit dem Alter: „Bis zum 30. Lebensjahr geht es vorwiegend um die Korrektur als diskriminierend empfundener Körperteile (abstehende Ohren, Hakennasen, Nasenhöcker etc.). Ab dem 25. Lebensjahr steht operativ die

Chancenerhöhung für das partnerschaftliche Werbeverhalten im Vordergrund. Beginnend mit dem 50. Lebensjahr überwiegt das Bedürfnis nach Reduzierung der Alterserscheinungen und Erhaltung eines jugendlichen Eindrucks", erläutert der Leiter der Studie, der Soziologe Dieter Korczak.

„Nach der Lehárarie war der ‚absurd gutaussehende' Tenor *(Guardian)* mit Damenslips beworfen worden" (Thomas 2015). Die Rede ist von Jonas Kaufmann, einem deutschen Countertenor, dem 2015 bei der Last Night of the Proms die Ehre zuteilwurde, „Rule Britannia" singen zu dürfen. Das Aussehen scheint dabei keine kleine Rolle gespielt zu haben, und auf „Howhot" hätte „unser Jonas" vielleicht sogar die Scala gesprengt – wer weiß das schon?

Howhot ist eine Website, auf der Sie anhand eines hochgeladenen Fotos erfahren können, ob Sie „OK", „Hot" oder „Godlike" aussehen (Armbruster 2016). Beispielsweise George Clooney bringt es nur auf „OK", Adele auf „Hot" und Elizabeth Taylor auf „Godlike". Howhot ist eine Website von der ETH Zürich, mit der das Lernen neuronaler Netzwerke studiert wird. Die Einschätzung der Attraktivität ist mehr Nebensache. Allerdings zeigt die Entwicklung von Howhot, dass sich unsere Mitmenschen in der Einschätzung des Aussehens recht einig sind.

Das Aussehen ist das einzige Element der Körpersprache, das Sie situativ kaum verändern können. Natürlich kann ich die Haare noch schnell in einem Pferdeschwanz zusammenbinden, und schon wirkt das Gesicht anders. Am grundsätzlichen Aussehen wird sich gleichwohl nicht allzu viel ändern. Dazu bedarf es umfangreicher Maskerade und des gezielten Einsatzes von Schminke sowie anderer Materialien durch Professionelle oder weiter gehender Eingriffe.

Dabei haben es schöne Menschen im Leben doch wesentlich einfacher. Sie werden als intelligenter wahrgenommen, ihnen wird höhere soziale Kompetenz unterstellt. Als Manager sollten Sie in diesen Tagen besser ein wenig größer sein, dazu fit und sportlich. Die Topmanager der Republik wie Dieter Zetsche (Daimler), Timotheus Höttges (Telekom) oder Mathias Döpfner (Springer) sind in der Regel größer als 1,90 Meter (N.N. 2014). In einer Langzeitstudie in Großbritannien mit immerhin mehr als 11 000 Probanden wurden unter anderem Körpergröße und Gehalt in Beziehung gesetzt. Männer mit einer Körpergröße von mehr als 1,82 Meter beziehen demnach mehr Gehalt als diejenigen durchschnittlicher Länge (Harper 2000).

In einer Langzeitstudie fragte Sonja Bischoff, Inhaberin des Lehrstuhls für Allgemeine Betriebswirtschaft an der Universität Hamburg, Manager immer wieder nach der Bedeutung des Aussehens für die Einstellung von Mitarbeitern. Im Jahr 1986 stuften das sieben Prozent als wichtig ein, 2003 waren es immerhin schon 28 Prozent, also beinahe jeder Dritte (N.N. 2010).

> Das Aussehen hat Einfluss auf Karriere und Bezahlung.

Schönheit liegt keineswegs nur im Auge des Betrachters. Sowohl Männer als auch Frauen empfinden symmetrische Körper als schöner. Als männlich attraktiv erscheint uns ein Mann dann, wenn er breite Schultern, kürzere Beine und ein größeres Körpervolumen hat. Dazu sollte er über eine gewisse Körpergröße verfügen. Einen solchen Mann finden Frauen attraktiv. Auf Männer wirken Frauen dann besonders, wenn sie schmalere Schultern, längere Beine, ein niedrigeres Körpervolumen und eine geringere Körpergröße haben. Symmetrische Körper weisen biologisch auf gute Gesundheit und dementsprechend gute Eignung zur Fortpflanzung hin (eine Angabe verschiedener Quellen zu der Wirkung von Schönheit in: Neumann 2015).

Lars Penke ist Professor für Biologische Persönlichkeitspsychologie in Göttingen. Er stellt als zusammenfassendes Ergebnis vieler entsprechender Untersuchungen fest, dass Männer an Frauen ein harmonisches Gesicht ohne sichtbare Makel schön finden (Hollersen 2014). Große Augen, volle Lippen wirken physisch anziehend. Männer haben ein Faible für feminine Frauengesichter.

„Frauen haben im Durchschnitt größere Augen als Männer, ihr Kiefer ist schmaler, der Kieferwinkel ist nicht betont, die Lippen sind voller", beschreibt Urszula Marcinkowska die wesentlichen Unterschiede. Sie ist die Leiterin einer international besetzten Forschergruppe, die sich mit dem Phänomen „Attraktivität" in internationalen Studien auseinandersetzt (Seidler 2014, Lyons et al. 2015, Klimek et al. 2016).

> Es gibt universelle Kriterien für Schönheit.

Körpergröße und Gewicht spielen eine geringere Rolle und werden sowohl individuell als auch kulturabhängig unterschiedlich bewertet. Frauen weisen stärkere Unterschiede hinsichtlich der Einschätzung männlicher Attraktivität auf. Durchschnittliche symmetrisch geformte Gesichter werden auch hier „gerne genommen". Über die Wirkung besonders maskuliner Gesichtszüge wie kleine Augen und ein kantiges Kinn auf Frauen streitet die Forschung noch. Gemeinsam ist den meisten Frauen (auch in den emanzipierten Kreisen unserer Gesellschaft), dass sie den Mann körperlich nicht überragen wollen.

Die zunehmende Bedeutung der körperlichen Attraktivität auch für Job und Karriere erkennen wir an zwei wesentlichen Faktoren: Viele strampeln sich ab, um zumindest ein Mindestmaß an körperlicher Form zu wahren, und der Besuch beim Arzt zur Steigerung der Schönheit mittels Spritze und Skalpell wird – wenigstens in vielen westlichen Industrienationen – zunehmend alltäglich. International machen Männer bereits mehr als 15 Prozent der Klientel von Schönheitschirurgen aus. In Südkorea sind nach ernst zu nehmenden Schätzungen etwa 80 Prozent der unter 30-Jährigen schönheitsoperiert, die Hälfte davon mehrmals. Mit 18 Jahren bekommt man demnach die Lid-OP von den Eltern, dann den Nose-Job und Mitte 20 Körperfekt ins Gesicht fürs Contouring (Bender 2016).

„Machen" lässt sich schon im kleinen Rahmen vieles: Sie wirken spürbar jünger, wenn der Chirurg beispielsweise die Augenbrauen anhebt und die Stirnhaut strafft, Tränensäcke verschwinden lässt und mit Eigenfett den Übergang zur Augenhöhle am Knochen glättet, Wangenfett und Muskeln anhebt sowie die überschüssige Haut entfernt und Hautlappen am Hals durch das Vernähen des Halsmuskels in der Mitte zum Verschwinden bringt. Ob er (oder sie) sich den durch eine Operation immer gegebenen Torturen und möglichen Nebenwirkungen aussetzen mag, bleibt dem Einzelnen überlassen.

Ein gewisses Maß an sportlicher Betätigung nützt ebenso der Gesundheit wie der Karriere. Und allgemeine Körperpflege steigert nicht nur die Attraktivität, sondern regelmäßig geduscht gefallen Sie allgemein Ihren Mitmenschen besser. Also nichts wie ran an den Speck!

■ 1.5 Stand, Haltung, Position: Auch stehen und gehen will gekonnt sein

„Vier Fromme für ein Halleluja" – so lautet die Bildunterschrift (Bingener 2016) auf der Heinrich Bedford-Strohm (Ratsvorsitzender der Evangelischen Kirche in Deutschland), Christina Aus der Au (Kirchentagspräsidentin) und Gerhard Robbers (Vorsitzender des Leitungskreises Reformationsjubiläum 2017) sowie eine Playmobilfigur (sic) von Martin Luther. Auf dem Foto wirken die drei Persönlichkeiten allerdings ein wenig verloren – recht weite Abstände voneinander, Standbein/Spielbein oder gleich ein wenig schräg … der Betrachter hat nicht den Eindruck, dass dort ein schlagkräftiges Dreierteam (Playmobil spielt wohl keine sooo große Rolle?) mit dem Lutherjahr 2017 eines der wichtigsten Ereignisse der evangelischen Kirche vorbereitet. Auch einfaches „In-der-Gegend-Rumstehen" will gekonnt sein.

„Germany's Next Topmodel" weiß um die Bedeutung von Auftritt und Abgang. Da gibt es den „Walk der Top 21" als Highlight im GNTM-Finale, im Live-Finale im Mai 2016 (N. N. 2016b) beispielsweise begeisterten die Finalistinnen mit einem „sehr asiatisch angehauchten" (?) Walk – wie auch immer, gekonnt ist gekonnt.

Wenn Sie den richtigen Standpunkt einnehmen (im wahrsten Sinne des Wortes), vermitteln Sie den Eindruck von Konzentration, Aufmerksamkeit und Selbstbewusstsein. Diesen Standpunkt einzunehmen ist nicht wirklich schwer: Stellen Sie

Ihre Füße mit der ganzen Fußfläche auf den Boden, etwa eineinhalb bis zwei Fußbreit auseinander und parallel zueinander. Damit haben Sie auch unter anatomischen Gesichtspunkten den besten Stand, weil der Körperschwerpunkt dann auch wirklich tief in der Körpermitte liegt. Dann stehen Sie ruhig und gut ausbalanciert. So können Sie recht lange hinreichend bequem und ruhig stehen. Wenn Sie einen Schritt nach vorne oder zur Seite machen wollen, können Sie das aus dieser Position heraus einfach tun. Nach etwa 30 bis 40 Sekunden wirkt das auch eher dynamisch als unruhig oder unsicher.

> Ruhiger und sicherer Stand = selbstbewusst, sicher und aufmerksam.

Das Auf-der-Stelle-Treten wird meist als Anzeichen von Unruhe interpretiert. Das geschieht leicht, wenn die Person das Gewicht zu sehr auf ein Bein legt (Ungleichgewicht von Stand- und Spielbein) oder wenn beide Füße nicht gleichzeitig am Boden sind. Dieser Mensch wird dann häufiger unwillkürlich umtreten und sein Gewicht verlagern.

Eine gerade aufrechte Körperhaltung wird durch Spannung in der Mitte (Bauch rein, Brust raus) nachhaltig unterstützt. Der bereits erwähnte Sport kann Ihnen dabei helfen, die nötige Spannung zu erzeugen. Der ruhige Stand und die aufrechte Körperhaltung vermitteln Präsenz und Sicherheit.

> Ruhiger Stand und aufrechte Körperhaltung vermitteln Präsenz und Sicherheit.

Wenn Sie an einem Rednerpult stehen, legen Sie die Fingerspitzen oder einen Teil der Handfläche auf das Pult, halten Sie den Oberkörper locker und aufrecht. Stützen Sie sich bitte in keinem Fall auf! Ihre Kopf-Hals-Schulter-Partie wirkt so freier, Sie werden eher gestikulieren, und mit gerade aufgerichtetem Oberkörper können Sie auch besser atmen.

> Locker und aufrecht hinter dem Rednerpult stehen.

Entsprechend gilt diese „Aufstellung" auch beim Sitzen. Die Füße leicht auseinander auf dem Boden, fest auf der Sitzfläche, Oberkörper aufrecht, wenn es einen Tisch gibt, die Hände auf der Tischfläche. Dann sitzen Sie quasi automatisch gerade und aufrecht. Wenn Sie keinen Tisch haben, schlagen Sie am besten ein Bein über das andere und lehnen sich an, nicht zurück. Der aufrechte Oberkörper drückt Aufmerksamkeit aus.

Ihre Position – im Raum und relativ zu anderen – zeigt ebenso Sicherheit und Aufmerksamkeit. Wenn Sie im Raum vor einer Gruppe stehen, dann am besten in einem Winkel von etwa 40 Grad zu den am weitesten vorn sitzenden Zuhörenden. So können Sie meist von allen gut gesehen werden. Sie können alle Anwesenden anschauen, ohne Kopf oder Körper zu weit drehen zu müssen. Bei einer größeren Bühne spielen Sie mit der Fläche, dann sind Sie insgesamt etwa 60 Prozent der Zeit in der Mitte und jeweils 20 Prozent im linken oder rechten Drittel. Die Ausrichtung zur Gruppe bleibt wie beschrieben. Entwickeln Sie im Vorfeld eine Choreografie, wann Sie an welchen Stellen auf der Bühne sein wollen. Wie bei einer richtigen Choreografie klappt es am besten, wenn Sie das im Vorfeld gezielt einüben. Wenn Sie mit wenigen anderen Menschen zusammenstehen, werden Sie bei einer Person die ganze Breitseite dieser Person zuwenden. Das signalisiert und schafft Aufmerksamkeit und Interesse. Dabei halten Sie natürlich Blickkontakt. Dazu später mehr. Bei mehreren Personen stehen Sie im Winkel so zu den anderen, dass Sie ebenfalls Aufmerksamkeit zeigen können.

> Richten Sie Ihre Position auf Ihre Partner aus.

Personen, die sich uns zugewandt positionieren, zeigen damit Aufmerksamkeit. Abgewandt oder im Sitzen zu sehr zurückgelehnt zeige ich eher Distanz, Mangel an Aufmerksamkeit oder gar Ablehnung.

Der beste individuelle Abstand in unserem kulturellen Kontext entspricht etwa einer Armlänge, das ist die Individualdistanz. So zeigen Sie ausreichend Nähe, rücken Ihren Partnern aber nicht zu sehr „auf den Pelz". In ritualisierten Abschnitten wie der Begrüßung mit Handschlag oder der leichten Umarmung mit den drei neben die Wange gehauchten französisch anmutenden Begrüßungsküssen kann diese Distanz unterschritten werden.

> Ihr aufrechter sicherer Gang unterstreicht den Eindruck von Selbstbewusstsein.

Wenn Sie nicht gerade stehen oder sitzen, werden Sie sich im Raum bewegen. Ihr Gang kann den Eindruck von Selbstbewusstsein unterstreichen. Die New Yorker Psychologen Betty Grayson und Morris Stein untersuchten Ende der 1970er-Jahre den Einfluss unseres Gangbildes auf die Einschätzung durch andere Menschen (Grayson/Stein 1981). Vermutlich inspiriert durch die in dieser Zeit häufigeren Fälle von Diebstahl und Raub in den Straßen der Stadt interessierten sie sich dafür, anhand welcher Kriterien solche Straßenräuber ihre Opfer auswählen. Sie führten verurteilten Straftätern zufällig aufgenommene Straßenszenen vor und baten um eine Auswahl der potenziellen Opfer. Die Mehrheit der Befragten wählte dieselben Personen aus. Diese Aufnahmen ließen die Wissenschaftler dann wiederum von Bewegungsprofis – professionellen Tänzern – hinsichtlich der Körperhaltung und der Bewegungen bewerten. Das Ergebnis dürfte nicht allzu sehr erstaunen: Genau diesen Personen wurde von den Profis ein wenig koordiniertes und kaum kraftvolles Bewegungsmuster attestiert. Diese Ergebnisse konnten durch Untersuchungen Anfang der 2000er-Jahre bestätigt werden. Gehen Sie also aufrecht und kraftvoll, zeigen Sie Dynamik in Ihren Bewegungen. Das lässt Sie sicherer wirken. Wenn Sie über einen Flur gehen, gehen Sie eher in der Mitte. Das vermittelt den Eindruck größerer Selbstsicherheit.

■ 1.6 Mimik und Blickkontakt: Lassen Sie Ihr Gesicht sprechen

„Macron [Emmanuel Macron, 2014 bis 2016 französischer Wirtschaftsminister] ist 38 Jahre alt, er hat das glatte Gesicht eines jungen Mannes. Ebenmäßige, intelligente Züge, wenn er sich konzentriert, wie jetzt, verengen sich seine Augen leicht. ‚Yeux de velours‘, Samtaugen, habe er, steht in manchen Artikeln über ihn" (Heyer 2015).

„Die Betonung liegt auf den Augen. Man sieht das zum Beispiel an einem Donnerstagmorgen, wenn man in der Mailänder U-Bahn steht und die Frauen ringsum Lidschatten tragen, in Beige und Grau, aber auch in Grün, Gelb und Himmelblau. … Und man sieht das auch Anfang März auf dem Laufsteg von Giorgio Armani, zur Schau der kommenden Herbstkollektion: Die Visagistin Linda Cantello hat die Lidfalten in Dunkelgrau nachgezeichnet und die Zwischenräume bernsteinfarben ausgemalt. Das Motto: ‚Bella Ragazza‘, schönes Mädchen. ‚Italienerinnen sind einfach gerne zurechtgemacht‘, sagt Cantello. ‚Die Augen spielen dabei eine wichtige Rolle‘ (Wiebking 2017)."

Augen haben eine besondere Magie. In poetischen Ergüssen wurden sie früher auch gerne als „das Fenster zur Seele" bezeichnet. Der Gesichtssinn spielt für unsere Wahrnehmung eine besondere Rolle. Die Mehrheit der Informationen über unsere Umwelt nehmen wir in aller Regel visuell auf. Damit haben schon die eigenen Augen für uns eine besondere Bedeutung. Und die werden dann bei anderen Menschen besonders beachtet. Wenn uns eine Person interessiert, schauen wir sie an.

> Der Blickkontakt ist ein besonders wichtiger Baustein unserer Körpersprache.

Die besondere Wirkung des Blickkontakts erkennen Sie auch daran, dass schon abgebildete Augenpaare ausreichen, um Menschen zu disziplinieren. In einem Versuch beispielsweise reichte ein Bild mit einem Augenpaar, um für spürbar mehr Ehrlichkeit zu sorgen. Deutlich mehr Probanden leisteten unter diesen Bedingungen ihren Beitrag für die Kaffeekasse. Der Psychologe Daniel Nettle von der University of Newcastle resümiert, dass es Menschen eben sehr wichtig ist, was andere von ihnen denken. Wir verhalten uns anständiger, wenn wir uns beobachtet fühlen (Bateson et al. 2015).

Die Wirkung des Blickkontakts hängt von der Dauer und der Frequenz ab. Je länger uns jemand anschaut, desto mehr Aufmerksamkeit – und meist auch Akzeptanz – nehmen wir wahr. Zu kurzen oder besonders nur flüchtigen Blickkontakt werten wir als Mangel an Interesse oder als Ablehnung.

Für den Zeitraum von etwa drei bis fünf Sekunden finden viele Personen den ununterbrochenen Blickkontakt als angenehm. Sie reagieren darauf mit einer stärkeren Weitung ihrer Pupillen. Das ist für den Partner wiederum ein Signal von Interesse und Sympathie. Pupillen weiten sich, häufiger auch unbewusst, bei Freude oder sexueller Erregung.

Mangelhafter Augenkontakt wird auch als Schuldgefühl oder sogar Schuldeingeständnis gewertet. „Natürlich hat er es getan. Er hat zwar abgestritten, aber dabei konnte er mir nicht in die Augen sehen." Sie erzielen bei Ihrem Gegenüber eine gute Wirkung, wenn Sie die Person etwa 80 Prozent der Zeit anschauen, diesen Blickkontakt allerdings von Zeit zu Zeit kurz unterbrechen. Ununterbrochenes Anstarren wird in der Regel als unangenehm oder sogar als Kräftemessen empfunden. Sind mehrere Personen anwesend, verteilen Sie Ihren Blickkontakt gleichmäßig auf alle.

> Entscheidend für den Blickkontakt sind Dauer und Frequenz.

Schauen wir dem anderen in die Augen, sehen wir natürlich das ganze Gesicht. Die Mimik spielt eine entscheidende Rolle in der Einschätzung anderer Menschen und für die Wertschätzung. Paul Ekman ist einer der führenden Forscher auf dem Gebiet der Entschlüsselung von Gesichtsausdrücken. Zusammen mit seinem Kollegen Wallace Friesen schuf er in den 1970er-Jahren das Facial Action Coding System (Ekman/Friesen 1978). Damit lassen sich Gesichtsausdrücke eindeutig beschreiben – mit 46 „Action Units" (Bewegungen einzelner oder mehrerer Muskeln) in jeweils fünf unterschiedlichen Ausprägungsstärken. Dieses System anzuwenden ist nur möglich, weil die menschliche Mimik weitgehend universell ist. Ekman und Friesen identifizierten durch ihre Forschungen die Basisemotionen Freude, Trauer, Ärger/Wut, Ekel, Überraschung und Angst. Diese Emotionen werden von allen Menschen gleich ausgedrückt. Bei anderen Menschen können wir diese Gefühle gut erkennen und sicher interpretieren. Alle anderen Gesichtsausdrücke sind aus diesen Basisemotionen zusammengesetzt. Forschungen von Rachel Jack (Jack/Garrod/Schyns 2017) an der Universität Glasgow deuten darauf hin, dass Angst und Überraschung sowie Ekel und Ärger durch den Einsatz identischer Muskeln ausgedrückt werden. Das kann darauf hindeuten, dass es vielleicht sogar nur vier Basisemotionen gibt.

> Menschliche Mimik ist sehr ausdrucksstark.

Unsere Mimik ist sehr „beredt". Vergleichbares gibt es bei keiner anderen Spezies. Wir erwarten – außer vielleicht beim Pokerspiel –, dass die Mimik unseres Gegenübers die Situation reflektiert – ein ernster Gesichtsausdruck bei einer schwierigen Entscheidung, ein freundliches Lächeln bei einer Gratulation.

> Ein freundliches Lächeln entspannt – Sie und andere.

Ohnehin ist Lächeln das stärkste Mittel in unserem mimischen Repertoire. Wenn Sie lächeln, üben Sie eine positive Wirkung auf andere Menschen und auf sich selber aus. Lächeln entspannt und stimmt andere freundlich. Sie wirken positiv, wenn Sie lächeln. Meist entspannt es den Lächler selber ebenfalls. Oder haben Sie sich schon einmal mit zusammengebissenen Zähnen gut gefühlt? Ein ärgerlicher Gesichtsausdruck führt bei der Person selber zu messbaren Stressreaktionen im autonomen Nervensystem, schnellerem Pulsschlag und leicht erhöhter Körpertemperatur. Auch seriöse Themen dürfen mit einem Lächeln (hin und wieder, kein Dauergrinsen) vorgetragen werden. Lächeln zeugt nicht nur von Freundlichkeit, sondern auch von positiv gefärbter Selbstsicherheit.

■ 1.7 Gestik: Mit den Händen sprechen

- Gesten haben eine besondere Bedeutung für unsere Kommunikation.
- Gesten verschaffen Ihnen erhöhte Aufmerksamkeit.
- Mit gezielter „guter" Gestik können Sie Akzente setzen.
- Die Interpretation gezielter Gesten ist abhängig vom kulturellen Kontext.

Der Mittelfinger der rechten Hand, leicht über den Zeigefinger gelegt, symbolisiert in Brasilien „Viel Glück!", die Handinnenfläche zum Gegenüber mit gespreizten Fingern stellt in Griechenland eine recht heftige Beleidigung dar – Gesten können ohne Worte viel ausdrücken.

Schwierige Sachverhalte ohne Gesten auszudrücken ist beinahe unmöglich – probieren Sie es einmal mit einer komplizierten Wegbeschreibung.

Versuchen Sie einmal, mit geschlossenen Augen mit der linken Hand Ihren rechten Ellbogen zu berühren. Das wird Ihnen leichtfallen. Auch müssen Sie nicht ständig überprüfen, ob Sie stehen oder sitzen, das wissen Sie. Einfach so? Nein. Sie wissen es deswegen, weil in Ihrem Gehirn ein Abbild Ihres Körpers gespeichert ist. Neurologisch nicht an einer Stelle, nicht ganz wie ein Bild – aber für unsere Zwecke reicht diese Vorstellung. Das Abbild ist nun nicht gerade proportional korrekt, vielmehr sind die Körperteile je nach ihrer sensorischen Bedeutung unterschiedlich groß repräsentiert. Der Kopf mit Augen, Nase und Mund nimmt naturgemäß den meisten Raum ein, dann folgen schon unsere Hände und darauf die Füße. Da unsere Hände für uns eine so große Bedeutung haben, achten wir entsprechend aufmerksam auf die Hände unseres Gegenübers. Schon kleine Kinder im Alter ab etwa einem Jahr folgen den Zeigegesten von Bezugspersonen besonders aufmerksam und setzen auch selber den Zeigefinger aktiv ein, um beispielsweise auf Dinge hinzuweisen.

Wenn Sie mit dem Verhalten eines anderen Autofahrers unzufrieden sind und ihm den ausgestreckten Mittelfinger (rechts) zeigen, kann Ihnen das in Deutschland eine Anzeige wegen Beleidigung und eine Geldbuße in Höhe von 600 bis 4000 Euro einbringen. Das Gericht kann zusätzlich ein Fahrverbot als Nebenstrafe aussprechen (N. N. o. J.). Den ausgestreckten Mittelfinger als „Geste der deutschen Sozialdemokratie" etablierte seinerzeit Peer Steinbrück. Im Fotointerview mit dem Magazin der *Süddeutschen Zeitung* („Sagen Sie jetzt nichts, Peer Steinbrück …") ließ er sich mit ausgestrecktem Mittelfinger ablichten – als Antwort auf die Frage „Pannen-Peer, Problem-Peer, Peerlusconi – um nette Spitznamen müssen Sie sich keine Sorgen machen, oder?". Die Veröffentlichung des Fotos gestattete er ausdrücklich, auch gegen den Rat seiner engsten Berater (König 2013). Kommentatoren wunderten sich, politische Gegner nutzten die Chance zur Entrüstung – letztendlich dürfte diese kalkulierte Entgleisung den Kanzlerkandidaten und seine Partei einige Prozent an Wählerstimmen gekostet haben: „Dass aber ein Mann seiner Intelligenz, der Bundeskanzler werden will, dumm genug ist, eben dieses Foto eine Woche vor der Bundestagswahl zur Drucklegung und Hunderttausendfachen Vervielfältigung in einem Magazin freizugeben, ist schlicht unbegreiflich", kommentiert Eva Quadbeck. „So ein Foto wird ein Spitzenpolitiker im Leben nicht mehr los." Bei jeder politischen Krise, beim kleinsten Fehltritt im In- wie im Ausland würde ein Kanzler Steinbrück dieses Bild in den Zeitungen sehen. „So weit wird es wohl nicht kommen. Mit dem Foto dürfte er die feine Rückenwind-Brise der vergangenen Wochen zunichte gemacht haben" (N. N. 2013). Zumindest viel Furore machte das Foto.

Genauso wie dieselbe Geste von Sigmar Gabriel im August 2016. Bei seiner politischen Sommerreise traf er in Salzgitter auf rechte Demonstranten, die ihn angriffen und verhöhnten. Als Reaktion darauf zeigte er ihnen den „Stinkefinger". Eine menschlich verständliche Geste, und tatsächlich braucht niemand in Deutschland eine solche Ansammlung von Dumpfbacken – trotzdem bleibt in der Presse die Frage, ob ein amtierender Vizekanzler und (aktuell noch) nächster Kanzlerkandidat einer der (noch) großen deutschen Parteien derart die Contenance verlieren darf (Rasche/Poschardt 2016, Schümer 2016). Auch diese Frage wurde landauf, landab in der Presse diskutiert. Dieses hohe Maß an Aufmerksamkeit zeigt zumindest eins:

> Gesten haben eine erhebliche Wirkung!

Darum ist auch die Gestik ein sehr wichtiger Teil unserer Körpersprache. Als Gestik bezeichnen wir die Bewegungen der Arme und besonders der Hände. Michael Tomasello (2009), der Direktor des Leipziger Max-Planck-Instituts für evolutionäre Anthropologie, vermutet im regen Gebrauch von Gestik gar die Ursprünge der menschlichen Kommunikation. Zumindest beim Erlernen von Sprache und Denken scheinen Gesten eine wichtige Rolle zu spielen. Das legen zumindest Studien von Susan Wagner Cook (2011) von der Universität von Iowa nahe. Gedächtnisleistungen wurden durch gleichzeitiges Gestikulieren verbessert.

> Gesten spielen eine wichtige Rolle beim menschlichen Lernen.

Gesten enthalten wichtige Informationen, besonders in Verbindung mit dem gesprochenen Wort. Wird der Inhalt von Gesten begleitet, nehmen wir etwa die Hälfte mehr an Informationen auf. Wenn sie Gesten einsetzen, wirken Menschen sowohl engagierter als auch interessanter. Setzen Sie Ihre Gestik also gezielt ein, um Ihre Aussagekraft zu stärken und um sich mehr Aufmerksamkeit zu verschaffen.

> Gesten verschaffen Ihnen mehr Aufmerksamkeit.

Gesten wirken dann gut, wenn Sie einige Spielregeln beachten: Ausdrucksstarke Gesten sind sichtbare Gesten, also außerhalb der Körpermitte und oberhalb der Taille. Lassen Sie die Geste kurze Zeit (etwa vier Sekunden lang) „stehen", dann ist sie besser zu erkennen und wirkt prägnanter. Starten Sie die Gestik ein wenig vor dem gesprochenen Wort, dann passt beides – Bild und Text – besser zusammen.

> „Gute" Gesten starten vor dem Inhalt.

Ergänzend gilt für wirkungsvolle Gestik: Gesten sollten der Aussage angemessen sein und nicht übertreiben oder künstlich verlängert werden. Gesten sollten kraftvoll und dynamisch sein. Brechen Sie Gesten nicht in der Bewegung ab. Gesten mit beiden Händen wirken deutlich stärker als Gesten, bei denen nur eine Hand gebraucht wird. Wechseln Sie die Hände ab, gestikulieren Sie nicht fortgesetzt nur mit rechts oder links. Vermeiden Sie Gesten mit negativem Gehalt: Dazu zählen der erhobene Zeigefinger, das Zeigen auf Personen, das Verschränken der Arme vor der Brust oder Hände, die tief in den Hosentaschen verschwinden. Setzen Sie innerhalb einer Sequenz eine bestimmte Geste nur zur Illustration eines Aspekts ein.

> Variable Gestik ist spannender.

Achten Sie auf die unterschiedliche Bedeutung der Gesten für andere. Geschätzt gibt es weltweit mehrere Hunderttausend Gesten und Interpretationen, dementsprechend groß ist der Spielraum für Missverständnisse. Der gereckte Daumen steht in Deutschland für „alles klar", im Irak oder Iran stellt er eine Beleidigung dar, die zum Zeichen „superb" (in Deutschland, aber auch in Mexiko) zusammengeführten Daumen und Zeigefinger bedeuten in Frankreich „wertlos".

> Der Händedruck sollte kurz und kraftvoll sein.

Die Begrüßung mit dem Händedruck ist eine besondere Form der Geste. Zunächst einmal ist diese Geste nicht global populär, es gibt Kulturen in denen ist sie sogar tabu. In unserem kulturellen Kontext jedoch begrüßt man sich für gewöhnlich mit einem kurzen festen Händedruck – nicht zu lang, nicht zu fest und keineswegs zu schlaff. Das vermittelt Selbstsicherheit, aber auch Aufmerksamkeit für den anderen. Dazu gehört natürlich eine kurze Ansprache, etwa „Guten Tag Frau Maltzien, ich freue mich" oder dergleichen, wenn es passt, auch gerne persönlicher. Das Umfassen der Hand des anderen mit beiden Händen inklusive einem leichten Tätscheln von oben wirkt ein wenig verstaubt und ist heutzutage vielleicht eher Pastoren vorbehalten.

> **Eindrucksvolle Gestik**
>
> - Starten Sie Ihre Gestik ein klein wenig eher als die Worte.
> - Gesten sollten kraftvoll und dynamisch sein.
> - Flüssige Bewegungen wirken dynamischer.
> - Gesten mit beiden Händen wirken sehr viel stärker als Gesten mit einer Hand.
> - Wechseln Sie die Hände ab.
> - Wählen Sie Ihre Gestik passend zum Sachverhalt.

1.8 Körpersprache interpretieren: Mit Vorsicht

> - Interpretieren Sie die Körpersprache anderer Menschen nur mit Vorsicht.
> - Es gibt kaum eindeutige Signale.
> - Wenn Sie Menschen lange und gut kennen, ist Ihre Trefferquote höher.
> - Einzelne Aspekte wie Häufigkeit oder Unstimmigkeiten von Inhalt und Zeichen lassen – vorsichtige – Rückschlüsse zu.

Wir haben auf den vorherigen Seiten klar herausgearbeitet, dass es recht schwer, wenn nicht sogar unmöglich ist, die Körpersprache anderer Menschen richtig zu interpretieren. Trotz der geringen Trefferquote tun wir das allerdings unbewusst oder sogar bewusst in jeder sozialen Situation, sogar am Telefon oder bei einer Videokonferenz. Darum macht es Sinn, die eigene Körpersprache und Stimme gezielt einzusetzen.

Eine Aussageebene ist die der Häufigkeit. Viele wiederholte Bewegungen können auf Unwohlsein hindeuten, auf Unsicherheit oder mangelnde Konzentration. Wenn Menschen langweilig ist oder wenn sie sich ihrer Handlungen nicht sicher sind, kommt es leicht zu Übersprunghandlungen: Man kratzt sich am Kopf, spielt mit einem Gegenstand oder trommelt mit den Fingern auf das Bein oder auf den Tisch. Gerade wenn Ihnen nicht ganz wohl ist, bleiben Sie ruhig. Das wird Sie selber beruhigen und anderen keine unerwünschten Hinweise liefern.

> Häufig wiederholte Bewegungen können auf Unsicherheit oder Nervosität hinweisen.

Unstimmigkeiten zwischen Inhalt und Körpersprache oder zwischen Mimik und Gestik können darauf hindeuten, dass der Betreffende nicht oder „nicht ganz" die Wahrheit sagt.

> Unstimmigkeiten zwischen Inhalt und Körpersprache können auf eine Veränderung der Wahrheit hinweisen.

In ihrer Qualität werden körpersprachliche Signale meist nach den Kategorien Macht/Dominanz, Unsicherheit, Sympathie und Ablehnung unterschieden.

Die Wahrnehmung von Macht in der Körpersprache orientiert sich im Stand an gespreizten und beim Sitzen an übereinandergeschlagenen Beinen, in entspannt zurückgelehnter oder nach vorne gebeugter Haltung. Eine gerade aufrechte Körperhaltung unterstützt diesen Eindruck. In der Mimik spiegelt sich Macht im intensiven Blickkontakt, in weit geöffneten Augen und einem lächelnden Gesichtsausdruck, der länger gehalten wird. Gesten sind oft weit ausholend, ausgrenzend und beinhalten eher unerwünschte Signale wie die geballte Faust oder das Weisen mit dem Zeigefinger auf andere.

Unsicherheit meinen wir aus einer eher verkrampften Körperhaltung abzulesen, wenn der andere wenig Raum einnimmt, die Arme verschränkt. Blickkontakt wird dann eher vermieden, ein Lächeln nur angedeutet und die verschiedenen Ausdrücke der Mimik wechseln schnell. Unsicherheit wird mit wenig Gestik und kurzen oft unterbrochenen Arm- und Handbewegungen assoziiert.

Eine offene zugewandte entspannte, aber aufmerksame Körperhaltung deutet für uns auf Wertschätzung hin, verbunden mit längerem Blickkontakt, geringem Individualabstand und damit einhergehend auch häufigerem Körperkontakt. Wir erkennen Sympathie im Einsatz von Gesten und flüssigen Bewegungen.

Ablehnung wird mit größerer Distanz verbunden, mit verschränkten Armen oder übereinandergeschlagenen Beinen, einem leichten Wegdrehen und wenig Blickkontakt. Wenige und eher abrupte Gesten unterstreichen diesen Eindruck.

> Setzen Sie gezielte Signale in der Körpersprache, um die gewünschte Aussage zu unterstreichen.

Durch gezielten Einsatz Ihrer Körpersprache können Sie bei anderen den gewünschten Eindruck unterstreichen. Bleiben Sie allerdings vorsichtig in der Interpretation dieser Signale.

1.9 Kleidung und Accessoires: Unsere soziale Haut

> - Mit gut gewählter Kleidung drücken Sie Ihr Selbstverständnis aus und erweisen Ihrem Partner und dem Umfeld Referenz.
> - Sie dürfen persönliche Akzente setzen.
> - Weniger ist meist mehr.

Unter der Überschrift „Steht mir das?" widmet die *FAS* den schlimmsten Outfits von Prominenten eine ganze Seite. Heftig kritisiert werden ein Rüschenkleid bei Keira Knightley, ein knallrotes Kleid mit voluminösem Umhang bei Pink und ebenso die schlecht geschnittenen Anzüge von Donald J. Trump (Wiebking 2015a). Vehement plädiert die Zeitung dafür, dass Prominente sich einen ehrlichen Berater leisten mögen, auf den sie dann auch hören sollten.

Gelobt wird in derselben Rubrik einige Monate später „unsere" Lena Meyer-Landrut ob ihres Auftritts am 30. Juni im Erika-Hess-Stadion anlässlich der Fashion Week (Wiebking 2016). „Der Gürtel betont die hohe Taille der Jeans und gibt ihr zugleich ihren Schnitt. ... Der Schmuck. Rough. Konterkariert nicht nur die schlichte Clutch und die Location, sondern harmonisiert auch bestens mit ihrem Tattoo." Jennifer Wiebking war offensichtlich schwer beeindruckt.

Viele deutsche Spitzenpolitikerinnen haben anscheinend denselben Berater in Fragen ihres Outfits. Von Ursula von der Leyen über Andrea Nahles bis zu Barbara Hendricks, von Sahra Wagenknecht über Julia Klöckner bis zu Manuela Schwesig – beinahe alle politisch relevanten Damen der Republik tragen gerne einen roten Blazer. Denn: „Als Politikerin möchte man doch in der Masse der dunkelblauen und dunkelgrauen Anzüge gesehen werden. Das funktioniert mit keiner Farbe so gut wie mit Rot", erläutert Leatrice Eiseman von Pantone, eine Farbspezialistin (was immer genau das sein mag). Ob Rot immer noch so stark wirkt, wenn alle Rot tragen, mag dahingestellt bleiben. Es reicht aber immer, um einen ganzseitigen Artikel zu füllen (Wiebking 2015b).

Kleidung und Accessoires sind besondere Elemente der Körpersprache. Auf dieser Ebene gibt es buchstäblich nichts, was die Natur uns vorgegeben hat. Wir können völlig frei gestalten. Und doch ist es gut, ein paar Aspekte im Auge zu behalten. Neben Konventionen und Benimmregeln ist der Dresscode ein wichtiger Indikator für die Einschätzung der Person, beziehungsweise für unsere Selbstdarstellung. Zur Präsentation beim wichtigen Kunden werden Sie sich anders kleiden als am Casual Friday, und ob Sie Chef oder Charge sind, sollte man auch auf den ersten Blick erkennen können.

Die grundsätzliche Bedeutung der Kleidung wird auch darin sichtbar, dass es in vielen Unternehmen Uniformen für Mitarbeitende gibt. So erkennen Sie auf den ersten Blick, ob Sie einen Zusteller von DHL oder UPS vor sich haben, einen Polizeibeamten oder einen Piloten. Neben der Identifizierung signalisiert die Kleidung das Selbstverständnis des Unternehmens – und es erleichtert dem Mitarbeitenden die Entscheidung, welche Bekleidung denn angemessen sein könnte.

Turkish Airlines ist als Arbeitgeber noch weitaus fürsorglicher. Diese aufstrebende Fluglinie unterstützt die Flugbegleiterinnen sogar bei der Wahl des richtigen Make-ups, natürlich durch ausdrückliche Vorschriften. Demnach sind rote oder rosafarbene Lippenstifte ebenso verboten wie andere auffällige Farben, beispielsweise auch Nagellack in Pink. Es gibt sogar Vorschriften für die Verwendung des Eyeliners (Richter 2013).

Die gezielte oder eben die unachtsame Auswahl der Kleidung und der Dinge, mit denen wir uns umgeben, ist ein Statement. Wir demonstrieren damit unser Selbstbild, unseren Status und unsere Wahrnehmung der Situation. Je nach Umfeld gibt es mehr oder minder klare Erwartungen und Regeln. Diese ändern sich auch von Zeit zu Zeit. So war es bei Bayer lange ein Unding, als Führungskraft ohne Krawatte zu erscheinen. Unter Marijn Dekkers gab es dann eine krawattenlose Zeit. Wie sich die Dinge unter dem neuen Vorstandsvorsitzenden entwickeln, bleibt abzuwarten.

> Wählen Sie mit Bedacht, welche Aussage Sie mit Ihrer Kleidung machen wollen.

Der *pressesprecher* bringt es auf den Punkt: „Männer dürfen keine fettigen Haare ... egal wie ‚in': keinen wilden Bartwuchs ... nicht mehr als drei Muster und zwei Farben ... keine schlecht sitzenden Jacketts ... vor allem keinen Cowboy-Gürtel ... niemals zu kurze Hosen ... auf keinen Fall weiße Socken ... und auch keine Turnschuhe tragen. ... Frauen sollten besser keine pinken Haare ... nicht zu viel Make-up ... dezenten Schmuck ... ein sittsam bedecktes Dekolleté ... dezente Kleiderfarben ... und nicht zu kurze Oberteile ... oder gar zu kurze Röcke ... und auf keinen Fall High-Heels tragen" (Middendorf 2006). Aber was denn nun?

In den meisten Fällen ist es besser, zehn Prozent mehr „anzubieten", als erwartet wird. Auch wenn Sie im Allgemeinen dem grundsätzlichen Dresscode entsprechen. Natürlich dürfen Sie sehr persönliche Akzente setzen. Gerade Akzente zeigen allerdings meist eine stärkere Wirkung als ein komplett durchgefärbter Auftritt. Die roten Schuhe zum schwarzen Kostüm bei einer Frau wirken unter Umständen stärker als ein vollständig in Rottönen gehaltenes Outfit. Frauen in Unternehmen haben meist die Wahl aus einer breiteren Palette von Möglichkeiten. Wo es für Herren vielleicht ein Anzug sein muss, kann Frau auch einmal ein Kleid statt des Hosenanzugs oder Kostüms tragen, „erlaubt" sind oft auch mehr Farben als bei Männern.

> Dresscode beachten – von Business bis Casual.

Der Dresscode wird meist in Business, Smart Business oder Smart Casual und Casual gegliedert. Businesskleidung bedeutet einen Anzug, bevorzugt aus der Farbpalette zwischen Schwarz über Grau bis Blau. Dunkelbraun geht auch, sollte Ihnen aber stehen. Dezente Karos oder Nadelstreifen dürfen sein. Bei Damen ist es entsprechend ein Hosenanzug oder ein Kostüm, inzwischen auch häufiger ein Kleid, dann allerdings meist mit einer Jacke oder einem Sakko. Zum Anzug wird ein Hemd mit langen Ärmeln getragen. Der Ärmel sollte ein bis zwei Fingerbreit unter dem Sakkoärmel hervorschauen. Wenn Sie es feiner mögen, darf es auch mit Manschettenknöpfen sein. Hemden sind in den Farbtönen Blau, Hellgrau und Weiß eine sichere Wahl. Wenn Sie mutiger sind, geht hier auch mehr.

Muster machen allerdings die richtige Wahl der Krawatte zu einer Kunst. Denn zum Hemd gehört eine zu Anzug und Hemd passende Krawatte, bevorzugt mit einem klaren Muster oder in einer kräftigen Farbe. Meiden Sie zu grelle Farben und alle Modelle, auf denen sich Comicfiguren, Tiere oder Sportler tummeln. Die korrekt gebundene Krawatte reicht bis zum Gürtel. Wenn Sie Mut haben und sie Ihnen gut zu Gesicht steht, können Sie sich natürlich auch für eine Fliege entscheiden. Dann ist allerdings vielleicht ein gebundenes Exemplar das einzig wahre Statement. Wenn es ganz toll werden soll, tragen Sie auch ein Einstecktuch. Das hat allerdings dann ein anderes Muster als Ihre Krawatte.

Damen entscheiden sich entsprechend für Kostüm oder Hosenanzug und Bluse – oft geht auch ein Kleid, wenn Sie mögen, mit Halstuch. Farben und Muster dürfen bunter sein als bei den Herren. Wenn Sie mögen, tragen Sie ein Tuch oder eine Kette mit entsprechend großem Anhänger oder dicken Kettengliedern, das lenkt den Blick ins Gesicht, ähnlich wie der Krawattenknoten bei den Herren.

Zum Anzug tragen Herren Schuhe aus Leder in den Farben Schwarz oder Braun, am besten dann Dunkelbraun. Damen können aus einem deutlich breiteren Spektrum wählen. In den Schuhen tragen Herren Socken, meist schwarz, obwohl inzwischen farbige Socken in starken Farben häufig als modischer Akzent gesetzt werden. Damen tragen zum Business-Outfit auch im Sommer ebenfalls Strümpfe.

Den Rest wählen Sie passend dazu – den Gürtel am besten passend zu den Schuhen, Schmuck abgestimmt auf die Farbe des Kostüms und dergleichen mehr. Bei Schmuck und Accessoires gilt die Parole, dass weniger mehr ist.

Business oder Smart Casual löst den strengen Rahmen auf – keine Krawatte oder eben ein Sakko passend zur Hose aus einem anderen Material, hier geht ein Kleid. Wählen Sie auch in diesem Fall eher edles Material, aber eben locker.

Und Casual beschreibt die gehobene Freizeitkleidung – nicht unbedingt das Outfit, mit dem Sie im Frühjahr die Gartenmöbel auf die Terrasse räumen oder mit dem Hund im tiefen Tann Ihren Spaziergang machen. Alles darf getrost ein bisschen mehr „stadtfein" aussehen. Alte oder schlabbrige Kleidung, Trainingsanzüge oder zu tiefe Einblicke passen in keinem Fall in den geschäftlichen Rahmen. Jeanshosen oder -jacken werden im ausländischen Kontext meist immer noch als Arbeitskleidung eingestuft, wählen Sie bei einem multinationalen Publikum dementsprechend besser eine Hose aus anderem Material.

Wenn Sie Ihren gehobenen Status nachhaltig unterstreichen wollen, können Sie das mit der Wahl feinster Materialien für Ihre dann wahrscheinlich maßgeschneiderte Kleidung und durch die Auswahl entsprechend edler Accessoires unterstreichen. Für eine Uhr können Sie natürlich jederzeit eine sechsstellige Summe ausgeben, und die richtige Tasche von Hermès gibt es ebenfalls zu diesem Preis. Schauen Sie einfach, ob Ihr Outfit die richtigen Signale sendet.

> Sie dürfen auffallen, aber positiv, hochwertig, aber nicht übertrieben, original, aber nicht albern. Besser als der Chef geht oft ins Auge.

Symbole, die Ihren Status unterstreichen, sind immer eine gute Investition, wenn Sie erfolgreicher werden wollen. Der Psychologe Hermann J. Liebel hat im Auftrag des Bundeskriminalamts Betrüger und ihre Opfer befragt (Peikert 2016). Kunden fühlen sich besonders gut aufgehoben bei Menschen, die „es" – scheinbar – geschafft haben. Und genau das erkennt man eben an Symbolen – ein guter Anzug, eine teure Uhr, repräsentative Büroräume. Das schindet Eindruck und inspiriert Vertrauen.

Für manche gehört es aber einfach zum Überlebenspaket für den Alltag. Dem Ex-Model Christina Estrada wurde anlässlich der Scheidung von Walid Juffali eine Abfindung von 200 Millionen Pfund zugesprochen. Die Dame muss schließlich bis an den Rest ihres Lebens ihren Bedarf decken: eine Million Pfund pro Jahr für Kleidung, 58 000 Pfund für Handtaschen, 4000 Pfund für Sonnen- und Skibrillen und 26 000 Pfund fürs Mobiltelefon (Koruhn 2016). Eigentlich recht bescheiden, wenn man bedenkt, dass beispielsweise die Weekender-Tasche aus der „Bugatti Capsule Collection" 38 000 Euro kostet (Delekat 2016) oder die Himalaya Niloticus Crocodile Diamond Birkin mit diamantverzierten Beschlägen aus Weißgold von Hermès bei einer Auktion den stolzen Preis von 270 000 Euro (Wüpper 2016) erzielte.

> Zeigen Sie Ihr Selbstverständnis durch gezielt gewählte Accessoires.

Ein besonderes Accessoire in Deutschland und Österreich ist der Doktortitel. Eigentlich wird er für besondere wissenschaftliche Leistungen verliehen – und würde demnach vorwiegend Sinn machen, wenn Sie eine wissenschaftliche Karriere planen. Doch in Deutschland werden pro Jahr etwa 25 000 Promotionen vorgelegt – nicht alle Promovierten hätten Platz in der Wissenschaft. Der Doktortitel ist und bleibt in unserer Gesellschaft **das** Statussymbol. Der „Dr." steht bei vielen im Ausweis, auf der Visitenkarte sowieso und oft sogar auf dem Klingelschild. Das beeindruckt alle Besucher und natürlich auch den Zusteller. In Deutschland beeindruckt der Doktortitel immer noch gehörig. Im Ausland weiß man diese Titelmanie in den meisten Fällen weniger zu schätzen. In Großbritannien beispielsweise hat der Doktortitel außerhalb der akademischen und der medizinischen Welt keinerlei Bedeutung. Für die Karriere in der deutschen Wirtschaft ist er jedoch förderlich: Viele Vorstände von DAX-Firmen sind promoviert, und auch in der Politik ist der Doktortitel begehrt. Das haben wir in den letzten Jahren an der Vielzahl der erschwindelten Promotionen gerade bei Wirtschaftsgrößen, Ministern und Abgeordneten (von Karl-Theodor zu Guttenberg über Silvana Koch-Mehrin bis zu Annette Schavan) feststellen können. Das hat die Reihen zwar erheblich gelichtet, aber immer noch trägt etwa jeder fünfte Abgeordnete im Deutschen Bundestag (offiziell) den Doktortitel. Wenn Sie ihn sich tatsächlich verdient haben, tragen Sie Ihren Titel mit Würde. Wenn Sie ihn immer herausstellen, zeugt das eher von einem Mangel an Souveränität als von Überlegenheit.

■ 1.10 Stimme und Sprechen: Lassen Sie von sich hören

> - Der Ton macht die Musik.
> - Setzen Sie Ihre Akzente bewusst.
> - Üben Sie Ihre Stimme – die Investition lohnt sich.

Ihre Stimme ist ein wichtiges Werkzeug. Sie trägt erheblich zum Eindruck bei, den andere von Ihnen gewinnen. Neben den optischen Attributen übt Ihre Stimme eine starke Wirkung auf andere Menschen aus. Erst nachdem sie den Klang Ihrer Stimme gehört und analysiert haben, werden andere sich mit dem Inhalt und dem

Sinn des Gesagten beschäftigen. Wenn es angenehm ist, Ihrer Stimme zuzuhören, werden Ihre Partner mehr Spaß am Gespräch oder am Vortrag haben.

> Ein angenehmer Klang Ihrer Stimme schafft Sympathie.

Unsere Stimme legt einen langen Weg zurück: Wir drücken die Luft aus der Lunge gegen die Stimmlippen am Kehlkopf, die durch die ausströmende Luft in Schwingung versetzt werden. Die Höhe des so erzeugten Tons hängt von der Größe der Stimmlippen ab. Weil diese bei Männern meist dicker und länger sind, ist deren Stimme oft tiefer. Der Ton nimmt seinen weiteren Weg durch den Vokaltrakt. Rachen, Nasenhöhle und Gaumen strahlen den Schall ab. So wird er verstärkt und bekommt die individuelle Klangfarbe. Weiteren Einfluss auf den Klang haben die Bewegungen von Mund und Lippen. Die eigene Stimme klingt in Aufnahmen für viele Menschen ungewohnt. Das hat seinen Grund darin, dass der erzeugte Ton im eigenen Kopf mehrfach reflektiert wird und neben dem nach außen dringenden Klang auch so den Weg zu unserem Ohr findet.

Die eigene Stimme klingt für uns oft fremd. Die Körperhaltung oder die Anspannung oder Entspannung der Muskulatur beeinflussen die Entstehung des Tons. Darum hören wir es sofort, wenn jemand am Telefon sich nachlässig in seinem Bürostuhl fläzt, und darum fällt es auch so schwer, Ärger oder Enttäuschung zu kaschieren. „Dir geht es gar nicht gut, das habe ich sofort gehört!" In angespannten Situationen neigen Menschen dazu, höher zu sprechen. Von Störungen beim Sprechen oder Defiziten in der Stimme wird dann leicht auf tiefer liegende Eigenschaften geschlossen. Ebenso erwarten wir, dass die Stimme zum Erscheinungsbild passt – ein Zwei-Meter-Hüne darf nicht mit hoher Piepsstimme sprechen.

> Unsere Körperhaltung übt starken Einfluss auf den Klang unserer Stimme aus.

Die entscheidenden Merkmale einer wirkungsvollen Stimme sind die Sprachmelodie, die Geschwindigkeit und die Sprechpausen. Achten Sie darauf, dass die Lautstärke dem Raum und der Entfernung zum Zuhörer angemessen ist. Zu leises Sprechen wird häufig als Schüchternheit oder Arroganz ausgelegt, zu lautes Sprechen verstört. Wer möchte schon gerne angeschrien werden? Wenn Sie auch schwierige und mehrsilbige Wörter klar artikulieren, können Sie ein wenig leiser sprechen. Die Wörter lassen sich leichter erkennen, und die Präzision Ihrer Aussprache wird man zu schätzen wissen.

> Melodie, Tempo und Pausen, Lautstärke und Artikulation sind wichtige Elemente.

Sprechen Sie dynamisch, aber nicht zu schnell. Ein zu hohes Sprechtempo wird Ihnen wiederum leicht als Nachlässigkeit oder Nervosität ausgelegt. Zudem zeugt ein hohes Tempo von wenig Rücksichtnahme auf die Zuhörenden. Machen Sie an den strategisch wichtigen Stellen eine kurze Sprechpause, dort, wo Sie beim Schreiben – hoffentlich – auf die Enter-Taste drücken und einen neuen Absatz beginnen. Das gibt Ihren Ausführungen Struktur und damit Sinn. Setzen Sie Pausen auch gezielt zur Betonung ein. Zu langsames Sprechen ist für die meisten Zuhörer ebenfalls eher lästig.

Der frühere Bundesverteidigungsminister Rudolf Scharping wurde vom damaligen Bundeskanzler Gerhard Schröder vermutlich auch wegen seiner unbedachten Poolparty mit Kristina Gräfin Pilati von Thassul zu Daxberg auf Mallorca entlassen. Hinsichtlich der weiteren Aktivitäten Rudolf Scharpings nach seiner Demission kursierte in Pressekreisen die Nachricht, er schreibe an seinen Memoiren – allerdings nur so schnell, wie er auch spräche. Das werde also bis zur Veröffentlichung noch dauern. Nur der Titel stehe schon fest: *Scheitern in Zeitlupe*. Diesen Kommentar hatte Rudolf Scharping seiner notorisch schleppenden Sprechweise zu verdanken.

Die richtige Atmung verleiht Ihrer Stimme Modulationsfähigkeit und Fülle. Damit können Sie Ihre Stimmlage auch in kritischen Sprechsituationen halten. Sprecher mit sonoren, also volltönenden Stimmen werden meist ernster genommen.

Betonen Sie die entscheidenden Wörter in den Sätzen und variieren Sie die Elemente Lautstärke, Tempo und Betonung. Dann wirkt Ihre Stimme deutlich lebhafter und interessanter. Mit der Veränderung bauen Sie Spannung auf. Die Stimme soll abwechslungsreich klingen, sprechen Sie kurze Sätze langsamer, lange Sätze etwas schneller. Sprechen Sie mal etwas höher, mal etwas tiefer. Betonen Sie ein, maximal zwei Wörter in Sätzen oder Satzteilen. Wenn Sie fertig sind, senken Sie die Stimme am Satzende.

> Modulation und Betonung schaffen Aufmerksamkeit und zeigen Beteiligung.

Mit den Menschen in Ihrem Sprachraum können Sie unbeschwert in Ihrem Heimatdialekt sprechen. Darüber hinaus ist eine Dialektfärbung in der Stimme sicher in Ordnung und Ausdruck Ihrer individuellen Persönlichkeit. Die Unwilligkeit, in anderen Kontexten Hochdeutsch zu sprechen, ist für viele Zuhörer eher ein Signal mangelnder Wertschätzung als eine besondere persönliche Note. Der Preis ist dann, nicht verstanden zu werden. Lernen lässt sich Hochdeutsch, dafür gibt es ausreichend viele lebende Beweise, auch unter Ausländern.

Am Telefon ist die Stimme noch entscheidender als im direkten Gespräch. Alle weiteren Informationen über Ihre Person leitet der Partner unwillkürlich aus der Wirkung Ihrer Stimme ab – Ihr Alter, Ihr Aussehen, ob Sie sich auf das Gespräch konzentrieren ... wir haben immer ein Bild von der anderen Person. Lächeln Sie, man hört es. Ihre Stimme wirkt gleich freundlicher, einladender. Sitzen Sie aufrecht, Füße am Boden, dann kommt Ihre Stimme besser zur Geltung. Suchen Sie sich einen Fixpunkt für Ihren (simulierten) Blickkontakt. Gerne das Bild einer anderen Person. Sie werden gleich als wesentlich aufmerksamer wahrgenommen werden. Machen Sie hin und wieder eine Sprechpause, dann kommt auch Ihr Gegenüber zu Wort. Sprechen Sie in Zimmerlautstärke, das kann man beinahe immer gut hören. Vermeiden Sie andere Aktivitäten, man hört der Stimme meist an, wenn jemand durch andere Tätigkeiten abgelenkt ist.

> Verhalten Sie sich am Telefon, als ob Ihr Partner Sie sehen könnte.

Sie können sich leicht ein gutes Feedback zu Ihrer Stimme und Sprechweise beschaffen: Wenn Sie ein längeres Telefonat haben, lassen Sie für fünf Minuten ein Diktiergerät laufen oder nutzen Sie die Sprachaufzeichnung Ihres Smartphones. Wenn Sie eine Präsentation oder einen Vortrag halten, bitten Sie einen Kollegen darum, ein paar Minuten aufzunehmen. Hören Sie sich die Aufnahme danach kritisch an: Wären Sie gerne der Gesprächspartner? Betonen Sie die richtigen Wörter? Setzen Sie Sprechpausen geschickt ein?

Auch üben lässt sich so wunderbar: Sprechen Sie einen kurzen Text „auf Band" und konzentrieren Sie sich auf einzelne Elemente – Pausen oder Betonung, was auch immer für Sie gerade wichtig ist. Unterbrechen Sie die Aufnahme dort, wo es nicht geklappt hat, sprechen Sie den Rest erneut. Arbeiten Sie etwa zehn Minuten am Stück, das reicht. Machen Sie Ihre Übungen dafür regelmäßig, zweimal in der Woche, drei bis vier Wochen am Stück, konzentriert auf einzelne Elemente. Sie werden feststellen, dass sich das bearbeitete Element danach meist deutlich verbessert.

> An Ihrer Sprechweise können Sie mit wenig Aufwand arbeiten.

Wenn Sie beispielsweise zu hohem Sprechtempo neigen, gibt es einige gut geeignete Übungen: Beachten Sie die Satzzeichen – machen Sie beim Komma oder Semikolon eine kleinere und beim Punkt, Ausrufungs- oder Fragezeichen eine längere Pause. Oder lesen Sie unterschiedliche Texte mit Betonung laut vor. Nehmen Sie jeweils Ihr Sprechen auf und arbeiten Sie an den Pausen.

Experimentieren Sie mit Ihrer Stimme, trainieren Sie Ihre Atmung, setzen Sie gezielt Betonungen – es gibt eine Vielzahl an Möglichkeiten.

Eine Warnung am Schluss: Die in einigen Trainings immer noch gerne empfohlene Übung mit dem Korken zwischen den Zähnen für eine bessere Aussprache kann Ihre Zähne und Ihren Unterkieferknochen (Mandibula) schädigen, auch die Gesichtsmuskulatur wird dadurch nicht selten geschädigt. Stellen Sie sich lieber einen Spiegel hin und üben Sie eine überdeutliche Artikulation mit übertriebenen Mundbewegungen. In der Normalsituation klappt es danach fast automatisch besser.

- Setzen Sie Ihre Stimme gezielt ein.
- Üben Sie – Betonung, Artikulation, Modulation und mehr.
- Machen Sie Aufnahmen – und überprüfen Sie die Wirkung Ihrer Stimme.
- Lassen Sie sich Feedback geben.
- Üben Sie – immer wieder.

1.11 Literatur

Armbruster, L. (2016): „Bin ich schön? Oder bloß hübsch?" In: *FAS* vom 17.01.2016, S. 65

Asch, S. E. (1946): „Forming Impressions of Personality". In: *Journal of Abnormal & Social Psychology* 41, 1946, S. 258–290

Balzter, S. (2016): „Lustig ist es im Maschinenbau". In: *FAS* vom 28.02.2016, S. 29

Bateson, M. et al. (2015): „Watching eyes on potential litter can reduce littering: evidence from two field experiments". In: *PeerJ* vom 01.12.2015, https://peerj.com/articles/1443/

Beeger, B. (2014): „7 Dinge, die Sie über Facebook nicht wissen". In: *FAZ* vom 03.02.2014, http://www.faz.net/aktuell/wirtschaft/netzwirtschaft/der-facebook-boersengang/zehn-jahre-facebook-7-dinge-die-sie-ueber-facebook-nicht-wissen-12782981.html

Bender, S. (2016): „Von Vagina-OPs und Bagle-Faces". In: *Welt kompakt* vom 12.07.2016, S. 24–25

Bingener, R. (2016): „Mit tausend Posaunen nach Wittenberg". In: *FAZ* vom 10.05.2016, S. 4

Bischoff, S. (2010): *Wer führt in (die) Zukunft? Männer und Frauen in Führungspositionen der Wirtschaft in Deutschland – die 5. Studie. Bd. 97 der Schriftenreihe der DGfP-Praxis-Edition.* Bielefeld

Carroll, L. (2017): „Alice im Wunderland". http://www.gasl.org/refbib/Carroll__Wunderland.pdf. Frankfurt a. M. 1963

Cook, S. W. (2011): „Abstract thinking in space and time: Using gesture to learn math". In: *Cognition, Brain, Behavior* 15, 2011, S. 553 – 570

Cook, S. W.; Yip, T.; Goldin-Meadow, S. (2010): „Gesture makes memories that last". In: *Journal of Memory and Language* 63, 2010, S. 465 – 475

Cooper, W. H. (1981): „Ubiquituous halo". In: *Psychological Bulletin* 90, 1981, S. 218 – 224

Deckstein, D.; Hammerstein, K. v. (2015): „Unter Geiern". In: *Spiegel* 49, 2015, S. 86 – 92

Delekat, T. (2016): „Gadgets". In: *Bilanz* Juli 2016, S. 80 – 81

Dunbar, R. I. M. (1993): „Coevolution of neocortical size, group size and language in humans". In: *Behavioral and Brain Sciences* 16 (4), 1993, S. 681 – 735

Dworschak, M. (2012): „Zaubertrank der Zuversicht". In: *Spiegel* 1, 2012, S. 117 – 125

Eisenhauer, B. (2014): „Russland erwägt keinen Anschluss der Krim". In: *FAS* vom 28.12.2014, S. 8 – 9

Ekman, P. (2009): *Telling Lies. Clues to Deceit in the Marketplace, Politics and Marriage.* New York, NY

Ekman, P.; Friesen, W. V. (1978): *Facial Action Coding System. A Technique for the Measurement of Facial Movement.* Palo Alto, CA 1978

Franck, G. (1998): *Ökonomie der Aufmerksamkeit.* München

Frank, M. G.; Menasco, M. A.; O'Sullivan, M. (2008): „Human Behavior and Deception Detection". In: Voeller, J. (ed.): *Handbook of Science and Technoloy for Homeland Security. Vol. 5.* New York, NY

Grayson, B.; Stein, M. (1981): „Attracting Assault. Victims' Nonverbal Cues". In: *Journal of Communication* 31, 1981, S. 68 – 75

Hamermesh, D. S. (2011): *Beauty Pays. Why Attractive People Are More Successful.* Princeton, NJ

Hank, R. (2016): „Lasst bloß den Bankräubern ihr Bargeld!" In: *FAS* vom 28.02.2016, S. 25

Harper, B. (2000): „Beauty, Stature and the Labour Market: A Britisch Cohort Study". In: *Oxford Bulletin of Economics and Statistics* Vol 62, Issue Supplement s1, December 2000, S. 771 – 800

Heyer, J. A. (2015): „Die Ausnahmeerscheinung". In: *Spiegel* 23, 2015, S. 84–86

Hollersen, W. (2014): „Die Gesetze der Anziehung zwischen Mann und Frau". In: *welt.de* vom 16.11.2014, http://www.welt.de/gesundheit/psychologie/article13439 6956/Die-Gesetze-der-Anziehung-zwischen-Mann-und-Frau.html?config=print#

Hoyng, H.; Rosenbach, M. (2011): „Wundersames Netzwerk". In: *Spiegel* 28, 2011, S. 140–143

Jack, R. E.; Garrod, O. G. B.; Schyns, P. G. (2014): „Dynamic Facial Expressions of Emotion Transmit an Evolving Hierarchy of Signals over Time". In: *Current Biology* vom 02.01.2014, http://dx.doi.org/10.1016/j.cub.2013.11.064

Klimek, M. et al. (2016): „Women with more feminine digit ratio (2D:4D) have higher reproductive success". In: *American Journal of Physical Anthropology* (in press)

König, M. (2013): „Steinbrück zeigt den Stinkefinger". In: *SZ.de* vom 12.09.2013, http://www.sueddeutsche.de/politik/spd-kanzlerkandidat-im-sz-magazin-stein brueck-zeigt-den-stinkefinger-1.1769507

Koruhn, P. (2016): „70 000 Euro für Handtaschen". In: *Welt* vom 04.07.2016, S. 8

Kremer, D. (2016): „Madoffs Masche". In: *FAS* vom 24.07.2016, S. 38

Kullmann, K. (2015): „Zurück zu Wasser und Seife". In: *Spiegel* 14, 2015, S. 128–129

Kürschner, M. (2016): „Aktivistin im Lolita-Look". In: *Welt* vom 14.01.2016, S. 10

Latané, B. (1981): „The psychology of social impact". In: *American Psychologist* 36, 1981, S. 343–356

Lefevre, C. E. et al. (2013): „Telling facial metrics: facial width is associated with testosterone levels in men". In: *Evolution & Human Behavior* Vol 34, Issue 4, July 2013, S. 273–279, http://dx.doi.org/10.1016/j.evolhumbehav.2013.03.005

Leithäuser, J. (2011): „Schmusen mit Murdoch". In: *FAS* vom 19.07.2011, S. 7

Lyons, M. et al. (2015): „Mirror, mirror, on the wall, who is the most masculine of them all? The Dark Triad, masculinity, and women's mate choice". In: *Personality and Individual Differences* 74, 2015, S. 153–158

Maak, N. (2014): „Das Auge sieht mit". In: *FAZ* vom 19.11.2014, S. 9

Middendorf, S. (2006): „Bloß nicht auffallen". In: *pressesprecher* 04, 2006, S. 56–57

Miketta, G.; Siefer, W. (2002): „Entscheidung in Sekunden". In: *Focus* 25, 2002, S. 118–130

Miller, A. (1987): *Hexenjagd*. München

N.N. (2010): „Frauen im Management – weit entfernt von Gleichberechtigung? – Interview mit Sonja Bischoff". In: *DGFP News* vom 13.09.2010, http://www.dgfp. de/aktuelles/dgfp-news/frauen-im-management-weit-entfernt-von-gleichberechtigunginterview-mit-sonja-bischoff-professorin-fuer-allgemeine-betriebswirtschaftslehre-an-der-universitaet-hamburg-1112

N. N. (2013): „Dieses Bild wird Steinbrück nie mehr los". In: *Zeit online* vom 13.09.2013, http://www.zeit.de/politik/deutschland/2013-09/steinbrueck-mittelfinger-stinkefinger

N. N. (2014): „Die längsten Größten". In: *Bilanz* 11, 2014, S. 36

N. N. (2016a): „Emirate empfehlen Verzicht auf traditionelle Kleidung". In: *Spiegel online* vom 03.07.2016, http://www.spiegel.de/panorama/gesellschaft/festnahme-in-usa-emirate-empfehlen-verzicht-auf-traditionelle-kleidung-a-1101096.html

N. N. (2016b): „Der Asian Heroines Walk". In: *prosieben.de* vom 12.05.2016, http://www.prosieben.de/tv/germanys-next-topmodel/video/1115-der-asian-heroines-walk-clip

N. N. (o. J.): „Beleidigung im Straßenverkehr". In: *Bussgeldkatalog-mpu.de*, http://www.bussgeldkatalog-mpu.de/bussgeld/bussgeldkatalog/beleidigungen/index.php

Nettle, D.; Nott, K.; Bateson, M. (2012): „‚Cycle Thieves, We Are Watching You': Impact of a Simple Signage Intervention against Bicycle Theft" In: *PLoS ONE* 7, 2012, http://dx.doi.org/10.1371/journal.pone.0051738

Neumann, R. (2015): *Sag doch Ja!* Göttingen

Niemeyer, J. (2016): „Irren gehört dazu". In: *Weser-Kurier* vom 07.02.2016, S. 24

Pazda, A. D.; Prokop, P.; Elliot, A. J. (2013): „Red and Romantic Rivalry: Viewing Another Woman in Red Increases Perceptions of Sexual Receptivity, Derogation, and Intentions to Mate-Guard". In: *Personality and Social Psychology Bulletin* 40, 2013, S. 1260–1269

Peikert, D. (2016): „Viel Geld, ohne Frage". In: *FAS* vom 15.05.2016, S. 11

Rasche, O.; Poschardt, U. (2016): „Darf das ein Vizekanzler?" In: *Welt* vom 18.08.2016, S. 1

Richter, A. (2013): „Rote Lippen auf dem Index". In: *Welt* vom 07.05.2013, S. 1

Rottmann, K. (2014): „Das verflixte Hemd". In: *Welt kompakt* vom 17.11.2014, S. 1, 28

Schachter, S.; Singer, J. (1962): „Cognitive, social, and physiological determinants of the emotional state". In: *Psychological Review* 69, 1962, S. 379–399

Schmitt, U. (2014): „Was Wladimir Putins Körpersprache über seine wahren Absichten verrät". In: *Welt* vom 08.03.2014, S. 6

Schmitter, E. (2016): „Kultur im Beutel". In: *Spiegel* 22, 2016, S. 217

Schöne, L. (2016): „Bierbauch – ein Fall für den Chirurgen". In: *Welt* vom 05.03.2016, S. 24

Schulz von Thun, F. (1981): *Miteinander reden. Störungen und Klärungen – Psychologie der zwischenmenschlichen Kommunikation.* Hamburg

Schümer, D. (2016): „Wer hat's erfunden? Die Italiener". In: *Welt* vom 18.08.2016, S. 18

Schwenkenbecher, J. (2014): „Die ganze Welt ein Verhaltenslabor". In: *FAS* vom 12.10.2014, S. 55

Seidler, C. (2014): „Männer bevorzugen feminine Frauengesichter". In: *Spiegel online* vom 30.04.2014, http://www.spiegel.de/wissenschaft/mensch/partnerwahl-maenner-bevorzugen-feminie-frauengesichter-a-966963.html

Stein, H. (2016): „Shakespeare in die Tonne". In: *Welt* vom 01.08.2016, S. 2

Stuff, B.; Weidermann, V. (2015): „Ich erkenne die Lügner". In: *Spiegel* 44, 2015, S. 42–44

Thomas, G. T. (2015): „Mit Bayern-Flagge". In: *FAZ* vom 14.09.2015, S. 14

Tomasello, M. (2009): *Die Ursprünge der menschlichen Kommunikation.* Frankfurt am Main

Valentine, K. A. et al. (2014): „Judging a Man by the Width of His Face". In: *Psychological Science* Vol 25, Issue 3, 2014 http://pss.sagepub.com/content/early/2014/01/23/0956797613511823

Vetter, B. (2016): „Die unfassbaren Aussagen des Volkswagen-Chefs". In: *welt.de* vom 12.01.2016, http://www.welt.de/wirtschaft/article150909402/Die-unfassbaren-Aussagen-des-Volkswagen-Chefs.html

Wassermann, A. (2014): „No risk, no fun". In: *Spiegel* 9, 2014, S. 44–45

Watzlawick, P.; Beavin, J. H.; Jackson, D. D. (1982): *Menschliche Kommunikation.* Stuttgart

Weiguny, B. (2015): „Das Ende der Krawatte". In: *FAS* vom 13.12.2015, S. 35

Wiebking, J. (2015a): „Steht mir das?" In: *FAS* vom 27.12.2015, S. 14

Wiebking, J. (2015b): „Achtung, Achtung!" In: *FAS* vom 27.12.2015, S.15

Wiebking, J. (2016): „Steht mir das?" In: *FAS* vom 03.07.2016, S. 17

Wiebking, J. (2017): „Die Macht der schönen Augen". In: *FAZ* vom 20.02.2017, http://www.faz.net/aktuell/stil/leib-seele/italienerinnen-lieben-smokey-eyes-und-viel-kajal-13555975.html

Wiseman, R. et al. (2012): „The Eyes don't have it: Lie Detection and Neuro-Linguistic Programming". In: *PLoS ONE* 7 (7) 2012: e40259. doi:10.371/journal.pone.0040259.

Wüpper, G. (2016): „Das lange Warten auf die Tasche". In: *Welt* vom 09.07.2016, S.15

Zajonc, R. B. (1968): „Attitudinal effects of mere exposure". In: *Journal of Personality & Social Psychology Monograph Supplement* 9 (2) 1968, S. 1–27

2 Dialektik und Argumentieren – Überzeugen, überreden, gewinnen

Das können Sie lernen

- Zuhörer erwarten eine verständliche Darstellung.
- Verständlich formuliert heißt selber verstanden.
- Orientieren Sie sich an Ihrer Zielgruppe.
- Wichtig sind klare Kernaussagen, einfache Formulierungen und gute Beispiele.

2.1 Verstehen und Verständlichkeit: Auf den Punkt gebracht

„Brauchwasserentnahmebrunnen" oder „Isokorb mit Höhenversatz ohne Unterzug", „Reaktanz" oder „Tibia" – wissen Sie, was sich hinter den Begriffen verbirgt? Können Sie diese Wörter erklären? Dann sind Sie ein echter Experte! Unsere Welt ist voller Fachausdrücke und komplizierter Wörter. Experten nutzen Fachausdrücke gerne, das macht die Kommunikation mit anderen Fachleuten einfach und präzise. Schwieriger wird es, wenn sie von Laien verstanden werden wollen.

Manchmal sind Sätze einfach lang und umständlich: „Wahlberechtigte, die ausschließlich als persönlich haftende Gesellschafter eines oder mehrerer derselben Wahlgruppe angehörender anderer Wahlberechtigter oder als Besitzgesellschaft für einen oder mehrere derselben Wahlgruppe angehörende andere Wahlberechtigte tätig sind, werden der Wahlgruppe dieser anderen Wahlberechtigten zugeordnet" (IHK 2013). Der Inhalt dürfte jedem bereits beim ersten Durchlesen vollständig klar sein. „Folgt der G-BA, was angesichts des offensichtlichen Spiels mit verteilten Rollen nach Einschätzung von opg feststehen dürfte, der negativen Beurteilung des IQWiG, hätte dies zur Folge, dass der Erstattungspreis von Linagliptin für die Krankenversicherungen auf Generika-Preisniveau abgesenkt werden müsste" (Braun 2012).

Die Ergo-Versicherung ließ für ihre Verständlichkeitsstudie 2600 Bürgerinnen und Bürger telefonisch befragen. Etwa acht von zehn Befragten gaben an, dass sie im Alltag häufig auf schwer verständliche Informationen stoßen. Jeder Dritte kann die Informationen in Versicherungsunterlagen, Produktinformationen von Banken oder Erläuterungen zur Steuererklärung nicht verstehen (Ergo 2012).

Wer überzeugen will, muss verstanden werden. Das gilt für einzelne Wörter ebenso wie für ganze Sätze oder gar eine längere Rede. Wenn ich verstanden werden will, muss ich überlegen, was für meine Zuhörenden interessant und wichtig ist. Wir denken häufig von unserem Kenntnisstand her, vom Produkt oder von sachlichen Argumenten. Doch Zuhörer erwarten, dass ihre Interessen erkannt und befriedigt werden. Sehen Sie Zuhörer (oder Leser) als Kunden, denen Sie Ihre Ideen verkaufen wollen.

> Verständlichkeit ist der erste Baustein zur Überzeugung.
> Denken Sie an Ihre Zielgruppe:
> - Wen wollen Sie erreichen?
> - Welche Botschaften sind wichtig?
> - Was wollen Sie erreichen?
> - Welche Vorkenntnisse haben Ihre Zuhörer?
> - Welche Erwartungen haben Ihre Zuhörer?
> - Welchen Nutzen bieten Sie an?

Ob schon im Internet oder noch auf dem Papier einer Zeitung – Sie werden nur in den seltensten Fällen alle angebotenen Inhalte zur Kenntnis nehmen. Geschweige denn, dass Sie alle Artikel und Interviews lesen, schon gar nicht konzentriert und bis zum Ende. Wir konzentrieren uns auf die Themen, die uns interessieren, die uns amüsieren oder die unsere Neugierde erregen. Darüber entscheiden wir anhand der Schlagzeile und der ersten Sätze – danach lesen wir weiter oder blättern beziehungsweise wischen zum nächsten Inhalt.

„Auf Kosten unserer Kinder. Seit dem Brexit-Votum der Briten beschleicht mich eine Furcht: Das historische Geschenk der europäischen Einigung wird verspielt" (Kermani 2016). Wer jetzt nicht weiterliest, interessiert sich nicht für den Brexit und die Folgen oder er bezweifelt, dass Navid Kermani etwas zum Thema beitragen kann. Dabei ist der Autor Träger zahlreicher Kultur- und Literaturpreise, darunter immerhin der Friedenspreis des Deutschen Buchhandels.

Beschränken Sie sich auf das Wesentliche, sorgen Sie für die Konzentration des Inhalts. Erleichtern Sie Ihren Zuhörern das Verständnis. Sagen Sie das und nur das, was wichtig ist und was Ihre Zuhörer interessiert. Dass Sie über den besprochenen Sachverhalt weit mehr wissen, ist klar. Nur Wichtigtuer versuchen aber, alles anzubringen, was sie wissen. Wer viel zu sagen hat, macht keine langen Worte! Die Kernaussage reduziert den Inhalt auf das Wesentliche. Punkt.

- Die Kernaussage ist wesentlich für das Verstehen.
- Eine gute Kernaussage erfüllt vier wesentliche Anforderungen:
  - Kurz – maximal vier bis fünf kurze Sätze,
  - prägnant – konzentrieren Sie sich auf einen – wesentlichen – Aspekt,
  - „positiv" – sagen Sie, was Sie wollen,
  - emotional – stellen Sie den für Ihr Publikum wichtigen Aspekt heraus.

Die Bedeutung der Kernbotschaft ist klar – Wiederholung sichert die bessere Wahrnehmung und Erinnerung. Wiedererkennung schafft Nähe, und Nähe erhöht die Glaubwürdigkeit! Länger als die Quelle der Botschaft merken Menschen sich, was sie gehört haben. Mit der Zeit erinnern wir uns nur noch an den Inhalt der Botschaft. Häufiger gehörte Botschaften haben für uns einen höheren Wahrheitsgehalt.

Negatives lässt sich oft ebenso positiv formulieren. „Verstehen Sie mich nicht falsch" lenkt die Wahrnehmung der Zuhörer auf ein mögliches Missverständnis, „Verstehen Sie mich richtig" weist in die positive Richtung. „Wir wollen vermeiden" klingt defensiver als die Worte „Wir wollen erreichen". „Bitte auf den Wegen bleiben!" klingt nicht nur besser, die Aufforderung wird meist auch eher befolgt als „Rasen betreten verboten!".

Besonders dann, wenn uns kritische Fragen gestellt werden, neigen wir in der Antwort zur Verneinung. Oder zum Dementi. „Russland erwägt keinen Anschluss der Krim", so Wladimir Putin zu seinen Absichten in der Region (Eisenhauser 2014). Aber warum in die Ferne schweifen? „Das hatte ich nie vor … Auch das war nicht unser Plan … Hier wird viel, viel weniger hineinregiert, als es manch Außenstehender glaubt … Das ist keine Frage von Komfort … Genau mit diesem unsinnigen Vorurteil, wir würden mit unserem Schienennetz das große Geld verdienen … Das Geld soll ja nicht dem Unternehmen Deutsche Bahn zugutekommen …" In einem Interview des *manager magazins* (Klusmann/Machatschke 2014) profiliert sich der inzwischen zurückgetretene Bahnchef Rüdiger Grube als „Mister No". Vielleicht gibt es gerade bei der Deutschen Bahn besonders viele Anlässe für Dementis. Das ist in der „echten" Politik nicht wesentlich anders: „Wir sind nicht das arme Bettelland", so Bremens Bürgermeister Carsten Sieling in einem Interview mit der *Welt* (Exner 2016). Bingo! Der Journalist hat einen Titel für das Interview. Und auch inhaltlich dürfte damit von Beginn an alles klar sein. Wir, also Bremen, und der Begriff „Bettelland" in einem Satz … das merkt sich garantiert jeder. Ein Schelm, wer Schlimmes dabei denkt.

Interviews kann man übrigens trainieren, an seiner Antworttechnik kann man feilen. Gerade wenn Sie häufig in der Öffentlichkeit stehen, ist das ratsam. Man munkelt sogar, dass sich damit spürbare Verbesserungen erzielen lassen.

> Positiv formulierte Aussagen sind besser!

Mit einer guten Kernaussage haben Sie das Fundament gelegt, um gut verstanden zu werden. Auch Medien lieben Kernaussagen – die wenigen kurzen Sätze sind der klassische „Soundbite", der im Radio und Fernsehen so gut „rüberkommt". In guten Interviews haben Antworten genau dieser Länge.

Unser Umfeld ist äußerst komplex – viele auf den ersten Blick einfache Sachverhalte sind bei genauerem Hinsehen wesentlich komplizierter. Punkten werden Sie allerdings, wenn Sie Ihren Zuhörern die Themen einfach und verständlich vermitteln.

> Formulieren Sie einfach und klar – dann werden Sie gut verstanden.

„Das Nicht-zu-Ende-geboren-Werden zeigt sich in negativen Symbiosen, die, um das Leben erträglich zu machen, umgewandelt werden in eine zwanghaft hierarchische Ordnung der Welt; letztlich durchgeführt im militärischen Drill, der das symbiotische Nicht-Ich umwandelt in ein muskuläres Körper-Ich ohne innere psychische Integrationsinstanzen von Wirklichkeitsformen, die von der eigenen abweichen: der politische Faschist als Resultat dieses Körpers des Nicht-zu-Ende-Geborenen" (Theweleit 2015).

„Der Redner war außerordentlich klug. Ich habe nicht ein Wort verstanden!" – ein im Alltag eher selten gehörtes Kompliment. Wenn Sie sich wenig klar ausdrücken, folgt meist eine andere Reaktion: „Also ich glaube, der hat das selber nicht ganz verstanden! Der konnte das ja nicht einmal ordentlich erklären!"

Das sprachliche Herumschwiemeln bleibt keineswegs Wissenschaftlern und Philosophen vorbehalten: „Synchronschwimmerinnen haben alle wahnsinnige Beine. Beine, so schlank wie Orgelpfeifen und genauso musikalisch. Sie drehen damit zauberhafte Pirouetten, verknoten sich auf wundersame Weise ineinander, um sich schon im nächsten Moment zu lösen und anmutig abzutauchen. Vorzugsweise mittels galanter Schraube. Mal statuarisch, mal ätherisch-zerfließend" (Cöln 2016). 142 Zeilen lang formuliert der Autor Christoph Cöln in diesem Stil, um seiner Begeisterung für das Synchronschwimmen Luft zu machen. Wolf Schneider, der Papst des deutschen Journalismus, lebt erfreulicherweise noch. Sonst würde er sich im Grabe umdrehen. Beachten Sie die Regeln der Verständlichkeit. Damit es Ihnen besser gelingt, halten Sie sich an ein paar einfache Grundsätze:

> **Regeln der Verständlichkeit**
>
> - Struktur/Gliederung = „roter Faden",
> - Kernbotschaft,
> - kurze Sätze,
> - verständliche Sprache,
> - treffende Wortwahl,
> - sprachliche Prägnanz,
> - Beispiele oder Bilder.

Menschen denken bevorzugt linear und schätzen darum den klar gegliederten Aufbau einer Aussage oder Botschaft. Das erleichtert das Mitdenken und unterstützt die Erinnerung. Verständlichkeit erreichen Sie durch einen übersichtlich gegliederten Text und durch eine logische Reihung der Information. Der „rote Faden" hilft, sich in den Inhalten zurechtzufinden, und er wird den Zuhörenden erlauben, Ihren Gedanken zu folgen.

Geben Sie zu Beginn Ihrer Ausführungen einen kurzen Überblick – worüber Sie sprechen wollen, in welcher Reihenfolge und mit welchem Ergebnis. Warum ist das wichtig, neu, interessant für Ihr Publikum?

Planen Sie die Struktur Ihrer Aussage: Womit wollen Sie beginnen, was kommt dann, wie wollen Sie enden? Eine klare einfache Struktur erleichtert das Verständnis! Wenn Sie einmal eine gute Struktur gefunden haben, bleiben Sie dabei! Nicht selten springen Vortragende im Thema – „Dabei fällt mir ein, zu Folie sieben hatte ich vergessen zu erwähnen ... also ...". Am Ende weiß niemand mehr einzuordnen, was Sie alles zu welchen Aspekten des Themas erzählt haben.

> **Bewährte Techniken zur Gliederung**
>
> - Zeitlich: „Zunächst haben wir ... getan, dann kam ... und jetzt wollen wir ..."
> - Nach Prioritäten: „Am wichtigsten ist ... dann ... und daraus folgt ..."
> - Vom Problem zur Lösung: „Wir stehen vor der Herausforderung ... darum müssen wir ..."
> - Plus-minus-Vergleich: „Auf der einen Seite ... auf der anderen dagegen ..."
> - Wunsch versus Wirklichkeit: „Wir wollen Kundenbegeisterung durch perfekten Service. Das gelingt uns noch nicht ganz. Also werden wir ..."

„Österreicher wählen eben so, wie sie es vom Schnitzel kennen, möglichst flach und schön braun" (Gehrman 2016). Für diesen Satz wurde die „heute-show" bei der Staatsanwaltschaft Mainz angezeigt. Es gab allerdings auch 35 000-mal „Gefällt mir" auf Facebook!

„Bilder" im großen Stil nutzt IKEA in seinem alljährlich erscheinenden Katalog. „Der Ikea-Katalog ist die Papier gewordene Ideologie des Massenindividualismus und destilliert aus gesellschaftlichen Trends wie ‚Freunde sind die neue Familie' und ‚Essen ist der neue Sex' Bildstrecken mit den Produkten, die eben genau diesen Lifestyle ermöglichen sollen. … Auf dem Cover wird gegessen, gescherzt, gelacht" (Ballschmiter 2016).

> Ein Bild sagt mehr als tausend Worte!

Bilder und Beispiele gefallen. Ihre Zuhörer entwickeln eine bessere Vorstellung des Sachverhalts, wenn Sie für Ihre Aussage ein gelungenes Bild oder ein passendes Beispiel finden. Die Erinnerung hält länger. „Der Fluss war im Durchschnitt einen Meter tief, und trotzdem ist die Kuh ersoffen" sagt einfach und nachhaltig einiges über den tatsächlichen Wert so manches statistischen Durchschnitts. Achten Sie darauf, dass Ihr Bild zum Sachverhalt passt. Wählen Sie Ihre Metaphern mit Sorgfalt: „Wir sitzen alle im selben Boot und ziehen deswegen an einem Strick!" ist eine weniger gelungene Formulierung.

Mit einer besonderen Form von Beispiel arbeiten Journalisten besonders gerne: Ein Artikel über die Lage alleinerziehender Eltern in Deutschland kann sehr langweilig werden, wenn er sich vorrangig mit den in Hülle und Fülle verfügbaren Sachinformationen beschäftigt. Beispielsweise der *Monitor Familienforschung* informiert umfassend über *Alleinerziehende in Deutschland – Lebenssituationen und Lebenswirklichkeiten von Müttern und Kindern* (BMFSFJ 2012). Väter bleiben außen vor. Solche Berichte enthalten meist langweilige Zahlenfriedhöfe und sind für spannende Presseartikel eine umfangreiche, allerdings wenig verwertbare Grundlage. Daher wählen Medien einen anderen Ansatz. „Auf sich gestellt" lautet der Titel des Artikels im *stern* (Poelchau/Kluin 2014). Das schwierige Leben einer alleinerziehenden Mutter wird am Beispiel einer rundum sympathischen attraktiven Person mit adretten Kindern geschildert. Das Beispiel einer – trotz aller Probleme immer noch lachenden – alleinerziehenden Mutter, die Bilder dazu, all das schafft Aufmerksamkeit, Interesse, Empathie.

> Personen sind als Beispiele gut geeignet – egal, ob freundlich oder fies.

Sie punkten immer, wenn Sie eine Person als Illustration Ihrer Aussage einsetzen können. Auch abstrakte Sachverhalte werden gerne personalisiert – Joe Kaeser steht so für Siemens und Angela Merkel für die CDU. Ist die Person sympathisch, gewinnt das ganze Unternehmen, ein Gianni Infantino oder Thomas Bach kann den Ruf der ganzen FIFA oder des IOC deutlich beschädigen.

> Verständlichkeit wird erreicht durch
> - einfache klare Aussagen,
> - gute Gliederung,
> - treffende Beispiele.

2.2 Sprache und Wörter: Sagen, was Sie meinen

> Sie wirken kompetent und überzeugend mit
> - kurzen Sätzen,
> - einfachen Formulierungen,
> - wenig Fremdwörtern.

„In den neun zwischen der K+S Aktiengesellschaft und ihren jeweils 100-prozentigen Tochtergesellschaften geschlossenen Beherrschungs- und Gewinnabführungsverträgen soll klargestellt werden, dass der in den Verträgen bereits bislang enthaltene Verweis auf die gesetzliche Regelung zur Verlustübernahme gemäß § 302 Aktiengesetz sich stets auf die jeweils gültige Fassung dieser Vorschrift in ihrer Gesamtheit bezieht" (*Die Welt*, 31.5.2014a). So Norbert Steiner, der Chef von K+S auf der Hauptversammlung im Mai 2014. Mit 51 Wörtern in einem Satz schafft er nachhaltig Verwirrung!

Eine wichtige Lektion für mehr Verständlichkeit: Fasse dich kurz! Neun Wörter pro Satz sichern laut Deutscher Presseagentur (dpa) optimale Verständlichkeit, zehn bis 15 Wörter sind die empfohlene Satzlänge. Die durchschnittliche Länge eines Satzes in der *Bild* hat zwölf Wörter, 17 Wörter hat der durchschnittliche Satz im Johannes-Evangelium und in den *Buddenbrooks* von Thomas Mann. 20 Wörter pro Satz sind – wiederum laut dpa – die Obergrenze des Erwünschten, 25 Wörter pro Satz markieren den Beginn der Schwer- oder Nicht-mehr-Verständlichkeit. Bei geschriebenen Texten in der üblichen Schriftgröße Punkt 10 oder 11 erreichen Sie nach Überschreiten dieser Grenze die dritte Zeile. Überprüfen Sie dann, ob man aus dem einen nicht besser zwei Sätze formuliert.

> Kurze Sätze sind besser!

„Auch die Design-Ikonen Marcel Breuer, Walter Gropius und Ludwig Mies van der Rohe werden häufig kopiert, für die schwäbische Hersteller wie Walter Knoll die notwendigen Lizenzen besitzt." (*Die Welt,* 18.1.2016, S. 12). Lizenzen für das Kopieren? „Sollten Sie das Interview, das er abgebrochen hat, noch nicht gesehen haben, schauen Sie es sich an" (Helgason 2016; „er" ist übrigens Sigmundur Gunnlaugsson, der als isländischer Premier aufgrund seiner Verstrickungen in Steuerbetrug im April 2016 zurücktreten musste). Um den Inhalt richtig zu verstehen, muss man diese Sätze zweimal lesen. Beide Sätze sind deswegen schwierig, weil sie, wie auch dieser Satz, Einschübe enthalten, die man nicht immer, wie in diesem Fall, einfach und eindeutig zuordnen kann. Manchmal scheitert der Schreiber auch an der selbst geschaffenen Komplexität. Einschübe sind generell schwierig zu verstehen, beim Sprechen ist alles noch komplizierter, weil man denselben Satz so gut wie nie ein zweites Mal hören kann. Einfache Sätze sind besser! Nur ein Hauptsatz oder Hauptsatz, Nebensatz, Punkt. Und schon weiß jeder, was Sie sagen wollen. Klare Bezüge zwischen Teilsätzen sind auch nicht schlecht, wie wir am folgenden Beispiel erkennen können: „An der Bundesstraße B 410 … wurden Anfang Dezember viele Randbäume gefällt. Diese stellten eine Gefahr dar und wurden gemeinsam mit der Straßenmeisterei Mayen beseitigt" (N. N. 2016a).

Also: Kurze Sätze sind meist verständlicher. Mehr als zwei Nebensätze machen einen Satz für den Hörer schwer oder gar nicht mehr verständlich. Einschübe kann man lesen, aber nicht gut sprechen! Allerdings: Nur kurze Sätze sind wiederum langweilig.

> - Einfache Sätze sind verständlicher – und lassen sich leichter formulieren.
> - Wählen Sie Wörter, die Ihr Zuhörer versteht.

Wollen Sie verstanden werden, wählen Sie Wörter, die für Ihre Gesprächspartner oder Zuhörer auch verständlich sind. Unnötige Fremd- und Fachwörter schrecken eher ab. Unter Experten sind Fachausdrücke selbstverständlich der beste Weg. Für ein weniger kundiges Publikum ist es von Vorteil, wenn Sie Fachausdrücke erläutern.

Eine korrekte Verwendung von Fremdwörtern sollte Pflicht sein. Der beliebte „Quantensprung" ist von seiner korrekten Bedeutung her eben nicht der weite Satz nach vorne, ein „Quantensprung" bedeutet in der Physik den kleinsten möglichen

Abstand. Fremdwörter können Sie verwenden, wenn der Adressat auch versteht, was Sie meinen.

Der neue Siemens-Slogan lautet „Ingenuity for Life" (Siemens 2017). So weit, so gut. Aber was genau bedeutet „Ingenuity"? Auch Siemens traut dem eigenen Slogan nicht so recht und druckt deshalb in der Anzeige in hellem Grau unter dem Slogan die Wortbedeutung laut Lexikon ab (Werner von Siemens kommt auch drin vor!), getrennt für „Ingenuity" (auch nicht unbedingt leicht auszusprechen) und für „for Life". Dann folgt auf der nächsten Seite wiederum eine Anzeige, in der ein Beispiel für „Ingenuity for Life" gezeigt wird. Da aller guten Dinge drei sind, wird der Slogan auf einer dritten Seite noch einmal wiederholt. Nur der Slogan. Dazu das Wort „Siemens" und die Website. Ist der Slogan wirklich gut, wenn die Wortwahl so umständlich erläutert werden muss?

Ähnlich tückisch wie Fachausdrücke oder Fremdwörter sind Abkürzungen. Können Sie entschlüsseln, welche Position der Inhaber dieser Stellenbeschreibung bekleidet: BCS-AG-R&D-RMD-SMR-DC-DCB-D&PS-Product&PRO? Dann gehören Sie entweder zum „selben Verein" oder sind deutlich begabter als durchschnittliche Menschen. Schon die Ministerien in Berlin sind nicht einfach zu entschlüsseln: Das BMAS ist das Bundesministerium für Arbeit und Soziales, das ist noch recht einfach, das BMFSFJ hingegen ist das Bundesministerium für Familie, Senioren, Frauen und Jugend. Das ist schon deutlich länger und komplizierter. Vielleicht auch deswegen pflegte Altbundeskanzler Gerhard Schröder immer vom „Ministerium für Familie und Gedöns" zu sprechen. Als Mann drängt sich mir ebenso die Frage auf, wo im Titel die Männer bleiben oder wer sich um uns kümmert? Wie auch immer, bleiben Sie vorsichtig, wenn Sie Abkürzungen verwenden.

> Abkürzungen sind für Außenstehende meist unverständlich.

„Wir müssen das als Challenge begreifen. Wenn wir mit Power an die Sache rangehen..." Dergleichen Sprüche kennen Sie auch aus Ihrem Alltag. Zu viel „Denglish" verhunzt den besten Input. Auch ist der sichere Umgang mit englischen Vokabeln eben nicht immer sicher, bei Begriffen wie „Stakeholder" und „Shareholder" kommt es schon einmal zu Verwechslungen, und „Sustainability" sagt nicht jedem etwas. Denken Sie besser noch einmal darüber nach, ob sich nicht doch ein passendes deutsches – und damit vielleicht für alle Zuhörer leicht verständliches – Wort finden lässt.

> - Fremdwörter werden nicht von jedem verstanden.
> - Zu viele fremdsprachige Begriffe wirken sprachlich eher unbeholfen.

Doch keine Sorge, auch die deutsche Sprache lebt noch. Es ist noch nicht so weit, dass Deutsch vollständig durch „Denglish" ersetzt würde. Sprache lebt. Auch andere Sprachen haben viele Wörter aus dem Deutschen übernommen. Ob es sich nun um viele Lehnwörter für technische Begriffe im Russischen handelt – wie maschina (машина) oder avtomobil (автомобиль) für das Auto und raketa (ракета) für die Rakete – oder um die immerhin 3474 Wörter aus der deutschen Sprache, die das *Oxford English Dictionary* (Heine 2016) verzeichnet. Darunter finden sich sowohl Begriffe wie „acrylic" als auch beispielsweise „affenpinscher". Sprache ist ein Gebrauchsgegenstand, und zu viel Purismus kann eine Sprache genauso töten wie zu viele fremdsprachliche Elemente.

Oft werden scheinbar englische Wörter gerne falsch verwendet oder verstanden. Beispiele sind das notorische „Handy" – eine rein deutsche Schöpfung – oder der „Beamer" – in der englischen Sprache wird damit ein Auto eines Münchener Herstellers bezeichnet.

> Wenn Sie Wörter aus anderen Sprachen benutzen, dann korrekt.

Für den Fall, dass Sie die ganze Konversation in Englisch (oder in einer anderen Sprache) bestreiten wollen oder müssen, investieren Sie Zeit und Geld in eine ordentliche sprachliche Ausbildung. Sonst geht es Ihnen wie Thomas Müller, immerhin einer der Fußballer mit Abitur und auch Nationalspieler. „We have a big breast", antwortete der auf die Reporterfrage nach den Ursachen für den souveränen Sieg der Bayern auf schwerem Platz gegen ZSKA Moskau – und wurde damit zur Lachnummer im Internet (Bierschwale 2013). „I think I spider!", möchte man da doch ausrufen.

Sich hinterher mit mangelnden Sprachkenntnissen herauszureden kommt meistens nicht so gut an und ist insbesondere für Topmanager eher peinlich. So machte Matthias Müller, der amtierende VW-Chef, alles falsch, als er ein Gespräch mit einem Reporter des größten Radionetzwerks in den USA führte. Müller erläuterte (in englischer Sprache): „Ehrlich gesagt war es ein technisches Problem. ... Wir haben das amerikanische Recht nicht richtig interpretiert. ... Die andere Frage, die Sie erwähnt haben, ob es ein ethisches Problem war? Ich kann nicht verstehen, warum Sie das sagen." Der Reporter Sonari Glinton setzt nach: „Weil Volkswagen in den USA bewusst die EPA angelogen hat ..." Müller, ganz selbstbewusster Vorstandschef und damit im Besitz der Wahrheit, hält dagegen: „Wir haben nicht gelogen. Wir haben die Frage zunächst nicht verstanden" (Vetter 2016). Der Pressestelle gelang es, ihren obersten Chef zu einem sprachlichen Kotau und den Nachrichtenmann zu einem zweiten Interview zu überreden. Hier machte Matthias Müller dann den erforderlichen Rückzieher: „Die Situation war für mich ein bisschen schwierig vor all Ihren Kollegen, und jeder hat geschrien." Dafür sind im

Ausland Übersetzer oder generell auch Pressesprecher gut – sie verhindern Missverständnisse, besonders in einer fremden Sprache, und sie verschaffen dem Chef oder der Chefin die oft dringend benötigten Sekunden, um vor dem Öffnen des Mundes über den Inhalt der Antwort nachzudenken.

Die ehemalige UNO-Dolmetscherin Susanne Kilian schult deutsche Muttersprachler für internationale Auftritte (Buchsteiner 2013). Die Teilnehmer lernen dann beispielsweise, dass der Satz „I am not sure I quite agree" keineswegs die Einleitung von Verhandlungen, sondern vielmehr eine deutliche Absage bedeutet. Nur eben englisch-zurückhaltend formuliert. So verpacken unsere britischen Freunde eine klare Ablehnung in den Satz „Could we consider some other options?", und die Aufforderung, einen Text komplett neu zu schreiben, lautet eben: „I only have a few minor comments."

Eine besondere Fremdsprache ist ebenso der Dialekt mit seinen besonderen Ausdrücken. Außerhalb von Schwaben ist nicht jedem klar, was ein Flaschner beruflich tut (in anderen Teilen Deutschlands heißt es „Klempner"), und mancher nicht im Rheinland Heimische wundert sich, wenn er in Köln oder Düsseldorf in der Altstadtkneipe einen „Halve Hahn" bestellt und dann ein Roggenbrötchen mit Käse gebracht wird. Auch hier gilt: Achten Sie auf Verständlichkeit für Ihre Zuhörer und den korrekten Gebrauch.

> Länge Wörter wirken umständlich und sind schwer zu verstehen.

„Warenwirtschaftssystemlandschaft" oder „Mengeneinheitengruppenrecherche" – Puh. Erst einmal tief Luft holen. Auf Anhieb sind solche Wörter nicht leicht auszusprechen, geschweige denn zu verstehen. Zu lange Wörter brechen Sie besser auf – ein „Werbemitteleinsatzplan" wird gleich besser verständlich, wenn Sie daraus einen „Plan zum Einsatz der Werbemittel" machen. Einfachere, für Ihre Gesprächspartner oder Zuhörer auf Anhieb verständliche Wörter sind meist die bessere Wahl.

> Die Wortwahl bestimmt Ihre Botschaft.

„Minuswachstum" klingt anders und besser als Verlust, „Controlling" ist „proaktiver" als „Rechnungswesen" und ein „Statement" ist deutlich dynamischer als eine „Verlautbarung", „Zuständigkeit für …" klingt deutlich passiver und bürokratischer als „Verantwortung für …". Mit Ihren Worten können Sie ein Thema auf den Punkt bringen oder zudecken: Zahme neutrale Begriffe entschärfen, pointierte Aussagen machen den Sachverhalt deutlich(er). Geht es um den „Markenwert" oder einfach um einen zu hohen Preis für ein an sich wenig werthaltiges Produkt?

„Immer mehr Kinder sind verhaltensoriginell ..." – die Wortwahl bestimmt Ihre Botschaft. Hans Dieter Pötsch spricht in Zusammenhang mit dem aktuellen Skandal über die „Dieselthematik" und Mitarbeiter, die „Fehler" begangen hätten. Der *Spiegel* kommentiert sehr klar: „Es geht um einen jahrelangen Gesetzesverstoß. Um den Betrug an Millionen Kunden und um viele Milliarden Euro, die Anleger durch den Sturz der VW-Aktie verloren haben" (Hawranek 2016). Der Versuch, den Sachverhalt durch Sprachakrobatik weißzuwaschen, dürfte als gescheitert bezeichnet werden.

> Zu viel Sprachkosmetik macht Ihre Aussage unglaubwürdig.

Auf der Packung des Mandeldrinks der Firma Alpro prangen Mandeln, und der Hersteller hebt auf dem Etikett den „fein-sanften Geschmack leicht gerösteter Mandeln" hervor. Dumm nur, dass lediglich zwei Prozent Mandeln enthalten sind. Auch Honig der Marke „Sonnentau Oertzenhof" von der Bienenwirtschaft Mecklenburg stammt keineswegs aus der Gegend. Der Inhalt setzt sich aus einer Mischung von Honig aus EU- und Nicht-EU-Ländern zusammen. Der Hersteller erläutert auch, dass die Sache mit Sonnentau – anders als unbedarfte Kunden meinen möchten – doch sonnenklar sei: „Das Vorderetikett unseres Honigglases zeigt eine Berg- und Gebirgslandschaft mit einer kleinen Finca am rechten Rand. Diese Abbildung hat keine Ähnlichkeit mit einer Landschaft, wie sie für Mecklenburg-Vorpommern typisch ist" (Gassmann 2016). Wenn Sie als ehrlich und ehrenwert durchgehen wollen, hüten Sie sich vor allzu brachialer Wortkosmetik.

> Inhalt über Phrasen!

„Wir werden unsere ambitionierte Agenda aufs Gleis setzen und proaktiv den Change-Prozess mit ergebnisoffener Haltung bis zum Erfolg vollumfänglich unterstützen. Darum geht es in diesem Get-together." Inhaltsleere Worthülsen finden bei ihren Zuhörern weniger Anklang, als manche Redner meinen. Nachhaltigkeit, Effizienzpaket, Qualitätsoffensive, Herausforderung oder Wertschätzung – um nur einige wenige Beispiele zu nennen – sind so inflationär verwendete Wattewörter, dass Sie entweder konkret erläutern sollten, was genau Sie mit diesen Begriffen verbinden. Oder finden Sie einfach ein besseres Wort, das Ihre Ansichten griffig beschreibt.

> Klare Aussagen statt Worthülsen!

„Ambitioniert – back-up – challengen – Deckel drauf machen – eins zu eins – fokussieren – get-together – händeln … " (Ehmann 2014) in den umfangreichen Listen mit Worthülsen finden Sie zu jedem Buchstaben des Alphabets mindestens ein passendes Wort, sinnentleert, oft falsch übersetzt, gerne verwendet, ohne Aussage und Wirkung. Finden Sie besser konkrete und sinnstarke Wörter.

Philipp Tingler ist Schriftsteller und verfasst hauptsächlich Bücher über die Reichen dieser Welt (Nienhaus 2016). Er kennt den Unterschied zwischen der Bevölkerung und der wirklichen Upper Class. In England beispielsweise erkennen Sie die Angehörigen dieser Schicht ganz einfach an ihrem Wortgebrauch: „Upper Class hat gar nichts mit vermeintlicher Höflichkeit zu tun, sondern mit einer direkten Einstellung zum Leben. Die Upper Class sagt ‚What?', wenn sie etwas nicht versteht. … Sie sagt auch nicht ‚She passed away', sondern ‚She died'." An ihrer Sprache könnt ihr sie erkennen!

Der deutsche Adel scheint sich darin erheblich von der englischen Upper Class zu unterscheiden. Hierzulande stirbt ein Mensch von Rang und Namen nicht einfach. Vielmehr wurde Clemens August Reichsgraf von Westphalen zu Fürstenberg, Ehren- und Devotions-Großkreuzritter des Souveränen Malteserritterordens, Komtur des Päpstlichen Sankt Georgius Ordens, Hauptmann d. R., Inhaber des Verdienstordens der Bundesrepublik Deutschland 1. Klasse und Träger des Ehrenringes der Stadt Meschede „als treuer Diener im 88. Lebensjahr von Gott dem Allmächtigen zu sich gerufen". So verkünden es 15 enge Familienmitglieder in der *FAZ* (22.10.2014, S. 6, Nr. 245). Schwülstige Sprache für angstbesetzte Sachverhalte oder einfach nur als Abgrenzung vom einfachen Volk? Schon zu Kaisers Zeiten gab es den Spruch, dass einfache Soldaten bei starker körperlicher Anstrengung „schwitzen wie die Schweine", Offiziere hingegen „transpirieren". Abgehobene Sprache als Mittel zur Abhebung.

Auf anderen Schlachtfeldern soll hingegen endlich einmal für Gerechtigkeit gesorgt werden: „Hochschullehrerinnen und Hochschullehrer von Fachhochschulen sollen zu Gutachterinnen und Gutachtern und Prüferinnen und Prüfern nach Satz 1 bestellt werden." So steht es im Brandenburgischen Hochschulgesetz in § 31 (Schulz 2014). Geschlechtergerechtes Deutsch breitet sich aus. Dabei wird oft die gute Sprache der (vermeintlich) guten Absicht geopfert.

Es ist gut und zeitgemäß, der weiblichen Form (und anderen erforderlichen Sprachformen) den ihr gebührenden Platz einzuräumen. Schwierig wird es allerdings, wenn unter dem Diktat des Genderns die sprech- und lesbare Sprache verschwindet. „Als weiße Trans*-Person verlangt R. von der WoC spezifische Auskünfte über die Race- und Gender-Positionierungen innerhalb der Interventionsgruppe. Denn schließlich sei der weiße Raum, in dem interveniert wurde, ein Schutzraum für Trans*-Personen. Somit müsse, als Legitimation, ein_e Trans*Inter*GnC (Gender non Conforming) PoC oder Schwarz_r in die Intervention involviert sein." So steht es – wörtlich – in einem Aushang der „Fachschaftsinitiative Gender Studies" an der Berliner Humboldt-Universität (Küveler 2015).

Die Schöpfungen von Frau Dr. Erika Fuchs sind eine wesentlich kreativere Bereicherung unserer sprachlichen Welt. Die promovierte Kunsthistorikerin war von 1951 bis 1988 die Übersetzerin und Chefradakteurin der Walt-Disney-Comics. Frau Dr. Fuchs wird weithin dafür gerühmt, dass sie den amerikanischen Heftchen eine eigene Sprache verliehen hat. Sie erfand Begriffe wie „schimmerlos" für jemanden, der keine Ahnung hat, „lieh" sich scheinbar schon vergessene Worte wie „Klickeradoms!" (in diesem Fall bei Wilhelm Busch) und vor allem schuf sie den Erikativ – die Beschreibung von unausgesprochenen Regungen der Figuren durch Worte wie „schluck", „grins", „freu" oder „grübel". Und bei alldem war die Dame auch noch super-emanzipiert und klug: erstes Mädchen auf dem Jungengymnasium in Pommern, Studium auch in London, Promotion über ein Thema aus dem Rokoko ... es geht leicht statt verbissen (Höflinger 2015; N. N. 2011b). Leicht in der Wirkung ist allerdings immer schwere Arbeit. Apropos: In Schwarzenbach an der Saale hat man Frau Dr. Fuchs ein eigenes Museum gewidmet.

> Sprache muss sprech- und lesbar und – vor allem – verständlich sein.

Wolf Schneider, der Papst des deutschen Journalismus, beklagt die zum Teil überhandnehmende Vergewaltigung der deutschen Sprache. Wenn das *Handbuch der Rechtsförmlichkeit* des Bundesjustizministeriums empfiehlt, staatliche Dokumente geschlechtsneutral zu verfassen, Paarformen und verstärkt Verben im Passiv zu nutzen, so werden dadurch Texte weder verständlicher noch sind sie in einem guten Deutsch verfasst (Schulz 2014). Am Ende stehen dann jeder sprachlichen Ästhetik zuwiderlaufende Anreden wie „Liebe Mitglieder und Mitgliederinnen". Schließlich heißt es „das Mitglied" und das sprachlich unerwünschte männliche Körperteil war bei der Bildung des Wortes nicht gemeint. Eiferer für sprachliche Gerechtigkeit kennen trotzdem keine Grenzen des guten Geschmacks: So steht im Programmheft des Evangelischen Kirchentags 2015 der Satz: „Die Teilnehmenden ... sind eingeladen, mitzureden und ihre Meinung deutlich zu machen: über Anwältinnen und Anwälte des Publikums und über Saalmikrofoninnen und -mikrofone" (N. N. 2015).

> Nutzen Sie Verben. Verben sind stark.

Verben sind stark, mit Verben drücken Sie Aktivität und Engagement aus, „den Preis senken" klingt besser als „eine Preissenkung vornehmen" und „pünktlich liefern" ist besser als „die pünktliche Ausführung der Lieferung". Kurze Begriffe wirken dynamischer als umständliche Gebilde aus mehreren Wörtern: „schaden" ist besser als „Schaden zufügen", „Bäume" sind besser als „Baumbestand", und dem Wörtchen „heute" sollten Sie den Vorzug geben vor „zum heutigen Zeitpunkt". Vermeiden Sie Tautologien wie „restlos überzeugt" oder „integraler Bestandteil", der eine oder andere wird merken, dass Sprache sich hier aufbläht, ohne damit das Verständnis zu verbessern.

> Streichen Sie Floskeln.

„Ich habe schon immer betont ...", „Nach meiner Überzeugung ...", „Ich bin überzeugt davon, dass ..." – immer wiederkehrende Floskeln, in diesem Fall aus einem kurzen Interview. Leere Formulierungen, umständlich und häufig gebraucht, darum auch nicht sonderlich originell. Vor allem würden Sie es gerade in einem Interview kaum sagen, wenn es nicht Ihre Meinung wäre. Ob es sich nun um allgemein gebräuchliche Formulierungen wie das notorische „Danke für Ihr zahlreiches Erscheinen" handelt und „Danke für Ihre Aufmerksamkeit" oder um individuelle Angewohnheiten wie „Ich will mal sagen ...", Floskeln sind Fallen. Vermeiden Sie Floskeln und individuelle Sprachmarotten. Ihre Sprache ist kürzer, prägnanter, und die Zuhörer achten eher auf Ihre Worte, als dass sie insgeheim mitzählen, ob nun häufiger „Lassen Sie mich erklären ..." oder „Ich muss Ihnen ehrlich sagen ..." vorkommt. Achten Sie auf Floskeln – streichen Sie diese radikal aus Ihrem Repertoire.

> Aktive Formulierungen sind stärker.

Passive Formulierungen sind schwieriger zu formulieren als aktive. „Uns wurde aufgetragen ...", „Mir wurde mitgeteilt ...", „Man sollte dringend ..." sind Sätze ohne eigentliche Botschaft. Es fehlen die Stellungnahme, der Appell und die Identifizierung mit dem Inhalt. Die Aussage verpufft, Ihre Wirkung leidet, Sie werden bestenfalls als Bote, nicht aber als aktiv und engagiert wahrgenommen. Auch bleibt es im Dunkeln, ob Sie die Aktion nun tatsächlich ausgeführt haben wollen oder ob Sie das Thema einfach nur mal zur Debatte stellen wollen.

- Vermeiden Sie – unnötige – Relativierungen und Konjunktive.
- Sie gewinnen Ihr Publikum mit
  - klaren Aussagen,
  - sprachlich starken Sätzen,
  - guter Wortwahl.

„Eigentlich haben Sie sich ganz gut geschlagen", „Vielleicht könnte ich mich darum bemühen" – Relativierungen und Konjunktive weisen in eine ähnliche Richtung. Will er nun oder will er nicht? Lob oder verdeckter Tadel? Beziehen Sie Position, machen Sie konkrete Vorschläge. So verschaffen Sie Ihrem Vorschlag Gehör. Nur so wird man verstehen, was Sie sagen wollen.

2.3 Begründung und Argumentation: Das ist so, weil ...

- Erfolgreiche Argumentation folgt klaren Strukturen.
- Klare einfache Aussagen überzeugen.

Sie wollen Ihren Chef überzeugen, Ihr Projekt zu genehmigen. Der Kunde soll endlich den Vertrag unterschreiben. Sie können den anderen einfach totquatschen. Manchmal führt das sogar zum Erfolg. Allerdings eher selten. Oft genug ist der Betreffende im Nachhinein unsicher, ob er die richtige Entscheidung getroffen hat. Besser, Sie argumentieren überzeugend und nachhaltig. Menschen suchen nach Begründungen. Darum punkten Sie mit überzeugenden Argumenten.

Gute Argumentation folgt einer Logik. Die Technik besteht in einer Behauptung und einer Begründung. Die Behauptung wird auch als „These" bezeichnet. Diese These formuliert eine Feststellung oder eine Aufforderung zum Handeln. Jeder These folgt eine Begründung – oder sie geht ihr voraus.

Gute erfolgreiche Argumentationen bedienen sich meist einer der folgenden Formen:

- *Handlungsaufforderung:* „Beide Seiten profitieren von einer Zusammenarbeit. Dazu ist eine detaillierte Absprache erforderlich. Wann wollen wir uns treffen?"
- *Tatsachenfeststellung:* „Frau Dr. Nagel hat schon drei dieser Projekte erfolgreich geleitet. Sie ist daher die Richtige für diesen Job!"
- *Verallgemeinerung:* „Männer sind körperlich einfach kräftiger als Frauen. Das weiß doch jeder" oder: „Frauen sind von Natur aus friedfertiger als Männer. Darum sollten alle Regierungen von Frauen geführt werden."
- *Vorschrift:* „Der Dienst beginnt spätestens um 8:30 Uhr. Ich erwarte, dass Sie pünktlich sind!"
- *Logik:* „Verbraucher wollen wissen, welche Inhaltsstoffe Produkte haben. Darum müssen Hersteller das auf der Packung ausweisen."

- *Erfahrung:* „Diese Operation habe ich allein im letzten Monat 20-mal ausgeführt. Bei mir sind Sie in guten Händen!"
- *Plausibilität:* „Wenn Sie weniger Staus wollen, müssen Sie die Höchstgeschwindigkeit herabsetzen. Das weiß doch jeder!"
- *Tradition:* „Schon immer waren wir der wichtigste Geldgeber für den Mittelstand. Das zeigt, wie wichtig wir für die Region sind."
- *Autoritäten:* „Deutschland muss sich stärker in den Krisenregionen der Welt engagieren. Das sagt auch unser Bundespräsident!"

Argumentationsfiguren

„Nehmen Sie ein großes Stück dünnen Stoffs und falten Sie es in der Mitte. Dadurch haben Sie seine Dicke verdoppelt. Wenn Sie es nochmals falten, ist es viermal so dick. Falten Sie es noch ein drittes und ein viertes Mal. Jetzt ist es 16-mal so dick wie am Anfang – etwa 1 cm. Wenn Sie dieses Stück Stoff nun weitere 29 Male falten, sodass sich die Dicke insgesamt 33-mal verdoppeln würde, wie dick wäre es Ihrer Meinung nach dann? Weniger als 1 m? Zwischen 1 m und 10 m? Zwischen 10 m und 1 km?[1] (Booth-Sweeney/Meadows 2001)" Die vielleicht überraschende Antwort finden Sie am Ende der Seite. Nahezu jeder schätzt falsch – viel zu wenig oder bei Weitem zu viel.

Die richtige Lösung für diese Aufgabe wird durch eine exponentielle Funktion beschrieben. Das übersteigt in der Regel unser persönliches Vorstellungsvermögen. Es gibt dafür (und für weitaus komplexere Themen) in der Mathematik passende Werkzeuge. Unser Alltagsverstand ist dem allerdings nicht gewachsen. Linear und kausal – das sind die Merkmale, die wir bevorzugen. Einfache Argumentation überzeugt, der direkte Weg von A über B zu C entspricht unseren – auch biologisch vorbereiteten – Denkstrukturen und wirkt damit besser und überzeugender.

Orientieren Sie Ihre Argumentation an dieser Maxime. Der Ablauf Ihrer Argumentation muss den Zuhörern auf Anhieb klar und verständlich erscheinen. Das Publikum will Ihren Ausführungen leicht folgen können. Klare Argumentationsmuster bauen sich entlang einer Gedankenkette auf, die sich an unseren logisch linearen Denkgewohnheiten orientiert.

> Logisch-lineare Argumentationen wirken besonders stark.

Vom „Allgemeinen zum Besonderen" beschreibt eine allgemein akzeptierte Annahme oder Tatsache und stellt dem die Ausnahme gegenüber (Bild 2.1). Diese Ausnahme wird begründet, und das führt zur Schlussfolgerung. „Gewöhnlich stellt

---

[1] Ein Stück Stoff kann man nicht 33-mal falten. Falls man es jedoch könnte, wäre das Bündel so dick, dass es von Frankfurt bis Boston reichen würde – rund 5400 Kilometer.

sich die Übernahme eines Unternehmens vom Senior als schwierig dar. In diesem Fall sind die Chancen allerdings besser. Der designierte Nachfolger hat Erfahrungen in anderen Firmen gesammelt. Der Inhaber zieht sich mit der Übergabe der Verantwortung aus dem Geschäft zurück. Darum wird es besser als sonst gelingen, die Zukunft des Unternehmens zu sichern!"

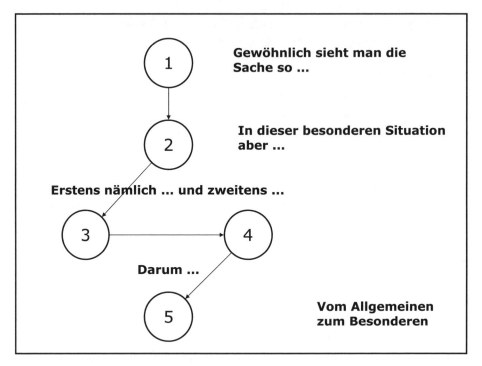

Bild 2.1 Vom Allgemeinen zum Besonderen

Die „Kette" stellt einen zeitlichen oder logischen Ablauf dar und entwickelt daraus die Schlussfolgerung (Bild 2.2). „In der Weiterbildung erwarten unsere Mitarbeiter zunehmend individuell zugeschnittene Maßnahmen. Das führt zu einer gestiegenen Bedeutung von Einzeltraining und Coaching. Darum müssen wir uns zunehmend nach Trainern umsehen, die dafür hinreichend qualifiziert sind. Mit einem entsprechenden Pool können wir unseren Mitarbeitern bei Bedarf die richtigen Angebote machen. Das sichert die Wahrnehmung von HR als Problemlöser. Damit unterstützen wir unsere Bedeutung als Business-Partner" (logische Kette). „Um einen entsprechenden Pool von Trainern für individuelle Maßnahmen aufzubauen, sind folgende Schritte notwendig: Zunächst entwerfen wir ein Profil mit Kompetenzen und Erfahrungen, über die ein geeigneter Trainer verfügen sollte. Dann erheben wir die entsprechenden Daten von unseren etablierten Partnern und einigen möglichen neuen Anbietern. Schließlich wählen wir die passenden Personen aus.

Am Ende verfügen wir über eine Liste qualifizierter Coaches und Trainer mit Leistungsprofil" (zeitliche Kette).

Bild 2.2 Zeitlicher und logischer Ablauf (Kette)

Der „Aufsatzplan" ist eine eindimensionale Argumentation für eine Lösung oder beispielsweise ein bestimmtes Produkt (Bild 2.3). Aufgezählt werden die wesentlichen drei Argumente oder Nutzenaspekte, orientiert am Bedarf des Gegenübers. Das wichtigste Argument wird als Drittes genannt (Recency Effect – das zuletzt Gehörte entfaltet die größte Wirkung): „Ich plädiere für Claudia Nagel als Projektleiterin. Sie verfügt über einschlägige Erfahrungen aus vergangenen Projekten mit diesem Aufgabenspektrum. Sie hat gute Akzeptanz bei unseren Kunden, und vor allem versteht sie es, die Mitarbeiter auch in einem länger andauernden Projekt zu motivieren. Darum sollten wir Frau Nagel diese Aufgabe übertragen."

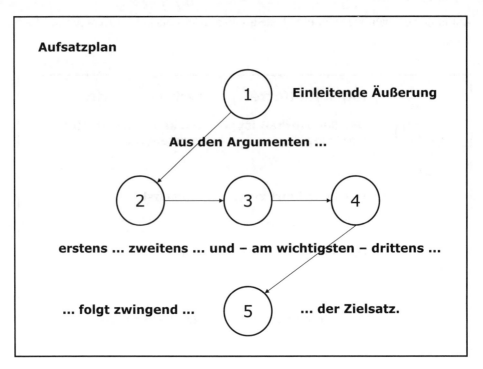

Bild 2.3 Eindimensional argumentieren (Aufsatzplan)

Der „wertende Vergleich" ist ein geeignetes Muster, wenn Alternativen bereits von anderen Teilnehmern der Debatte genannt wurden oder beispielsweise zwei naheliegende (Standard-)Lösungen im Raum stehen (Bild 2.4). Diese Positionen werden dann kurz angesprochen präsentiert, und daraus wird eine eigene – andere – Schlussfolgerung abgeleitet. „Lassen Sie uns heute über unseren Messeauftritt entscheiden. Wir können wie in den letzten Jahren einen Stand C03 in der Halle 75 mieten – das ist der Auftritt, den unsere Kunden kennen. Oder wir entscheiden uns für den größeren Stand B20 in Halle 13, dann haben wir mehr Platz für unsere Exponate. Alternativ können wir einen vollkommen anderen Ansatz wählen: Wir zeigen unsere Produkte als integrierte Elemente im Herstellungsprozess bei unterschiedlichen Branchen. Unsere Berater holen die wichtigen Kunden an einem zentralen Treffpunkt ab und führen sie dann zu den unterschiedlichsten Ständen. Dadurch machen wir deutlich, in welchen verschiedenen Bereichen unsere Produkte bereits eine entscheidende Rolle spielen. Damit stellen wir uns aus einem vollkommen anderen Blickwinkel dar."

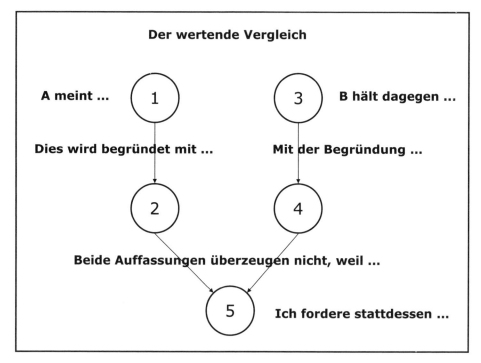

Bild 2.4 Wertender Vergleich

Der „synthetische Kompromiss" wird seinem Namen gerecht. Unterschiedliche Positionen werden gegenübergestellt (Bild 2.5). Da es ein gemeinsames Lösungsinteresse gibt, sind die beteiligten Parteien zu Abstrichen bereit. Dadurch wird ein Kompromiss möglich. „Die EDV plädiert für die Entwicklung einer Inhouse-Lösung. Dafür spricht die bessere Anpassung auf unsere spezifischen Bedürfnisse. Das Controlling bevorzugt Outsourcing als kostengünstige Alternative. Einig sind wir uns alle darin, dass wir ein neues System brauchen, das zwar kostengünstig ist, aber auch die besonderen Belange unseres Unternehmens berücksichtigt. Dort können wir ansetzen: Eine Standardlösung, in die wir aber individuell gestaltete Module für unsere Kernthemen integrieren. Damit sollten wir eine weitgehend individuelle Lösung zu einem akzeptablen Preis bekommen."

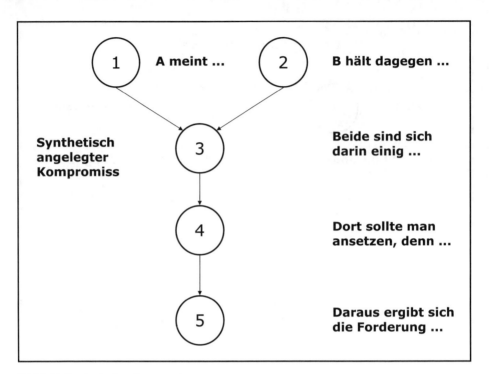

Bild 2.5 Synthetischer Kompromiss

Die „Gegenpositionen schaffende Ausklammerung" bewertet eine etablierte Position oder einen eingeführten Prozess als nicht richtig oder nicht mehr richtig beziehungsweise passend (Bild 2.6). Auf dieser Basis entwickeln Sie Ihre Botschaft. „Wir haben ein System für das Führen mit Zielen. Darin werden aus den Unternehmenszielen über die Bereiche und Abteilungen top-down individuelle Ziele für alle Mitarbeitenden abgeleitet. Im Unternehmen werden die wichtigen Themen allerdings inzwischen in Teams bearbeitet. Darum brauchen wir ein System, das dieser Wirklichkeit gerecht wird. Lassen Sie uns eine Möglichkeit schaffen, bei der die individuellen Ziele durch Teamziele und den Beitrag des einzelnen Mitarbeiters zum Projekt ersetzt werden. Damit werden wir der gelebten Wirklichkeit gerecht."

> Sie gewinnen Ihr Publikum mit
> - klaren Argumentationsmustern,
> - einfachen linearen Strukturen,
> - wenigen Sätzen.

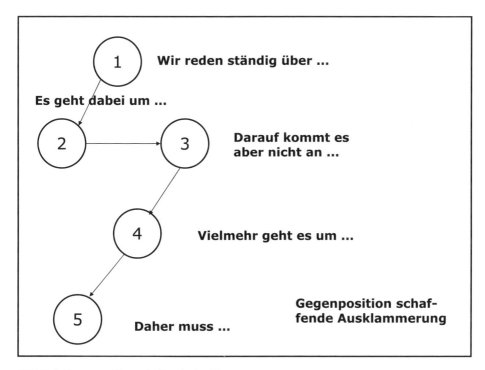

Bild 2.6 Gegenposition schaffende Ausklammerung

Nur die gut formulierte Aussage und eine klare Argumentationsstruktur sind nicht immer ausreichend. Besser ist es, wenn Sie auch inhaltlich die besseren Argumente auf Ihrer Seite haben. Im folgenden Abschnitt betrachten wir die Auswahl erfolgreicher Begründungen für Ihre Argumentation.

Die richtigen Argumente: Inhalte erfolgreicher Argumentation

Menschen manipulieren Menschen. Wir wollen das Verhalten anderer Menschen beeinflussen. Der Verkäufer will sein Produkt „an den Mann bringen", der Chef will erreichen, dass Sie sich in einem Projektteam engagieren, und ganz privat möchten Sie Ihren Lieblingsmenschen davon überzeugen, lieber mit Ihnen ins Kino statt zum „Quatschen" zur besten Freundin oder zum Kumpel zu gehen.

„Ich bin Veronika aus Oberbayern. Und ich liebe Bayern. Weil mia san mia. Das ist so!" Der Spot mit dieser überaus logischen Begründung lief im Juli 2016 bei Antenne Bayern. Vielleicht geht es ja noch a bisserl besser. Neben dem überzeugenden Auftritt gelingt es dann am besten, wenn Sie die richtigen Argumente finden. Andere Menschen werden Ihren Vorschlägen gerne folgen. Richtige, das heißt überzeugende Argumentation folgt wenigen grundsätzlichen Regeln. Wählen Sie Ihre Argumente nach wirksamen Mustern:

- Bilder sind uns lieber als Zahlen, einfache Beispiele bevorzugen wir gegenüber sachlichen Erläuterungen. Symbole, Bilder, gut gewählte Vergleiche und plakative Beispiele erzeugen über ihren visuellen Charakter („Stellen Sie sich vor …") ein deutlich höheres Maß an Aufmerksamkeit und Zuneigung – unsere Bereitschaft zur Wahrnehmung und zur Akzeptanz wächst. Ein gutes Bild, eine gute Geschichte berühren uns direkt und emotional und schalten oft die rationale Überprüfung aus.
- Einfache Erklärungen und Patentrezepte wirken stärker als die vielleicht angemessenere differenzierte Darstellung komplexer Sachverhalte. Komplex = falsch! Einfach = richtig! Windkraft ist gut – also ist auch die Investition in Windkraft gut und wird sich lohnen. Schneeballsysteme wirken auf den ersten Blick sehr einfach – ich muss nur an zehn weitere verkaufen, dann werde ich reich. Patentrezepte – von Managementsystemen bis zu persönlichen Erfolgsregeln wirken überzeugender als komplizierte Erklärungen, die der komplexen Realität mehr entsprechen. Diese einfachen Ansätze finden immer wieder ihre willfährigen Opfer.
- Wenn wir uns an der Mehrheit orientieren können, fühlen wir uns sicher. Die Mehrheit entscheidet – der Schwarm hat recht. Wir neigen dazu, das Verhalten der Mehrheit als richtig(er) einzuschätzen, in unsicheren Situationen orientieren wir uns bevorzugt am Verhalten anderer Menschen. Selbst das „aus der Konserve" eingespielte Lachen bei einer Sitcom steigert unser Gefühl, gut unterhalten zu werden. Eine hohe Anzahl von „Likes" auf Facebook steigert unseren Wunsch, auch „dabei" zu sein, und unser Hotel oder Restaurant suchen wir zunehmend nach den Bewertungen im Internet aus – ohne die Maßstäbe der anderen überhaupt zu kennen. Wenn ich verbal oder tatsächlich „Menge" erreichen kann, wirke ich überzeugender.
- Unser Alltag wird in hohem Maße von Regeln und Gewohnheiten bestimmt. Weitermachen ist einfacher, ändern tut weh. Wir zeigen in unserem Verhalten eine Tendenz zur Konsistenz, eingeführte Verhaltensmuster behalten wir lieber bei. Wir bevorzugen „authentisches" Handeln, über Situationen hinweg gleiches Verhalten ist einfacher zu berechnen.
- Zahlen, Daten, Fakten und Experten und die ihnen zugeschriebene Exaktheit werden höher eingeschätzt als „weiche" Angaben, Sachlichkeit wird oft mehr geschätzt als emotionale Argumente. Zahlen werden oft nicht überprüft, dergestalt untermauerte Behauptungen werden meist für wahr genommen. Autoritäten und Experten beeindrucken uns. Auch der Doktortitel beeindruckt uns immer noch gegen jegliche Vernunft. Überzeugen können Sie leichter, wenn Sie Autoritäten, Expertisen oder „fachlich kompetente" Instanzen wie TÜV, ADAC oder auch die Kirche zur Begründung aufrufen.
- Regeln werden oft einfach deswegen befolgt, weil es Regeln sind – wir richten unser Verhalten in einem komplexen und sich verändernden Umfeld gerne an

Sicherheit und festen Ankerpunkten aus. Regeln, Normen und Werte liefern gute Begründungen. Wenn Dinge logisch und kausal begründet werden, schließen wir uns dieser Sichtweise gerne an.

- Prominente Personen oder wichtige Ereignisse erregen unsere besondere Aufmerksamkeit. Diese nehmen wir dann gerne als Modell für unser eigenes Verhalten. Exklusiv und selten wecken unsere Begehrlichkeit. Selten = teuer = gut. Dafür setzen wir gerne Zeit und Geld ein. Die erzeugt in uns den Wunsch, das Objekt der Begierde zu erwerben. Es weckt in uns auch die Bereitschaft zu besonderen Anstrengungen – wir sind bereit, mehr Geld auszugeben, lange anzustehen (für das erste iPhone der neuen Generation) oder soziale Verrenkungen zu unternehmen, um dazuzugehören. Diese Attribute zuzuschreiben oder anzubieten verschafft Ihnen ein deutlich höheres Maß an Überzeugungskraft.
- Wir helfen anderen, andere helfen uns. Wir fühlen uns dazu verpflichtet. Eine solche Verpflichtung überzeugt. Für Freundlichkeiten revanchieren wir uns gerne. Auge um Auge – wir sind lieber quitt.

Bilder über Argumente: Stellen Sie sich vor ...

- Bilder oder Beispiele sind unmittelbar wirksam.
- Bilder, Beispiele und Geschichten sprechen direkt unsere Vorstellung an.
- Ein Bild sagt mehr als tausend Worte.
- Kritisches tritt in den Hintergrund.

Ein Moleskine-Notizbuch will jeder haben. Immerhin haben schon Pablo Picasso und Ernest Hemingway ihre Ideen in diesen Kladden festgehalten. Das ist die „Geschichte einer Legende" und darum bezahlen wir gerne mehr für diese Heftchen. Eine schöne Geschichte – jedoch frei erfunden. Die in einfachen Kunststoff gebundenen Notizbücher werden tatsächlich erst seit 1997 und dann auch noch recht günstig und wenig hochwertig in China produziert (Balzster 2015). Die gute Geschichte verkauft das eher schnöde Produkt dann aber zu einem erheblichen Preis. Recht hat, wer eine Geschichte erzählt.

Interview mit Katrin Bauerfeind über ihre Sendung „Bauerfeind assistiert", in der sie mehr oder weniger prominente Menschen einen Tag lang als Assistentin begleitet. Mit der Fernsehköchin Sarah Wiener machte Frau Bauerfeind gute Erfahrungen („Die hat zwar auch mit mir geschimpft ... Aber sie hatte eine liebevolle Strenge"); mit Tim Mälzer, ebenfalls ein TV-Koch, allerdings schlechte („Tim dagegen hatte Bock darauf, mich leiden zu lassen ... Er hat gezetert, ich würde alles falsch machen"). Nur ein Beispiel, das lässt dann aber eine verallgemeinernde Aussage zu: „Ich glaube, Frauen sind die netteren Chefs" (N. N. 2014b).

Streng genommen bezieht sich ein Beispiel immer nur auf diese spezielle Situation. Die meisten von uns generalisieren allerdings individuelle Situationen oder Erlebnisse. Wir nehmen ein Beispiel für das Ganze, wir gehen – implizit – davon aus, dass dieser eine Fall repräsentativ ist. (Auch dieses von mir zitierte Beispiel ist wiederum nur ein Beispiel, um zu illustrieren, wie Beispiele herangezogen werden, um für das große Ganze zu stehen.)

Die Technik des Beispiels oder der Bilder und Geschichten wird gerne in vielen Bereichen unseres Lebens eingesetzt: Wir schätzen es, unsere hochkomplexe Umwelt auf einfach zu verstehende und anzuwendende Elemente zu vereinfachen. Einfache Vorgehensweisen, eindeutige Erfolgsmuster, Patentrezepte haben einen überwältigenden Charme.

Die Rezepte erfolgreicher Unternehmen beschreiben die damaligen McKinsey-Berater Tom Peters und Robert H. Waterman in ihrem Buch *In Search of Excellence* (1988). Aus der Strategie und dem Handeln der ausgewählten Unternehmen leiten die Autoren allgemeine Handlungsempfehlungen ab. Und waren damit sehr erfolgreich. Das Buch verkauft sich auch 28 Jahre später immer noch gut. Die Auswahl der beschriebenen Firmen war allerdings weniger das Ergebnis einer sorgfältigen Analyse, sondern eher eine Sammlung von Fundstücken als Ergebnis einer erratischen Suche der damaligen McKinsey-Berater. Tom Peters schilderte das selber so: „We went around to McKinsey's partners and to a bunch of other smart people … and asked, Who's cool? … which companies genuinely get it? That very direct approach generated a list of 62 companies, which led to interviews with the people at those companies … You can always worry about proving the facts later" („Wir haben einfach Partner von McKinsey und einen Haufen anderer kluger Leute gefragt: Wer ist richtig gut? … Welche Firmen sind wirklich erfolgreich? Dieser Ansatz brachte uns eine Liste von 62 Unternehmen, und dann haben wir Interviews mit Leuten aus diesen Firmen geführt … Beweisen kann man die Aussagen später immer noch" eig. Übers.). So gut wie die Methode war der Inhalt dann auch tatsächlich – Atari, Wang, NCR und viele andere gepriesene Unternehmen waren kurze Zeit später bedeutungslos geworden oder ganz vom Markt verschwunden. Merrill Rock Chapman machte sich die Mühe, die beschriebenen Firmen einer erneuten Analyse zu unterziehen. In seinem 2006 erschienenen Buch *In Search of Stupidity* stellte er fest, dass „Mit nur wenigen Ausnahmen … die exzellenten Unternehmen große Firmen mit einer dominierenden Position in reifen oder stabilen Märkten" waren. Für die Beratungskunden von „The Firm" bleibt zu hoffen, dass die Qualität der teuer erkauften Konzepte besser ist als bei Peters und Waterman.

Wir lieben trotzdem Beispiele = Erfolgsrezepte. Sie geben uns Sicherheit in einem unsicheren Handlungsumfeld. Schauen Sie sich um – *Management – von den Besten lernen, Wie Sie Ihr Buch zum Erfolg pushen* (das sollte ich unbedingt kaufen) oder *Was wir von Steve Jobs lernen können* – alles Bestseller, alles Bücher, in denen Patentrezepte vermarktet werden. Über den Nutzen urteilen Sie bitte selbst. Das bezweifeln auch andere: „Margot Käßmann hat ein psychologisches Ratgeberbuch geschrieben, es heißt *Sorge dich nicht, Seele*. Das wäre nun von sich aus vielleicht keine weitere Betrachtung wert … Man weiß, dass sie [die Ratgeberliteratur] nicht hilft und nie helfen wird, und verschlingt sie trotzdem. … Es ist fast wie beim Beten" (Lühmann 2016).

Wenn wir ein bestimmtes Ergebnis erzielen wollen, orientieren wir uns gerne daran, wie andere das Gewünschte erreicht haben. Wir prüfen selten kritisch, ob die Voraussetzungen oder die Rahmenbedingungen mit unserer Situation vergleichbar sind. Wir müssen es nur genauso machen, dann werden wir ebenso erfolgreich sein. Und wenn es dann doch nicht klappt, liegt es bestimmt nicht an der Methode, sondern an ihrer mangelhaften Umsetzung. Wir neigen in solchen Fällen weniger zu einem Wechsel der Strategie, sondern eher zu einer Intensivierung unserer Bemühungen, schließlich hat dieses Patentrezept in der Vergangenheit doch immer funktioniert.

Erfolgreiche Menschen können gut davon leben, dass sie durch Unternehmen tingeln und den staunenden Mitarbeitern und besonders dem Management mehr oder minder unterhaltsame Geschichten davon erzählen, wie sie selber die Goldmedaille gewonnen haben oder sich aus der vierten Reihe gegen viele Widerstände ganz nach vorne gekämpft haben. Sportler und Politiker vergolden so ihre Erfolge aus der Vergangenheit. „Speeches preach, stories teach", heißt es in Amerika. Gute Geschichten handeln dabei von Menschen, die sich gegen Widerstände behaupten mussten, Niederlagen überwanden, nur um am Ende zu triumphieren. Die Geschichten erzählen meist eine einfach strukturierte Handlung.

Erfolgreiche Hochschulen nutzen die Methode der Geschichte, um ihren Studenten wichtige Inhalte zu vermitteln. Die Methode der Case Studies (Fallstudien) wurde an der Harvard Business School entwickelt. Der Case stellt in erzählerischer Form ein reales Problem aus Unternehmen dar, mit allen wesentlichen Hintergrundinformationen. Im Seminar wird dann das theoretisch erworbene Wissen auf den Fall angewendet. Die Harvard Business School wirbt mit dem Slogan „These studies put theory into action" (hbr.org 2017).

Viele Unternehmen haben die besondere Bedeutung von Bildern und Geschichten für die öffentliche Wahrnehmung erkannt. Deshalb kämpfen sie darum, den CEO oder andere wichtige Protagonisten in passender Form öffentlich dazustellen. Ob die Helden an der Spitze (selber?) twittern oder in Internetforen Kundenfragen beantworten, ob sie eine herausfordernde und imageträchtige Sportart wie Marathon oder Mountainbike betreiben – stets wird versucht, die Person an der Spitze in ein gutes Licht zu rücken. Das Unternehmen profitiert auch, denn es gilt: „toller Chef = tolle Firma". Das lässt sich mit vergleichsweise wenig Aufwand umsetzen.

- Bilder, Beispiele und Geschichten überzeugen.
- Nutzen Sie einfache Bilder, Beispiele und Geschichten.
- Verstärken Sie die Wirkung Ihrer Argumente durch die emotionale Ebene.
- Beispiele werden meist generalisiert.

Einfach gleich richtig: Bringen Sie es auf den Punkt

Komplexes überfordert. Menschen bevorzugen einfache lineare Muster und handeln danach.

Wir bevorzugen klare einfache Lösungen. Einfache Argumente sind darum überzeugender.

Alljährlich im Oktober veröffentlicht die Beratung Interbrand eine Liste der wertvollsten Marken der Welt (Löhr 2015). An der Spitze steht – auch 2015 wieder unangefochten – Apple! „Wer Verbraucher überzeugen will, der muss das mit Produkten tun, die jeder versteht … Der Siegeszug der Technikkonzerne … ist daher auch ein Siegeszug der Einfachheit", fasst die Autorin zusammen.

Wir treffen täglich eine Vielzahl von Menschen. Bei Fremden wollen und müssen wir schnell wissen, was von dem anderen zu halten ist. Darum neigen wir dazu, andere Menschen anhand weniger einfacher Merkmale zu beurteilen und Kategorien zu bilden. Auch gehen wir davon aus, dass Menschen sich über Situationen hinweg konsistent verhalten. „Den kenne ich, der tut immer x, darauf kannst du dich verlassen."

Wollen Sie schön sein? Richtig schön? Ganz einfach – folgen Sie dem Ratschlag von Elle Macpherson. Sie weiß Bescheid, denn Elle Macpherson war sehr erfolgreich als international gefragtes Topmodel und trug immerhin den Ehrentitel „The Body". Sie ist jetzt auf dem Lifestyle-Anti-Aging-Markt aktiv. Mit einer klaren Botschaft (Mühl 2015): „Fühle dich gut, ernähre deine Zellen, und du wirst gut aussehen." So einfach geht das. Wenn Sie dann auch noch das „The Super Elixir" für nur 99 Dollar pro Dose kaufen, dann werden Sie nicht nur schön, auch Elle Macpherson wird glücklich.

Komplexe Erklärungen oder womöglich tief schürfende wissenschaftliche Betrachtungen lenken nur ab. Im Alltag sind wir einer derartigen Vielzahl von Eindrücken ausgesetzt. Daher entwickeln einfache Erklärungen die stärkste Überzeugungskraft. Wir filtern den von uns als relevant deklarierten Input heraus, das Unwichtige versuchen wir auszublenden. Wir erwarten, dass Ähnlichkeiten in bestimmten Merkmalen eine allgemeine Ähnlichkeit bedeutet (Franzosen, Frauen, Fleischer). Wir nehmen an, dass ähnliche Ergebnisse identische Ursachen haben.

Deswegen wiederholen und intensivieren wir unsere Bemühungen, um ein bestimmtes Ergebnis zu erzielen – weil wir es in der Vergangenheit auch auf genau diesem Weg erreicht haben.

Dietrich Dörner wies mit seiner Versuchsreihe „Tanaland" nach, dass Menschen an einfaches Ursache-Wirkungs-Denken gewöhnt sind (Dörner/Reither 1978). Wir können in unserem Handeln kaum komplexe Zusammenhänge und Wechselwirkungen innerhalb von und zwischen Systemen wahrnehmen, geschweige denn erfolgreich steuern. Dörner beschreibt typische Analyse- und Denkfehler bei Menschen: Wir

- analysieren Bedingungen und Systeme nur in Ausschnitten, Dynamiken werden meist nicht berücksichtigt,
- reduzieren komplexe Zusammenhänge und bestimmen bevorzugt einzelne Ursachen,
- schreiben Tendenzen linear fort,
- schützen unser Selbstbild – bestätigende Botschaften werden bevorzugt wahrgenommen, widersprechende ausgeblendet.

Demgegenüber steht unsere starke Kontrollillusion – wir glauben, dass wir weit mehr beeinflussen können, als tatsächlich der Fall ist. Wir lassen uns mit dem Versprechen von Sicherheit und verlässlicher Einschätzung zukünftiger Entwicklungen ködern. Magische Rituale, Horoskope, das Beten um himmlischen Beistand für die erfolgreiche Prüfung oder eine gute Ernte – all das illustriert unsere Unsicherheit, unseren Kontrollwunsch und unser Streben nach einfachen Lösungen (einmal Beten + eine Kerze = erfolgreiche Fahrprüfung). Diese Klarheit können uns Autoritätsfiguren oder Experten anbieten.

Was bedeutet dieser Hang zur einfachen Lösung, wenn Sie andere Menschen überzeugen wollen?

> Einfache Argumente. Klare Aussagen. Wenige, aber schlagkräftige Argumente. Das ist der Königsweg.

2.4 Macht der Menge: Orientieren an der Mehrheit

Viele Menschen kaufen Bücher aus der Bestsellerliste – wenn das so viele lesen, muss es gut sein. Oder zumindest schauen wir bei Amazon nach, wie viele andere (manchmal nur vermeintliche) Leser fünf Sterne für dieses Buch vergeben haben.

Bei der Auswahl eines Restaurants in einer fremden Stadt oder bei der Suche nach einem Hotel orientieren wir uns daran, wie viele Gäste das Etablissement in der Vergangenheit gut bewertet haben. Immer dann steigt auch unsere Neigung, das Buch zu kaufen oder in dem Restaurant zu essen.

- Bei unseren Entscheidungen orientieren wir uns an der Mehrheit.
- Es ist einfacher, mit dem Strom zu schwimmen.
- Wenn es viele tun, muss es darum richtig sein.

In einer Besprechung hat Ihr Vorschlag deutlich bessere Chancen, wenn Sie darauf verweisen können, dass auch der Kollege aus dem Marketing und die Kollegin aus der Produktion Ihre Idee unterstützen. Oder Sie sorgen dafür, dass die beiden sich unmittelbar nach Ihrem eigenen Wortbeitrag äußern, und zwar bitte positiv. Die Menge machts.

Die Zahlungsmoral der Steuerbürger in Großbritannien verbesserte sich um deutliche 15 Prozent, als den Betroffenen mitgeteilt wurde, dass die meisten anderen Einwohner der Gemeinde ihre Steuern pünktlich zahlen (Neubacher 2014). Regeln und Verbote wirken durch Gruppendruck beziehungsweise durch den Einfluss anderer Menschen auf unser Verhalten.

1951 veröffentlichte der Psychologe Solomon Asch erstmals Ergebnisse seiner Untersuchungen zur Wirkung von Gruppen auf das Urteil und das Verhalten Einzelner (Asch 1951): Gruppen von sieben bis neun Personen nahmen an einem als Wahrnehmungsexperiment deklarierten Versuch teil. Die Aufgabe bestand beispielsweise im Vergleich einer Musterlinie mit drei anderen Linien, eine davon eindeutig kürzer und die andere eindeutig länger. Alle Teilnehmer an dem Versuch mit Ausnahme des tatsächlichen Probanden waren allerdings durch den Versuchsleiter dahin gehend instruiert, dass sie ein falsches Urteil abgaben. Diese Urteile wurden offen geäußert, der tatsächliche Proband äußerte sich als Letzter. Über mehrere Versuche hinweg machten etwa 76 Prozent der (echten) Teilnehmer klare Fehler – sie schlossen sich wider besseres Wissen der falschen Gruppenmeinung an. In einer Kontrollgruppe kamen derartige Fehler nicht vor. Zudem äußerten die Versuchspersonen im Debriefing, dass sie sich ihres falschen Urteils bewusst gewesen seien. Sie zogen es vor, in Übereinstimmung mit der Mehrheit zu entscheiden.

Ob nun sieben von zehn Zahnarztfrauen eine bestimmte Sorte Zahnpasta empfehlen oder ob viele Zuschauer sich deswegen köstlich amüsieren, weil auch die anderen lachen – Menge wirkt. Unternehmen werben damit, dass neun von zehn Kunden sich in Umfragen als „zufrieden" bezeichnen, oder eben damit, dass sechs von zehn Kunden ein Konto bei der örtlichen Sparkasse haben. Der betreffende Anbieter muss einfach leistungsfähiger sein als der Wettbewerb. Wenn Sie jemanden überzeugen wollen, ist es ratsam, mit der Mehrheit zu argumentieren.

Soziale Gruppen teilen Erlebnisse und Überzeugungen, Erfahrungen und Merkmale. Der Wunsch oder die Notwendigkeit, Mitglied einer Gruppe zu sein, hat einen stark überzeugenden Wert.

Gruppen erleben vieles gemeinsam. An den Emotionen anderer Gruppenmitglieder richte ich meine eigenen Emotionen aus: Was ist gut? Wann ist zu klatschen? Erfolgreiche Verkaufsveranstaltungen für Gruppen oder Rekrutierungstage bei Strukturvertrieben folgen einer ausgeklügelten Vorgehensweise. Immer gibt es eingewiesene Anhänger, die bei den richtigen Stichworten lauthals jubeln oder sich als Erste melden – für die Teilnahme an Projekten, für den Kauf bestimmter Produkte.

Diese Identität der Gruppe insgesamt und die des Einzelnen in seiner Gruppe bestimmen das Verhalten der Mitglieder, in der gemeinsam verbrachten Zeit, aber auch darüber hinaus. Jeder wahre Fußballfan wird auch unter der Woche und ganz alleine unterwegs einen heftigen Widerwillen gegen die Farben des gegnerischen Vereins verspüren. Die Gruppenidentität entsteht durch die und lebt von der Abgrenzung zu anderen Gruppen.

- Wenn Sie überzeugen wollen, sorgen Sie für Akzeptanz in einer relevanten Gruppe.
- Die meisten Mitglieder dieser Gruppe werden sich der Mehrheit anschließen.
- Wer einmal die Meinung der Gruppe übernommen hat, erweist sich meist als immun gegen „fremde" Einflüsse.

Gruppen tendieren zur Polarisierung von Meinungen und Aktionen. Die Diskussion in der Gruppe lässt die Vertreter einer Position eine stärker akzentuierte Meinung einnehmen, schließlich muss ich mich gegen andere Argumente behaupten. Je größer nun die Menge der Befürworter, desto stärker die Tendenz zur Polarisierung der Meinung (Vinokur/Bernstein 1974).

Sie können die Gruppenmeinung verstärken, wenn Sie sich gegen eine tatsächliche oder vermeintliche Opposition aufstellen. Im einfachsten Fall finden Sie das in der Werbung beim (in Deutschland meist anonymen) Vergleich mehrerer Produkte – aus denen dann das beworbene als Sieger hervorgeht. „Angriffe" von außen oder Wettbewerb mit anderen Gruppen (beispielsweise beim Sport) führt dementsprechend dazu, dass sich die Reihen schließen und alle Beteiligten das gemeinsame Ziel umso intensiver verfolgen.

Organisationen wie Gewerkschaften, Vereine oder Verbände setzen traditionell auf die Macht durch Menge. Viele zufriedene oder unzufriedene Mitglieder verleihen dem Begehren der Wortführer ein deutlich höheres Gewicht.

Das Internet bietet neue Wege und Möglichkeiten, das alte Prinzip der Mehrheit zu organisieren und zu nutzen. Ob Sie ein Produkt durch viele „Likes" bekannt machen, ob Sie mit einer Online-Petition in Sachen Loveparade-Prozess Druck auf das Oberlandesgericht in Düsseldorf machen wollen – im Internet geht alles schneller, wirkungsvoller und mit mehr öffentlicher Wirkung. Wenn Sie Mehrheiten organisieren können, üben Sie erheblichen Einfluss aus. Nennungen vorne bei Google treffen auf deutlich mehr Aufmerksamkeit als Platzierungen auf Seite zehn oder weiter hinten.

- Viele zufriedene Nutzer überzeugen.
- Zeigen Sie, dass Ihr Vorschlag mit der Position der Mehrheit übereinstimmt.
- Organisieren Sie Unterstützer.

2.5 Gewohnheiten – Regeln – Normen: Von Spielregeln bis Bürokratie

- Gemeinsam geht mit Regeln leichter.
- Menschen halten sich meist an Regeln.
- Die wichtigsten Regeln sollte man kennen und nutzen können.

Die Verwaltung der Stadt Düsseldorf hat eine acht(!)seitige Anleitung herausgegeben, die das richtige Überqueren der Straße erläutert – Inhalt sind die wichtigsten Regeln und Schautafeln. Dort steht dann, wie Sie gehen sollten: „Die Ampel springt auf Grün. Der ideale Zeitpunkt für alle Fußgänger, jetzt loszugehen" (Neubacher 2013).

Auch sonst unterstützt unser Staat seine Bürger in wichtigen Fragen: Für börsennotierte Unternehmen wird eine Frauenquote zwingend vorgeschrieben, durch platzsparendes Parken sparen Sie sich die sonst fällige Buße von zehn Euro. Auch im Ausland gibt es viele Regeln: Im französischen Radio müssen zwischen acht und 20 Uhr sieben von zehn der gespielten Stücke von französischen Interpreten sein. Wenn Sie als Scharlatan arbeiten wollen, halten Sie sich von Italien fern, dort ist nämlich verboten, mit diesem Beruf sein Geld zu verdienen.

Der Sinn mancher Regel ist für den Uneingeweihten nur schwer zu enträtseln. Oder können Sie plausibel erläutern, warum Einwegflaschen mit Fruchtschorlen mit Kohlensäure der Pfandpflicht unterliegen, Einwegflaschen mit Fruchtsäften, Fruchtnektaren und fruchtsaftähnlichen Getränken mit Kohlensäure aber nicht?

Ohne Gesetze und Regeln hätten wir im Großen und im Kleinen andererseits schnell ein Chaos – Mehrfamilienhäuser haben eine Hausordnung, und die globalen Finanzmärkte wurden nach dem Crash 2008 auch ein wenig intensiver geregelt. Niedersachsen hat das NHundG, beschlossen von einer großen Koalition aus CDU und SPD, den Grünen und der FDP am 26. Mai 2011. NHundG schreibt vor, dass jeder Hund ein amtliches Kennzeichen bekommt (Hayek 2017). Das Kennzeichen hat die Form eines Chips, den der Tierarzt unter die Haut transplantiert. Ein neu geschaffenes zentrales Register in Oldenburg verrät nun den Namen von Hund und Halter, sollte das Tier je auffällig werden. So weit die vereinfachte Darstellung. Und im Konfliktfall müssen Sie des Hundes auch erst einmal habhaft werden ... wenn er bissig ist, könnte genau das Schwierigkeiten bereiten.

Auch außerhalb des staatlichen Bereichs gibt es Regeln, Zertifikate und Normen. Zertifiziert wird der Kundenprozess in einer Arztpraxis ebenso wie die Produktion eines Feuerzeugs. Auch technische Normen sind selbstverständlich. Sie haben zu der in Europa überall einheitlichen Netzspannung von 230 Volt geführt, und darum können wir mit unseren Elektrogeräten in Frankreich genauso sicher hantieren wie daheim. Das Deutsche Institut für Normung in Berlin hat in den nahezu 100 Jahren seines Bestehens mehr als 33 000 Normen entwickelt.

Technische Normen sind uns lieb und teuer. Denselben Zweck können soziale Normen haben. Wenn sie uns nützen, finden wir sie prima, wenn sie uns einschränken, mögen wir sie meist nicht. Es ist aber gut, die herrschenden Regeln und Normen zu kennen. Wenn Sie die wichtigen „Spielregeln" beherrschen, ist das Leben meist leichter. Und auch in der Argumentation ist die Berufung darauf, „dass man das doch bei uns so macht", meist wirkungsvoll:

- Gesetze, Regeln und Normen regeln unseren Alltag.
- Wer die Regeln kennt, kann sein Handeln gut begründen.
- Wer die Regeln macht, hat Macht.

Regeln ordnen unsere Welt und verstärken unsere Sicherheit in der Auswahl des geeigneten Verhaltens. In geordneten Bahnen läuft unser Leben meist besser ab, Verantwortlichkeiten sind klarer.

Ordnung bedeutet immer Macht. Wer die Regeln formuliert und wer ihre Einhaltung verantwortet, bestimmt auch das Verhalten. Gesetze und Regeln werden meist eingehalten, die guten und die schlechten, die sinnvollen und die sinnlosen. Informelle und formale Regeln gelten in jeder Gruppe. Sie steuern das Verhalten der Mitglieder. Es gibt eine Vielzahl von offiziellen Regelungen – von der Betriebsordnung bis zur Vereinssatzung – und viele ungeschriebene Regeln. Macht hat, wer diese Regeln bestimmt und ihre Beachtung belohnen oder Verstöße bestrafen kann.

- Normen, Regeln und Werte ordnen und vereinfachen unser Zusammenleben.
- Sie schaffen Sicherheit für richtiges Verhalten.
- Sie werden häufig ungeprüft übernommen.
- Macht hat, wer die Spielregeln definiert.
- Der Appell, Regeln einzuhalten, hat meist Erfolg.
- Argumentation mit akzeptierten Regeln überzeugt.

Eine ähnliche Rolle wie Regeln spielen Rituale oder Gewohnheiten. Viele unserer Verhaltensweisen laufen automatisch ab. Sicheres Autofahren beispielsweise ist nur möglich, weil viele Aktionen unbewusst ablaufen. Schrittweise erlernen wir komplexe Handlungsfolgen. Dann laufen diese in immer längeren Handlungsblöcken automatisch ab. Darum können wir daneben Aufmerksamkeit für andere Aktivitäten aufbringen (Kahneman 2011). Einmal etablierte Gewohnheiten lassen sich nur schwer ändern. Wenn es Ihnen also gelingt, Gewohnheiten zu etablieren, können Sie sich immer wieder erfolgreich darauf berufen.

2.6 Zahlen, Daten, Fakten und Experten: Vertrauen und Hinterfragen

- Wir leben in einer komplexen Umwelt. Verlässliche Aussagen helfen uns bei der Orientierung.
- Zahlen, Daten, Fakten oder Aussagen von Experten helfen bei der „richtigen" Entscheidung.

Frau Dr. Ursula Schütze-Kreilkamp ist Leiterin Personalentwicklung Konzern und Konzernführungskräfte bei der DB Mobility Logistics AG. In dieser Funktion trat sie auf einer Schulung in der Schweiz auf und erläuterte ihr Rekrutierungskonzept: Für Finanzen, Controlling und Compliance stelle sie bevorzugt Zwanghafte mit einer schönen Angststörung ein. Da habe man immer tolle Budgets (Wassermann 2015). Ziemlicher Unfug, und das war der Bahn dann auch peinlich – ein Sprecher distanzierte sich eilig von diesen Aussagen, und ein Video von der Veranstaltung verschwand umgehend aus dem Internet. Mit ähnlich steilen Thesen fiel die Dame auch schon in ihrem letzten Job bei der REWE auf. Vielleicht wäre Frau Dr. Schütze-Kreilkamp doch lieber bei ihrem studierten Fach als Gynäkologin geblieben. Als niedergelassene Ärztin arbeitete sie ja auch lange in Köln. Nicht einmal Human Resources kann jeder, nur weil er es sich zutraut.

Ob es sich nun um selbst ernannte Experten handelt oder um Fachleute, die ihre Bedeutung mehr durch kühne Behauptungen als durch tatsächliches Wissen aufblähen, Experten überzeugen fast immer schon wegen ihres Status als Experte. Eine entscheidende Rolle dabei spielt unser Wunsch, sich in der Komplexität unseres Alltags zurechtzufinden. Ein Experte, am besten einer mit Titel, bietet uns genau diese Orientierung. Der Mann beziehungsweise die Frau hat schließlich nicht nur studiert, sondern auch noch höhere akademische Weihen erlangt.

Warum sind wir so sehr bereit, auf den Rat – oft nur scheinbarer – Experten zu hören? Eine Erklärung findet sich in den Studien, die der amerikanische Psychologe Stanley Milgram (1963) in den 1960er-Jahren an der Yale University durchführte. Versuchspersonen nahmen an Studien zum menschlichen Lernen teil. Im Labor trafen die Teilnehmer den Versuchsleiter. Der loste – allerdings nur scheinbar – aus, wer als Lernender und wer als Assistent des Versuchsleiters fungieren sollte. Den Versuchspersonen wurde erläutert, dass es sich um die Untersuchung des Einflusses von Bestrafung auf das Lernen handelte. Der Lernende (in Wirklichkeit ein Mitarbeiter des Versuchsleiters) nahm im Nachbarraum Platz. Der Proband saß gemeinsam mit dem Versuchsleiter vor einer Apparatur, mit der er dem Lernenden Stromstöße verpassen konnte (so die Ansage). Das sollte er immer dann tun, wenn dieser beim Lernen von Zahlenreihen Fehler beging. Was auch prompt eintrat. Der Versuchsleiter forderte den Helfer dann auf, dem Lernenden dafür Stromstöße in ansteigender Stärke bis zu 450 Volt zu verabreichen. Der Lernende bat wieder und wieder darum, aufzuhören. Der Helfer wollte das auch, wurde aber durch den Versuchsleiter aufgefordert, weiterzumachen. Etwa sechs von zehn Teilnehmenden an diesem Versuch waren bereit, einen Stromschlag mit – tödlichen – 450 Volt zu verabreichen. Ein entscheidender Faktor für dieses erschreckende Verhalten war die Anwesenheit des als Experten wahrgenommenen und durch einen Arztkittel zusätzlich legitimierten Versuchsleiters. Ohne Versuchsleiter an ihrer Seite waren meist nur drei Prozent aller Versuchspersonen bereit, bis ans Limit zu gehen.

Die Teilnehmer akzeptierten den Wissenschaftler als Autorität. Die Integrität des Experten wurde nicht angezweifelt. Diese Tendenz trägt die Bezeichnung „Authority Bias". Das ist die Bereitschaft, Autoritäten und Experten – auch ungeprüft – zu folgen. In wenig vertrauten Handlungsfeldern sind wir auf das Wissen und das Urteil von Experten angewiesen. Wenn wir uns einmal dazu durchgerungen haben, einzelnen Experten zu folgen, stellen wir deren Rat meist nicht mehr infrage.

Einen Beitrag zur Akzeptanz von Experten leistet auch der „Haloeffekt", unsere Tendenz, sich von einzelnen prägnanten Merkmalen in der Beurteilung anderer Menschen beeinflussen zu lassen. Der Experte gilt uns dann allgemein als kundig, auch jenseits seiner Expertise.

Die Sozialpsychologen John P. R. French und Bertram Raven (1960) haben umfangreiche Untersuchungen zu den Quellen der Macht angestellt. Wissen ist eine dieser Quellen. Wenn uns das erforderliche Wissen fehlt, greifen wir auf den Rat von Experten zurück. Je komplexer unsere Welt wird und je schneller sie sich verändert, desto weniger werden Handlungsfelder für Einzelne durchschaubar, desto mehr nimmt die Bedeutung der Experten zu.

Experten können neben Personen auch Institutionen sein. Wenn auf Ihrem Nummernschild das Siegel vom TÜV oder von der DEKRA klebt, wird Ihr Fahrzeug als fahrtüchtig anerkannt. Wobei zu hoffen bleibt, dass die Prüfer dabei sorgfältiger gearbeitet haben als bei der Prüfung der Qualität von Brustimplantaten (N. N. 2014c).

> Mit Expertise können Sie überzeugen:
> - persönlich als Experte oder mit
> - dem Wissen von Experten.
>
> Vorsicht: Expertise ist nicht generalisierbar – Kompetenz ist auf ein Fachgebiet beschränkt.

Wenn schon nicht auf Experten Verlass ist, dann vielleicht auf harte Zahlen, Daten und Fakten? Darauf lassen sich doch wohl konkrete und kluge Schlussfolgerungen aufbauen.

Mit Zahlen untermauert berichtet die *FAZ* über Befunde der KPMG (Giersberg 2016): „Deutschen Unternehmen ist im abgelaufenen Jahr durch wirtschaftskriminelle Handlungen ein Schaden von 100 Milliarden Euro entstanden. Das sind 20 Prozent mehr als ein Jahr zuvor …" Eine erschreckende Zahl, und noch schlimmer ist die Tatsache, dass ein erheblicher Anteil dieser Schäden auf das Konto von Mitarbeitenden geht. Die *Welt* hat allerdings dieselbe Analyse der Wirtschaftsprüfer unter die Lupe genommen und klärt uns auf: „Die Zahl der Fälle ist also offenbar dramatisch zurückgegangen, teilweise um ein Drittel [verglichen mit 2014] … in praktisch allen abgefragten Themengebieten gilt dies. … Wieder lagen die Zahlen [der Schadenssumme] 2014 in allen Bereichen weit höher …". Der KPMG-Experte verteidigt gleichwohl seine Einschätzung, denn immerhin geht es ums Geschäft: Hoher Schaden = alarmierte Unternehmen = Aufträge, denn „Unsere Spezialisten unterstützen bei der Implementierung von Maßnahmen zur Prävention, Aufdeckung und angemessenen Adressierung von Wirtschaftskriminalität" (Stocker 2016). Hauptsache ein paar Zahlen und eine kühne Behauptung, dann lässt sich schon die gewünschte Aussage herbeirechnen.

Auch bloße Behauptungen werden gerne mit Zahlen untermauert. Zahlen geben uns dann vordergründige Sicherheit, weil sie exakt wirken. „Vierzig Prozent aller Demenzfälle gehen auf Borreliose zurück", behauptet beispielsweise Jörg Rehmann vom Borreliose Bund (Welz 2014). Belegen kann er diese Behauptung nicht, verschafft seinem Anliegen mit der scheinbaren Präzision allerdings mehr Aufmerksamkeit, und das bedeutet meist auch mehr Geld vom Staat und von Sponsoren.

Menschen, die uns manipulieren wollen, nutzen gerne Zahlen als Beleg. Auch Medien nutzen Zahlen, Daten und Fakten gerne, um ihren Meldungen mehr Gewicht zu verleihen. Exakte Angaben klingen nach Präzision und Kompetenz, sie wirken plausibel.

> Zahlen unterstützen unser Bedürfnis nach Genauigkeit und Objektivität. Sie geben uns ein Gefühl von Sicherheit und Präzision.

Zahlen entfalten eine besondere Wirkung, obwohl viele von uns damit auf Kriegsfuß stehen. Es fällt vielen Menschen zum Beispiel schwer, mit Kategorien wie Prozent oder Dezimalzahlen richtig zu rechnen. Die Organisation für wirtschaftliche Zusammenarbeit ließ unter anderem in Deutschland 1000 Menschen die folgende Aufgabe rechnen: „Sie legen 100 Euro zu einem Zinssatz von zwei Prozent für ein Jahr an. Wie viel erhalten Sie nach einem Jahr zurück?"[2] (Kremer 2014). 36 Prozent gaben hier eine falsche Lösung an! Vielleicht sind Zahlen gerade deswegen besonders überzeugend, weil das Zustandekommen des Ergebnisses von vielen nicht einfach nachvollzogen werden kann.

Ähnlich schwierig ist die Sache bei Wahrscheinlichkeiten: Für wie wahrscheinlich halten Sie es beispielsweise, beim Baden im Meer von einem Hai attackiert zu werden? Wie groß schätzen Sie dagegen die Gefahr ein, in Deutschland zu erfrieren? Die Antwort: Weltweit starben 2013 (erfreulicherweise) nur zehn Menschen durch Haiangriffe (Statista 2017), hingegen erfrieren in Deutschland pro Jahr etwa 40 bedauernswerte Personen (gbe-bund 2017, https://www.destatis.de/DE/Publikationen/Thematisch/Gesundheit/Todesursachen/Todesursachen). Wir fürchten uns vor der Gefahr, an BSE zu erkranken, und verkennen die Gefahr, an einer verschluckten Fischgräte zu sterben – dieses Schicksal trifft im Jahr etwa 800 Opfer. Professor Walter Krämer, ein bekannter Statistiker und Risikoforscher, stellt dazu fest: „Wir stellen uns beim Umgang mit Unsicherheiten und Wahrscheinlichkeiten ziemlich dämlich an" (Krämer o. J.).

Wir nehmen unsere Welt vorwiegend anekdotisch wahr. Wir achten mehr auf einzelne, aber plakative Ereignisse und machen sie zur Grundlage unserer Entscheidung. Die tatsächlichen Fakten und Zahlen treten dabei in den Hintergrund. Darum kaufen wir Lotterielose, der erhoffte Gewinn ist hoch, die Chancen sind erstaunlich gering.

---

[2] Richtig ist: 102 Euro.

Große Zahlen sind für viele Menschen schwer zu greifen: Wie viel sind beispielsweise zehn Billionen (10 000 000 000 000) Dollar? Oder auch nur eine Milliarde (1 000 000 000) Euro? Wenn Sie solche Zahlen verwenden, werden Sie häufig auf Unverständnis stoßen. Diese Zahl kann sich kaum jemand vorstellen, meist auch nur schlecht in Beziehung zu anderen Zahlen setzen. Übersetzen Sie diese Zahlen – so gut es eben geht. Die *FAS* macht uns folgende Vorschläge: 2009 hat Amerika für sein Finanzsystem Beihilfen in Höhe von zehn Billionen Dollar in Aussicht gestellt – ein Angestellter, der im Jahr 50 000 Dollar verdient, müsste dafür rund 200 Millionen Jahre arbeiten (Siedenbiedel 2009). Das entspricht einem Zeitraum von der Zeit, als sich die ersten Saurier auf dem Planeten tummelten, bis heute. Eine Milliarde ist demgegenüber vergleichsweise wenig. Das Herz eines Menschen schlägt etwa 70-mal pro Minute. Sie müssen also 28 Jahre alt werden, damit Ihr Herz eine Milliarde Mal geschlagen hat.

Mit – ausgewählten – Zahlen, Daten und Fakten lässt sich nahezu jede Aussage begründen. Wenn Sie selber Zahlen einsetzen wollen, tun Sie das Ihrem guten Ruf zuliebe mit Zurückhaltung und nach sorgfältiger Prüfung. Wenn Sie Zahlen als Begründungen hören (beziehungsweise lesen): Ein Blick auf die Angaben und die unvoreingenommene Übernahme der plausibel klingenden Aussagen ist zu wenig. Glauben Sie nicht alles, was scheinbar fundiert ist, hinterfragen Sie die Aussagen und die Auswertung.

> Wenn Sie „überzeugt" werden sollen – fragen Sie kritisch:
> - Wer hat die Untersuchung veranlasst?
> - Welche Methode wurde angewandt?
> - Wer hat die Untersuchung durchgeführt?
> - Welche Personen wurden untersucht?
> - Wie groß war die Stichprobe?
> - Wo wurde die Untersuchung durchgeführt?
> - Ist die Untersuchung aktuell?
> - Mit welcher Methode wurden die Daten analysiert?

Wenn Sie Zahlen, Daten und Fakten einsetzen, prüfen Sie, ob das Material Ihren Anforderungen entspricht. Peinlich wäre, wenn Sie vor Zuhörern zugeben müssten, dass Ihr „Beweis" nicht stichhaltig ist.

> Wenn Sie überzeugen wollen:
> - Sie überzeugen durch sicher vorgetragene Zahlen, Daten und Fakten. Zahlen vermitteln scheinbare Objektivität und Exaktheit.
> - Begründen Sie Aussagen mit Expertisen oder Aussagen von Experten. Als Experte profitieren Sie vom Haloeffekt.

2.7 Knapp und besonders: Selten hat seinen Preis

- Besonderes ist begehrt, denn Besonderes ist selten.
- Besondere Momente, besondere Produkte oder besondere Personen wirken überzeugend(er).

Keynote Speaker sind eine besondere Attraktion. Die Literatur-Nobelpreisträgerin Toni Morrison hielt im Jahr 2011 eine Rede vor Absolventen der amerikanischen Rutgers University. Das Honorar: 30 000 Dollar. Richard Branson, der Gründer der Virgin Group, lässt sich deutlich besser bezahlen: Pro Rede erhält er 100 000 Dollar (N. N. 2014d). Bill Clinton kann für einen Vortrag 750 000 Dollar einstreichen, Ex-Kanzler Gerhard Schröder liegt bei den Honoraren deutscher Politiker weit vorn: Bis zu 75 000 Euro nimmt er pro Rede (Graw 2015). Ex-Bundesfinanzminister Theo Waigel dagegen ist mit geschätzten 10 000 Euro pro Rede geradezu ein Schnäppchen (N. N. 2012).

In unserer Wahrnehmung spielt Seltenheit oder Besonderheit eine wichtige Rolle. Wenn wir nicht gerade aktiv Ausschau halten, werden wir besonders stark auf Reize aufmerksam, die ungewöhnlich sind: laute Geräusche, Gesten einer sonst ruhigen Person, ein besonders farbiger Vogel. Auch in unserer Erinnerung findet Besonderes seinen Platz: Alltägliche Geschehnisse vergessen wir meist. Aus dem letzten Jahresurlaub erinnern wir uns an die besonderen Erlebnisse und weniger daran, dass wir den größten Teil der Zeit am Strand herumgelegen haben. Objekte, Personen oder Ereignisse, die das Einerlei unterbrechen, merken wir uns besonders gut.

Personen oder Objekte mit Seltenheitswert erregen unsere besondere Aufmerksamkeit. Viele sind bereit, für den Besitz eines seltenen oder einmaligen Objekts einen hohen Preis zu zahlen. Prominente sind selten – es gibt sie nur einmal und die Strahlkraft ist damit erheblich. Darum zahlen Hersteller für die Assoziation von Berühmtheiten mit ihren Produkten. Manchmal offensichtlich in Spots oder Anzeigen, in den sozialen Medien oft schamlos, ohne dieses bezahlte Engagement als Werbung zu deklarieren. Nicht immer ganz legal, aber immer lukrativ (Ulbricht 2014).

Zum besonderen Reiz durch die Aufmerksamkeit kommt die Rolle als Beispiel hinzu: Prominente sind öffentliche Modelle für Erfolg – darum sind sie ja bekannt. Albert Bandura (1977) wies in seinen Studien zum Modelllernen nach, dass Lernen nicht nur durch eigenes Verhalten mit Belohnung oder Strafe stattfindet, sondern indem wir soziale Modelle beobachten.

In einem Versuch arbeitete Bandura beispielsweise mit Kindern in einem Kindergarten. Modelle waren männliche Erwachsene. In einer Beobachtungsphase sahen zwei Kindergruppen jeweils einen Film, wo das Modell beziehungsweise der Mann eine große Puppe beschimpfte und daraufhin entweder gelobt und belohnt oder getadelt und gestoßen wurde. Eine dritte Gruppe sah die Szene ohne den belohnenden oder bestrafenden Schluss. Danach ließen die Versuchsleiter die Kinder mit einer ähnlichen Puppe zehn Minuten lang allein. Alle Kinder konnten detailliert über das Verhalten des Modells berichten und das Verhalten reproduzieren. In den zehn Minuten des Alleinseins beschimpften allerdings nur Kinder aus der Gruppe die Puppe, die dieses Verhalten in Verbindung mit der Belohnung beobachtet hatten.

Eine andere wichtige Rolle spielt der bereits mehrfach erwähnte Haloeffekt. Wir nehmen einzelne Merkmale einer Person bevorzugt wahr und generalisieren auf dieser Grundlage unsere Beurteilung des Menschen. Prominente sind selten und wichtig, und damit wird automatisch alles wichtig und richtig, was sie tun oder sagen.

Exklusive und seltene Produkte, Prominente, Geheimrezepte, der gut bewachte Zugang zu exklusiven Klubs – mindestens fünf Bürgen für den Antrag auf Mitgliedschaft und nur auf Einladung, nur noch wenige Artikel, bald ausverkauft – all das erzeugt in uns nicht nur den Wunsch, das Objekt der Begierde zu erwerben, es weckt bei uns ebenso auch die Bereitschaft zu besonderen Anstrengungen – wir sind bereit, mehr Geld auszugeben, lange anzustehen (für das erste iPhone der neuen Generation) oder soziale Verrenkungen zu unternehmen, um dazuzugehören und von der Presse wahrgenommen zu werden.

Symbole enthalten Botschaften und wirken überzeugend. Wenn Sie die richtigen Symbole kennen und vorzeigen können, besitzen Sie deutlich mehr Überzeugungskraft.

Jeder von uns möchte zumindest ein wenig besonders sein. Das beginnt vielleicht bei der „individuellen" Tätowierung, vielleicht ist es ein besonderes Auto, für manchen immer noch der Hochschulabschluss. Darum gibt kaum jemand gerne ehrlich zu, dass er es zwar versucht, aber dann am Ende doch nicht geschafft hat. Auch unter unseren Bundestagsabgeordneten gibt es nicht wenige (Wehner 2013a, Wehner 2013b), die einen Studienabbruch ehrlich zugeben. Nur einer von elf angesprochenen Parlamentariern war bereit, über sein abgebrochenes Studium zu sprechen. Andere nennen in ihrer offiziellen Biografie Studienfach und Universität, verschweigen aber, dass sie ihr Studium dann doch nicht beendet haben. Nicht alle gehen dabei allerdings so weit wie die SPD-Abgeordnete Petra Hinz, die gleich Schulabschluss plus Studium erfand (Steppat 2016).

Als Person steigern Sie Ihren Marktwert durch Aufwertung und vielleicht auch Verknappung des Angebots. Für den Käufer spiegelt der Preis des Produkts den

Wert. Unsere Denk- und Verhaltensmuster funktionieren nach diesem Schema. Selten ist teuer, das akzeptieren wir. Und teuer wird mit gut gleichgesetzt. Wenn es also ausreichend viele Nachfrager gibt, können Sie Ihren Wert dadurch steigern, dass Sie einen höheren Preis verlangen.

Leon Festinger und James M. Carlsmith ließen 1959 Probanden an einem sehr langweiligen und zeitaufwendigen Versuch teilnehmen. Nach Beendigung des Experiments sollten die Probanden noch wartenden Personen erzählen, dass es sich um ein interessantes Experiment handelt. Für diese Aussage bekamen die Teilnehmer entweder einen oder 20 Dollar. Nachher wurden sie befragt, wie sie das Experiment wirklich fanden. Das Ergebnis zeigte, dass die Versuchspersonen, die nur einen Dollar Entlohnung für ihre Aussage, das Experiment sei interessant, erhalten hatten, bei der Befragung tatsächlich angaben, das Experiment sei interessant gewesen. Die Versuchspersonen, die mit 20 Dollar bezahlt wurden, bewerteten bei der Befragung das Experiment hingegen als langweilig und uninteressant.

Das Verhalten wird damit begründet, dass die Belohnung von einem Dollar nicht ausreicht, um die Lüge zu rechtfertigen. Darum überzeugten sich diese Probanden davon, dass sie das Experiment tatsächlich interessanter fanden, als es tatsächlich war.

Verknappung funktioniert allerdings nur dort, wo es keinen Wettbewerb mit vergleichbaren Leistungen gibt. Um Ihre Position abzusichern, arbeiten Sie also auf die sogenannte USP hin. Eine Unique Sales Position bedeutet, dass Sie etwas für Ihren Kunden Wichtiges anzubieten haben, das er in dieser Form nur bei Ihnen erhalten kann. Und das Besondere hat eben seinen Preis!

- Stellen Sie das Besondere an Ihrem Angebot oder Ihrer Argumentation heraus.
- Machen Sie das Angebot knapp oder befristen Sie es zeitlich.
- Machen Sie deutlich, dass das Angebot begrenzt zugänglich ist.

2.8 Reziprozität oder Verpflichtung: Wie du mir, so ich dir

> Anderen zu helfen ist für uns selbstverständlich.
> Viele Verkaufstricks nutzen dieses Prinzip.

Gegenseitiges Helfen bewerten wir instinktiv als positiv. Das ist evolutionär verdrahtet. Helfen unterstützt unser Zusammenleben in Gemeinschaften. Reziprozität geht auf ein Konzept des Psychologen Alvin Ward Gouldner (1960) zurück. Es beschreibt die Norm, andere so zu behandeln, wie man von ihnen behandelt wurde. Im Guten und im Schlechten. Erst Reziprozität ermöglicht fairen Austausch und Verlässlichkeit in unseren Beziehungen zu anderen Menschen. Die Social Exchange Theory (Theorie des sozialen Austauschs; Homans 1961, Thibaut/Kelley 1959) postuliert ebenso stärkere Befriedigung aus unseren Beziehungen zu anderen Menschen, wenn wir von dem Austausch profitieren. Damit stehen wir ebenso unter dem sozialen Druck, zu geben, wenn wir etwas bekommen haben. Verkauf und Marketing nutzen (meist kleinere) Geschenke und Gefälligkeiten. Beispiele dafür sind Kugelschreiber, Warenproben oder Freikarten.

Machen Sie argumentativ deutlich, welchen Vorteil die Zuhörer bereits aus einer Beziehung genossen haben. Zeigen Sie dann die daraus resultierende Verpflichtung auf. Formulieren Sie am Ende Ihre eigentliche Forderung.

„Compliance" ist die Erklärung dafür, warum ich anderen Menschen Wünsche erfülle. Einfachen und leicht zu erfüllenden Bitten stehen wir in der Regel positiv gegenüber. Das entspricht auch unserem kulturell und gesellschaftlich induzierten Selbstbild als „gute Menschen". Wenn die Bitten dann langsam größer werden, fällt es den meisten Menschen schwer, an der richtigen Stelle „Nein" zu sagen. Für Ihre Argumentation bedeutet das, sich in kleinen Schritten an das Ziel heranzutasten. Nähern Sie sich der am Ende gewünschten Zustimmung in kleinen Schritten. Kämpfen Sie zunächst um ein „Ja" für den ersten Schritt und tasten Sie sich von dort aus langsam immer weiter vor, bis „das große Ja" am Ende steht.

> - Reziprozität bezeichnet die Norm gegenseitiger Verpflichtung. Einen bereits erwiesenen Gefallen geben wir zurück. Argumentieren Sie aus dieser Verpflichtung heraus.
> - Argumentieren Sie in kleinen Schritten. Wer zu den ersten zwei Vorschlägen „Ja" gesagt hat, sagt auch zum dritten „Ja".

Reziprozität erstreckt sich auch in den Bereich der zwischenmenschlichen Anziehung. Fritz Heider beschrieb, dass Menschen sich besser fühlen, wenn ihre Beziehungen zueinander ausbalanciert sind. Darum wollen wir die Freunde unserer Freunde mögen und wollen von diesen gemocht werden. Wir fühlen uns wohl, wenn wir uns geschätzt fühlen. Dann ziehen wir alle an einem Strang.

Diese Social Exchange Theory ist ein ökonomisches Modell menschlichen Verhaltens. Sie beschreibt, dass Beziehungen zu anderen Menschen umso befriedigender sind, wenn sie für uns mehr Belohnung als Einsatz bedeuten. Soziales Verhalten ist der Austausch von Gütern – materielle wie Geld und immaterielle wie Prestige. Menschen, die viel investieren, wollen ihrerseits profitieren. Menschen, die viel bekommen, stehen unter dem Druck, viel zu geben.

Die Norm der Gegenseitigkeit begründet diese Fairness und macht unser soziales Verhalten berechenbarer – bei Missbrauch zu unserem Nachteil. Wir lassen uns durch einen kleinen Gefallen leicht dazu bewegen, unser Entgegenkommen zu zeigen. Servicepersonal bekommt zum Beispiel mehr Trinkgeld, wenn mit der Rechnung Bonbons oder Pfefferminze gereicht werden (Strohmetz et al. 2002).

Ein verwandtes Phänomen wird als „Compliance" bezeichnet. „To comply" bedeutet so viel wie „zustimmen", aber auch „beachten, befolgen". Compliance beschreibt, warum ich in bestimmten Fällen den Wünschen anderer Menschen folge. Kleine Bitte, große Wirkung: Einfache leicht zu erfüllende Bitten werden meist positiv beschieden. „Können Sie bitte einmal kurz meine Tasche halten?" Natürlich sagt man: „Ja." Auf Dauer lohnt es sich, da wir von anderen meist zu Recht Ähnliches erwarten können. Compliance stellt sich für uns dann als schwierig heraus, wenn Dritte von uns mehr einfordern, als wir eigentlich zugestehen wollten. In solchen Situationen wird zunehmender Druck aufgebaut. Robert Cialdini (1993) hat viel zum Thema geforscht. Er nennt die wesentlichen Techniken, Compliance zu erzeugen:

„Low Balling" ist die Technik, mit der ein Verkäufer einen Kunden zum Kauf überredet, indem er zunächst dessen Zustimmung zu einem Basisprodukt erreicht. Im nächsten Schritt gibt es dann Lieferprobleme, oder das aktuelle Produkt kann nur in einer höherwertigen Version verkauft werden. Da der Kunde dem Kauf nun schon einmal zugestimmt hat, bleibt er in den meisten Fällen bei seiner Entscheidung, auch wenn der Preis jetzt höher ist. Die Erklärung für dieses Phänomen liefert Charles A. Kiesler (1971): „Commitment". Wenn Menschen eine Kaufentscheidung getroffen haben, sehen sie sich bereits als Besitzer des begehrten Objekts. Bei Schwierigkeiten spüren sie ein höheres Maß an Verpflichtung, ihre einmal getroffene Entscheidung auch umzusetzen. Selbst wenn der Preis dafür jetzt höher ist. Vielleicht fühlen wir uns auch dem Verkäufer gegenüber verpflichtet, den Kauf nicht wieder rückgängig zu machen.

> „Low Balling": Hat der andere erst einmal zugestimmt, können Sie leicht draufsatteln.

„Fuß in der Tür" nennt man den Umweg über zunächst kleine einfache Gefallen, die man dem Fragesteller auch gerne erweist. Nach dem dritten oder vierten einfachen „Ja" kommt dann der eigentliche Vorschlag, dem häufig auf der Basis der gegenseitigen Übereinstimmung stattgegeben wird. Brechen Sie das Eis und bitten Sie den anderen zunächst um einen kleinen Gefallen, zum Beispiel um Antworten auf einfache Fragen. Wenn er zustimmt, wird er in der Folge wahrscheinlich auch zu einem größeren Gefallen bereit sein, beispielsweise zur Teilnahme an einer zeitlich aufwendigen Befragung. Eine Erklärung für dieses Verhalten findet sich in der Theorie der Selbstwahrnehmung von Daryl J. Bem (1967). Wir erklären uns unsere grundlegenden Haltungen aus unserem Verhalten. Wenn wir einer kleinen Bitte zustimmen, sehen wir uns als sympathische hilfsbereite Person. Dieses Selbstbild wollen wir auch dann aufrechterhalten, wenn wir mit einer größeren Bitte konfrontiert werden. Bems Theorie besagt, dass wir unser eigenes Verhalten und die Merkmale der Situation beobachten – daraus schließen wir dann auf unsere Emotionen und Einstellungen. Dies gilt besonders in unklaren Situationen. Wir brauchen diese Wahrnehmung unserer Person, unserer Stimmungen und unserer Motivation, damit wir unser Handeln reflektieren und steuern können.

> „Fuß in der Tür": Einfache Bitte, der nach Zustimmung eine größere folgt.

„Door in the Face" ist die entgegengesetzte Technik. Im ersten Schritt wird der Betreffende Sie um einen großen Gefallen bitten, so groß, dass Sie vermutlich ablehnen. Als Nächstes folgt dann direkt die eigentliche Bitte, die einen entsprechend geringeren Einsatz erfordert. Der Kontrast wirkt. Die erste Bitte stellt ein so großes Hindernis dar, dass die folgende Bitte damit verglichen geradezu klein erscheint. Da wir einer Bitte nach Möglichkeit zustimmen wollen, fühlen wir uns verpflichtet, beim zweiten Anlauf nachzugeben.

> „Door in the Face": Die erste zu große Bitte wird abgelehnt, die zweite kleinere akzeptiert.

„Zugabe" beschreibt die Technik, die Attraktivität des angebotenen Deals schrittweise zu erhöhen. Diese Technik können Sie täglich im Verkaufsfernsehen bewundern. Zunächst wird Ihnen eine außergewöhnlich gute Pfanne zu einem dann doch nicht so niedrigen Preis angeboten. Doch jetzt legt der Verkäufer erst richtig los. Als Zugabe gibt es nämlich noch einen Glasdeckel, dann noch ein paar Schälchen, vielleicht noch einen passenden Einsatz und ein Buch mit wunderbaren Rezepten. Der Preis wird immer niedriger, weil Sie jetzt ja für diese Summe gaaaanz viel bekommen. So besehen ist die Pfanne von Zugabe zu Zugabe immer günstiger geworden. Irgendwann ist es ein richtiges Schnäppchen.

- Zugabe: Bieten Sie schrittweise mehr Vorteile, der Einsatz wird dadurch schrittweise kleiner.
- Tun Sie anderen einen kleinen Gefallen. Dann muss er auch Ihre Bitte erfüllen.

Bitten Sie zunächst um einen kleinen Gefallen – dann können Sie draufsatteln.

Oder bitten Sie um einen – zu – großen Gefallen. Wenn der abgelehnt wird, schieben Sie die – eigentliche – kleinere Bitte nach.

Senken Sie den „Preis", indem Sie schrittweise ein paar „Zugaben" drauflegen.

2.9 Souverän im Dialog: Fragen richtig stellen

„Sind erfolgreiche Menschen risikobereiter?", „Sind es meist Männer, die ihre Position sexuell ausnutzen?", „Warum kommt es so häufig zu Liaisons zwischen Führungskräften und Untergebenen?" (Polier 2012) oder einfacher: „Wann wollen wir die Wohnung besichtigen, am Mittwoch oder lieber am Freitag?" – „Was verstehen Sie unter einer ‚Corporate University'?"

Durch Fragen erhalten Sie Informationen, mit Fragen lenken Sie Gespräche, richtig eingesetzt bringen Sie Gespräche voran. Fragen können auch Gesprächspartner in Verlegenheit bringen oder in die Enge treiben.

Offene und geschlossene Fragen unterscheiden sich grundsätzlich:

Geschlossene Fragen fragen eine Information ab: „Welches Datum haben wir heute?", oder sie forcieren die Entscheidung für eine Alternative: „Passt Ihnen der Donnerstag oder der Mittwoch besser für unser Treffen?" Ohne Vorbereitung kann ich nur zwei oder drei geschlossene Fragen nacheinander stellen, dann setzt sich der Gesprächspartner zur Wehr. Er fühlt sich ausgefragt oder „verhört". Wenn Sie mehrere geschlossene Fragen am Stück stellen wollen, holen Sie sich „die Erlaubnis dafür" ein. Das ist möglich, indem Sie ein gemeinsames Interesse voranstellen: „Damit wir Ihre Altersvorsorge richtig planen können, brauche ich zunächst ein paar Informationen von Ihnen ..."

Offene Fragen lassen mehrere und unterschiedliche Antworten zu. Sie bringen den Partner ins Gespräch oder ermuntern ihn zum Erzählen: „Du warst im Urlaub in Tansania? Erzähl doch mal, wie hat es dir dort gefallen?" Antworten auf offene Fragen geben dem Gesprächspartner die Möglichkeit, seine Themen zu Gehör zu bringen. Sie lassen sich schlechter steuern.

Neben dieser grundsätzlichen Einteilung gibt es eine Reihe von Fragetypen:

- *Suggestivfragen* suchen nach Bestätigung. Sie wollen eine vorformulierte Antwort bestätigt bekommen. Diese Frageform engt den Spielraum des Gegenübers erheblich ein. Auf der Beziehungsebene betonen sie, dass der Sprecher sich in der überlegenen oder bestimmenden Rolle sieht: „Sie stimmen mir sicher zu, dass wir den Kandidaten X einstellen sollten?"
- *Alternativfragen* nehmen die prinzipielle Entscheidung vorweg und engen die Auswahl auf zwei oder drei Details ein. Dadurch soll der Gesprächspartner zur Zustimmung veranlasst werden. „Zahlen Sie bar oder mit Karte?" Manchmal werden bei dieser Frage ein günstiger und ein ungünstiger Vorschlag verbunden, es werden verwirrende und schlecht zu vergleichende Optionen zur Wahl angeboten: „Wollen Sie den Vertrag A mit zwölf Monaten Laufzeit und 5,6 Prozent Zinsen oder über 24 Monate Laufzeit mit 5,2 Prozen Zinsen?"
- *Psychologisierende Fragen* sprechen emotionale Aspekte an. Sie haben das Ziel, die Beziehungsebene anzusprechen: „Wie haben Sie sich im Gespräch mit Herrn Pritzwalk gefühlt?"
- *Definitionsfragen* helfen, einen Sachverhalt zu beschreiben oder das Verständnis zu klären: „Was genau verstehen Sie unter Nachhaltigkeit?"
- *Interpretationsfragen* reflektieren mein Verständnis. Sie ermöglichen eine Stellungnahme: „Verstehe ich Sie richtig, dass Sie für unser Produkt im brasilianischen Markt Wachstumschancen sehen?"
- *Gegenfragen* verweigern die Antwort. Sie sind defensiv orientiert und blockieren den nächsten Schritt. Sie können diese Variante wählen, um nicht in die Enge getrieben zu werden, wenn Ihnen beispielsweise die passende Antwort fehlt. „Warum unterstützen Sie das Projekt nicht?" – „Welchen Nutzen haben wir denn von dem Vorhaben?"
- *Motivationsfragen* sollen den anderen aufbauen. Sie betonen einen positiven Aspekt und fordern zu einem Beitrag auf: „Wie beurteilen Sie als erfahrener Projektleiter den Netzplan?" Ironisch formuliert können Motivationsfragen auch eine subtile oder scharfe Spitze sein: „Welchen Beitrag können Sie denn schon leisten – so ganz ohne Erfahrung?" So wird die Kompetenz des Partners infrage gestellt.
- *Plattform- oder Feststellungsfragen* formulieren eine Annahme. Auf dieser Basis wird eine Antwort angestoßen. Der Gesprächspartner akzeptiert nicht selten die enthaltene Unterstellung und antwortet auf dieser Basis. Dem Fragesteller ermöglicht diese Variante eine Interpretation in seinem Sinne. Für Antwortende ist es wichtig, die Unterstellung zu erkennen und im Zweifel einen Widerspruch zu formulieren: „Das Projekt war ja nicht sehr erfolgreich. Wo sehen Sie die Hauptgründe für das Scheitern?"

- *Rhetorische Fragen* sind nicht wirklich Fragen an den Gesprächspartner oder an die Zuhörer. Sie sind ein rhetorisches Stilmittel, das die Aufmerksamkeit lenkt und einen Sachverhalt besonders betont: „Wer, frage ich Sie, wer hat denn die Vorteile von dieser Lösung? Nun ...!"

Sind gute Fragen richtig im Gespräch platziert, helfen sie Ihnen, die Antworten zu bekommen, die Sie zur Fortführung brauchen.

> Die richtige Frage hilft Ihnen,
> - das Gespräch zu steuern,
> - Sachverhalte zu klären oder
> - Ihr Wissen beizutragen.
>
> Gute Fragen sind – genauso wie gute Antworten – kurz und präzise.

2.10 Eristik und Angriffe: Abteilung Attacke

> Im Alltag können Sie immer Ziel von verbalen Attacken werden, kritischen Fragen, Beleidigungen, Unterstellungen. Wichtig ist die richtige Reaktion.

„Frau Schmidt, konzeptionell sind Sie ja eher schwach. Sind Sie wenigstens einigermaßen als Trainerin?" – „Sind Sie nicht zu unerfahren für dieses Projekt?" – „Warum hat das so lange gedauert? Sind Sie immer so langsam?" Solche Kommentare kann jeder von uns hören, wenn wir auf einen kritisch oder negativ gestimmten Menschen treffen. Eristik reicht manchmal weiter. Sie umfasst generell gezielte Verstöße gegen die „guten Sitten". Kurze aggressive Statements, Widerspruch oder Angriffe als Eskalation der Debatte – der Eristiker will recht behalten, er will den situativen Erfolg.

Das findet seinen Ausdruck darin, Spielregeln für sich selber nicht zu akzeptieren – also beispielsweise Termine nicht einzuhalten, bei Verhandlungen strikte Forderungen zu diktieren statt Spielraum für Verhandlungen zu lassen, im persönlichen Umgang eher unhöflich und respektlos aufzutreten oder eben andere rhetorisch anzurempeln.

Inhaltlich kann das in der Verdrehung von Begriffen bestehen, in nicht fundierten Behauptungen, Schikanen wie Ironie oder sprunghaften Fragen, der Verwendung unpassender Beispiele oder auch in persönlichen Angriffen.

„Denn Ihr Lachen wird auch Sie selbst nicht befriedigen, obwohl Sie sonst Selbstbefriediger sind " (Herbert Wehner; Feuerbach 2009). „Ich kann deine Fresse nicht mehr sehen! Ich kann deine Scheiße nicht mehr hören!" (Ronald Pofalla; N.N. 2011a). „Christliche Dreckschleuder" (Joschka Fischer; N.N. 2017). Ein besonderes Verständnis parlamentarischer Arbeit formulierte der parlamentarische Geschäftsführer der AfD-Fraktion in Thüringen, Stefan Möller. Er sagte, es sei üblich, den politischen Gegner „mit absichtlichen Missverständnissen, Provokationen oder im schlimmsten Fall plumpen Beleidigungen zu überziehen" (N.N. 2016c). Den anderen durch persönliche Angriffe zu verunglimpfen und aus dem Gleichgewicht zu bringen ist das – vielleicht allzu – offensichtliche Ziel dieses plumpen Verhaltens.

Für Politiker und Prominente sind kritische Fragen von Journalisten fester Bestandteil eines Interviews: Peer Steinbrück sah sich im Wahlkampf mit einer nach seinen Worten „tödlichen Frage" konfrontiert: „Glauben Sie, dass ein Bundeskanzler unterbezahlt wird?" (Welt 2013, https://www.welt.de/print/die_welt/politik/article112367415/Raetseln-ueber-P-S.html).

„Sind Sie zu laut fürs Ländle?" – „Man hat den Eindruck, überall, wo Sie hinkommen, gibt es Ärger." – „Ist Ihnen schon einmal der Gedanke gekommen, Sie unterschätzen die menschliche Dimension bei den tiefen Einschnitten, die Sie vornehmen?" – „Entsprechen denn 4,18 Millionen Ihrer Leistung?" (Petersdorff 2005).

Für Journalisten gehören also kritische Fragen zum Handwerk. Kollegen, Kunden oder Chefs hingegen haben manchmal nur schlechte Laune – oder sie wollen Ihnen gezielt zu nahe treten. Schon Arthur Schopenhauer schrieb über die Techniken, die es erlauben, im Streitgespräch die Oberhand zu behalten. Das Instrumentarium besteht laut dem großen Philosophen aus kurzen aggressiven Statements, überraschenden gezielten Verstößen gegen allgemeingültige Regeln guter Kommunikation. Schopenhauer rät dazu, Kontrahenten zu unterbrechen und zu verwirren, künstlich Widersprüche zu konstruieren oder auch jemanden persönlich anzugreifen.

Zu den rhetorischen Kniffen gehört, Gesprächspartner durch ungeordnete Fragen zu verwirren, unfaire Angriffe zu starten oder die beliebten Killerphrasen „Das klappt sowieso nicht!" oder „Das haben wir schon x-mal probiert!". Jeder wünscht sich, in einer solchen Situation eine schnelle und schlagfertige Antwort parat zu haben.

Unpassende Ratschläge gibt es viele:

- „Wird ein Lehrer im Elterngespräch angepöbelt, er sei doch ‚völlig inkompetent', könnte die Antwort lauten: ‚Toll, dass Ihnen das aufgefallen ist. Ich habe das jahrelang trainiert.' ... Und der Vorwurf: ‚Sie sind immer so gemein zu mir!', könnte gekontert werden mit: ‚Stimmt! Und das war erst der Anfang. Morgen bin ich Terminator!' Das wird vom ‚Deutschen Institut für Humor' allen Ernstes als lustige und wirkungsvolle Reaktion verkauft" (http://www.spiegel.de/schulspiegel/deutsches-institut-fuer-humor-seminar-an-foerderschule-a-1106579-druck.html).

- „Besser einen Hund an der Leine als einen Stall ohne Schweine. ... Wenn Kerzen brennen, soll man nicht in die Ardennen." Manche Trainer empfehlen, mit einem Nonsens-Reim zu antworten. „Reime entwaffnen jeden!", ist die einigermaßen skurrile Begründung. *Spiegel online* (Kitz 2014) will uns allen Ernstes glauben machen, dass wir gereimte Aussagen generell für wahr halten. Und deswegen wirkt das auch! Immer! Garantiert!

- Andere empfehlen stattdessen, kräftig dagegenzuhalten: In einem (echten?) Fallbeispiel wird geschildert, wie eine Assistentin mit der Handschrift des neuen Chefs nicht klarkommt. Als der Chef darauf sagt: „Ich gebe Ihnen vier Wochen Zeit, dann sollten Sie meine Schrift lesen können ...", lautet die angeblich beste Replik: „Chef, ich gebe Ihnen zwei Wochen, dann schreiben Sie so, dass ich's lesen kann" (spiegel.de 2017, http://www.spiegel.de/karriere/schlagfertig-im-buero-so-behaupten-sie-sich-bei-der-arbeit-a-953993.html). So eine kecke Antwort wird den einen oder anderen Chef zum Schmunzeln und Nachgeben bewegen. Diese Reaktion ist in der Realität allerdings eher selten. Es ist also besser, wenn die Dame aus dem Beispiel für alle Fälle einen guten Plan B für ihre berufliche Zukunft in Reserve hat.

Antworten Sie schlagfertig: „Aber das reimt sich doch gar nicht!" – „Gute Idee, passt nur nicht zum Thema!" – „Ich erkläre das mal so, dass auch Sie das verstehen!" – „Versuchen Sie jetzt noch einmal einen intelligenten Zwischenruf!" – „Genau – und die Titanic war unsinkbar!" (Etrillard 2002, Tomicek 2002, Schulz 2001, Schlieter 2007, Strassmann 2003, Endres 2008, Ritzenhoff 2008, Englisch 2003).

Solche „Tipps" bekommen Sie in überteuerten Seminaren von Trainern, die Sie „im Sturm segeln" lehren wollen und zu deren rhetorischen Vorbildern Joseph Goebbels gehört. Einschlägige Bücher, CDs und kostenpflichtige Abos für „Powerletter" im Internet mit den besten Rhetoriktipps aller Zeiten können Sie zusätzlich erwerben. Klingt gut, lässt sich oft noch ziemlich gut vermarkten – aber wenden Sie diese Tipps bitte nicht in der Praxis an. In der betrieblichen Wirklichkeit endet vieles in der Lächerlichkeit, im Streit oder sogar mit einer Abmahnung. Der Trainer muss es ja nicht ausbaden.

Winston Churchill wird folgender Dialog mit Lady Astor zugeschrieben: A: „Wenn Sie mein Ehemann wären, würde ich Ihren Tee vergiften." C: „Madam, wenn Sie meine Frau wären, würde ich ihn trinken" („If you were my husband, I'd poison your tea." „Madam, if you were my wife, I'd drink it!"; Wikipedia 2014). Super! Scharfzüngig den Gegner erledigen, den Beifall der Anwesenden einheimsen, Sieger sein. Für den Büro-Churchill gibt es dementsprechend folgenden Tipp im Internet: „18 Uhr, der Chef schaut kritisch auf seine Uhr und sagt zu seinem Mitarbeiter: ‚Ach, Sie wollen schon gehen?' Der antwortet: ‚Ja, ich versuche, mich an meinen Arbeitsvertrag zu halten'" (Kleemann 2009). Ganz sicher ein unvergleichlicher Karriere-Booster!

Bedenken Sie bitte: Schlagfertigkeit muss man sich leisten können. Lady Astor und Winston Churchill waren unabhängige und prominente Mitglieder der englischen Oberschicht. Keine abhängig Beschäftigten. Und sie lebten in einer anderen Welt. Und in einer anderen Zeit. Wenn Sie heute so daherkommen, haben Sie mindestens Ärger mit der Gleichstellungsbeauftragten in Ihrem Unternehmen. In Anekdoten und im Fernsehduell funktionieren solche Antworten, im wahren Leben werden Sie oft als unverschämt oder herabwürdigend wahrgenommen und entsprechend sanktioniert.

Wenn Sie versuchen, um jeden Preis witzig und schlagfertig zu antworten, kann der Schuss nach hinten losgehen. Oft genug fällt einem eine passende und lustige Antwort auch nicht sofort ein – und dann sind erst einmal Sie sprachlos.

In der Folge finden Sie wirksame Ratschläge für die Praxis – erprobt und sicher. Wie reagieren Sie also am besten auf solche Angriffe? Was tun Sie bei häufigen Unterbrechungen oder Zwischenrufen? Reagieren sollten Sie! Unbedingt! Unrat schwimmt nicht vorbei. Keine Reaktion wird als Zustimmung gewertet oder als Schwäche ausgelegt. Stellen Sie richtig, was falsch dargestellt wurde. Hinterfragen Sie Behauptungen, lassen Sie Zitate belegen, Quellen für Publikationen nennen.

„Das wird bei uns schon immer so gemacht!". Normen oder Regeln werden gerne genutzt, um erwünschtes Verhalten zu definieren. Sprechen Sie solche Regeln gezielt an und fragen Sie, warum es so sein muss: „Hilft uns das, erfolgreich zu sein?" Beliebte Techniken sind scheinbare Plausibilität („Jeder weiß doch ..."), Argumentationen mit Moral („Wir stehen für Nachhaltigkeit!"), scheinbare Kausalität oder logische Zirkelschlüsse („Impfen nützt nichts. Ich bin auch nicht geimpft und habe noch nie Grippe bekommen!"). Hinterfragen Sie die Aussage, bitten Sie um stichhaltige Belege oder Begründungen.

„Zunächst gab es einen gehörigen Aufschrei über Ihr dreistes Vorgehen", sagte der Interviewer vom *Spiegel*. „Das war nicht dreist ...", antwortete Gerhard Cromme, Aufsichtsratsvorsitzender sowohl der Siemens AG als auch von ThyssenKrupp in einem Interview anlässlich der Berufung des Siemens-Vorstands Heinrich Hiesinger zum zukünftigen Vorsitzenden des Vorstands bei ThyssenKrupp (Dohmen 2010). Damit hatte er – trotz seiner erheblichen Erfahrung im Kontakt mit Medien – beherzt nach dem „faulen Fisch" gegriffen, den ihm der Interviewer vom *Spiegel* hingehalten hatte. Als „faulen Fisch" bezeichnen Journalisten kritische Begriffe, die sie dem Interviewer „anbieten". Diese unbedachte Äußerung von Gerhard Cromme wurde dann auch gleich zum Titel des Interviews und in einer Reihe anderer Wirtschaftsblätter zum selben Thema aufgenommen. Doch Gerhard Cromme steht keineswegs alleine da: „Wir standen nicht vor dem Abgrund." – „Das Doppelmandat gab es ja gar nicht." – „Es gibt keinen persönlichen Stempel." – „Einen Kauf von anderen Gesellschaften planen wir nicht." Diese und andere Sätze finden sich immer wieder in Interviews von maßgeblichen Persönlichkeiten der deutschen Wirtschaft. Dementis oder Negierungen sind die allzu häufige Antwort auf kritische Fragen des Interviewpartners.

Kritische Fragen sollen Sie in die Enge treiben. Wenn Sie sich darauf einlassen, die Fragen so zu beantworten, wie sie gestellt werden, und „schwierige Begriffe" zu übernehmen, geraten Sie garantiert in Schwierigkeiten. Mit kritischen Fragen können Sie geschickter umgehen. Ein paar Grundregeln:

- Erstens: Ruhe bewahren – wer sich aufregt, zeigt Wirkung.
- Zweitens: Leiten Sie Ihre Antwort mit dem Namen des Angesprochenen ein. Das sichert Ihnen erhöhte Aufmerksamkeit.
- Drittens: Floskeln vermeiden: „Danke für Ihre Frage!", „Gut, dass Sie den Punkt ansprechen." Floskeln unterstreichen Ihre Sprachlosigkeit.
- Viertens: Vorsicht bei der Wortwahl – sie bestimmt das Verständnis des Sachverhalts.
- Fünftens: Keine Nachfragen – sonst kann man nachlegen. „Was meinen Sie mit ‚Scheitern'?" – „Eine Schlappe wie beim letzten Mal – das Projekt um Wochen verspätet."
- Sechstens: Antworten Sie kurz, prägnant, positiv! Klare Kernaussagen überzeugen!

Kritische Fragen oder Angriffe setzen den Angesprochenen unter Druck. Das verleitet zu typischen Fehlern:

- Entschuldigung oder Bankrotterklärung: „Die Zahlen auf den Folien kann man schlecht lesen, aber ..." – das mindert den Wert Ihres Beitrags oder macht erst auf Probleme aufmerksam.
- „Ich will mal sagen ..." – Floskeln tragen wenig zu einem positiven Erscheinungsbild bei.
- Passive Formulierungen: „Ich wurde gebeten ..." Ihre Wirkung leidet, Sie werden als wenig aktiv wahrgenommen.
- Relativierungen und Konjunktive: „Eigentlich ist der Vorschlag ganz gut." „Man könnte darüber nachdenken ..." Solche Formulierungen vermitteln den Eindruck von Verlegenheit.

Bewährt haben sich die folgenden Antwortmuster:

- *Begrenzen:* „Ich konzentriere mich auf den wichtigsten Aspekt, nämlich ..."
- *Erweitern:* „Hinter dem Thema steckt noch mehr ..."
- *Präzisieren:* „Konkreter geht es hier doch um ..."
- *Interpretieren:* „Sie fragen nach den Erfolgsaussichten? Die sind gut, denn ..."
- *Konterkarieren:* „Hier ist doch etwas ganz anderes von noch größerer Bedeutung: Nämlich ..."

- *Konkretisieren:* Ein gutes konkretes Beispiel? illustriert Ihre Antwort. In der Presse werden Sachverhalte gerne personalisiert, und diese ausgewählte Person steht dann positiv oder kritisch für das große Ganze.
- *Theoretisieren:* Der Verweis auf Regeln, Expertenaussagen oder eine Stellungnahme des Vorstands stützt Ihre Argumentation.
- *3-T-Regel – Touch, Turn, Talk:* „Das funktioniert sowieso nicht!" Touch (Anerkennen des Sachverhalts): „In der Tat, im zweiten Anlauf müssen wir erfolgreich sein." Turn (Drehen der Argumentation): „Wir haben aus den Fehlern gelernt und Entscheidendes verbessert." Talk (konkrete Aussage): „Der neue Projektansatz ist deutlich besser, weil …"
- *Neu adressieren:* „Zu dieser Frage interessiert mich die Meinung des Publikums/ des zuständigen Leiters …"

Sie erinnern sich an die „tödliche" Steinbrück-Antwort bezüglich der Unterbezahlung der Bundeskanzlerin. An diesem Beispiel wenden wir unsere Alternativen an:

- *Konterkarieren:* „Bundeskanzler will man doch aus ganz anderen Gründen werden. Für mich bietet dieses Amt die Chance …"
- *Erweitern:* „Generell stellt sich doch die Frage, ob Spitzenpolitiker gemessen an ihrer Verantwortung richtig bezahlt werden."
- *Interpretieren:* „Es geht Ihnen um meine Tätigkeit als erfolgreicher Redner. Ich werde bei der Wahl zum Kanzler meine ganze Kraft in dieses Amt investieren."
- *Theoretisieren:* „Die Vergütung des Bundeskanzlers regelt § 11 des Bundesministergesetzes. Und eine Änderung dieses Gesetzes hat keinen vorderen Platz auf unserer Agenda für eine sozialdemokratisch geführte Regierung."
- *3-T-Regel – Touch, Turn, Talk:* „Eine Vergütung muss angemessen sein. Und damit der Verantwortung des Amtes gerecht werden. Viele Bürger und auch viele Vertreter der Wirtschaft stimmen darin überein, dass die Gehälter der Regierungsmitglieder vor diesem Hintergrund neu geregelt werden müssten."

Sie sehen, es funktioniert. Und es ist besser, wenn Sie sich gezielt auf kritische Fragen vorbereiten und sich im Vorfeld geeignete Antworten überlegen. Das ist besser, als auf die passende Inspiration im richtigen Moment zu hoffen.

- Gute Antworten auf kritische Fragen oder Angriffe sind
  - kurz,
  - prägnant,
  - sachlich und emotional,
  - positiv.
- Gute Antworten können Sie gezielt gestalten.
- Gute Antworten werden sicher vorgetragen.
- Gute Antworten lassen sich vorbereiten.

2.11 Literatur

Asch, S. E. (1951): „Effects of group pressureupon the modification and distortion of judgment". In: Guetzkow, H. (ed.): *Groups, leadership and men.* Pittsburgh, PA

Ballschmiter, A. (2016): „Jetzt noch zwangloser". In: *Welt kompakt* vom 30.08.2016, S. 25

Balzster, S. (2015): „Mamma Moleskine". In: *FAS* vom 20.09.2015, S. 34

Bandura, A. (1977): *Social Learning Theory.* Englewood Cliffs, NJ

Bem, D. J. (1967): „Self-perception: Am alternative interpretation of cognitive dissonance phenomena". In: *Psychological Review* 74, S. 183 – 200

Bierschwale, J. (2013): „Müller und die Brüste der Bayern-Profis". In: *Welt* vom 30.11.2013, S. 23

BMFSFJ – Bundesministerium für Familie, Senioren, Frauen und Jugend (Hrsg.) (2012): *Alleinerziehende in Deutschland – Lebenssituationen und Lebenswirklichkeiten von Müttern und Kindern.* Berlin 2012, ttp://www.bmfsfj.de/Redaktion BMFSFJ/Broschuerenstelle/Pdf-Anlagen/Monitor-Familienforschung-Ausgabe-28, property=pdf,bereich=bmfsfj,sprache=de,rwb=true.pdf

Booth-Sweeney, L.; Meadows, D. (2001): *The Systems Thinking Playbook. Vol. 3*. Durham

Braun, L. (Hrsg.) (2012): OPG: „OPG Operation Gesundheitswesen". Presseagentur Gesundheit, 10.01.2012, ISSN 1860-8434

Buchsteiner, J. (2013): „I hear what you say, aber ich versteh dich nicht". In: *FAZ* vom 27.09.2013, S. 8

Chapman, R. M. (2006): *In Search of Stupidity.* Berkeley

Cialdini, R. B. (1993): *Influence. Science and Practice.* New York, NY

Cöln, C. (2016): „Ästhetik der Verknotung". In: *Welt* vom 18.08.2016, S. 24

Dierig, C. (2016b): „Möbel-Mafia dreht Kunden Design-Plagiate an". In: *Welt* vom 18.01.2016, S. 12

Dohmen, F. (2010): „Das war nicht dreist". In: *Spiegel* 19, 2010, S. 79

Dörner, D.; Reither, F. (1978): „Über das Problemlösen in sehr komplexen Realitätsbereichen". In: *Zeitschrift für experimentelle und angewandte Psychologie* 25 (4) 1978, S. 527 – 551

Ehmann, H. (2013): „Worthülsen". In: *FAS* vom 24.08.2014, S. 14

Eisenhauser, B. (2014): „Russland erwägt keinen Anschluss der Krim". In: *FAS* vom 28.01.2014, S. 8 – 9

Endres, H. (2008): „Siegen statt stottern". In: *manager magazin,* 2008, 4, S. 170 – 171

Englisch, G. (2003): „Im Sturm segeln lernen". In: *changeX* vom 04.06.2003, http://www.changex.de/Article/article_1474

Ergo (Hrsg.) (2012): „Was verstehen wir noch? Die ERGO Verständlichkeitsstudie". www.ergo.com/verstaendlichkeitsstudie

Etrillard, S. (2002): „Gekonnt kontern". In: *managerSeminare* 52, 2002, S. 28 – 36

Exner, U. (2016): „Wir sind nicht das arme Bettelland". In: *Welt* vom 16.07.2016, S. 42

FAZ (2014): „Todesanzeigen". In: *FAZ* vom 22.10.2014, S. 6

Festinger, L.; Carlsmith, J. M. (1959): „Cognitive consequences of forced compliance". In: *Journal of Abnormal and Social Psychology* 58, 1959, S. 203 – 210

Feuerbach, L. (2009): „Das ist Ihre Art, Sie Pöbel!". In: *politik & kommunikation* 5, 2009, S. 58 – 59

French, J. P. R. Jr., Raven, B. (1960): „The bases of social power". In: Cartwright, D.; Zander, A. (eds.): *Group dynamics.* New York, NY 1960, S. 607 – 623

Gassmann, M. (2016): „Dreister Etikettenschwindel". In: *Welt* vom 12.01.2016, S. 12

gbe (2017): „Todesursachenstatistik, Statistik der Gestorbenen, Todesursache, Sterbefälle". http://www.gbe-bund.de/glossar/Todesursachenstatistik.html

Gehrman, A.-K. (2016): „Braunes Schnitzel". In: *FAZ* vom 29.04.2016, S. 17

Giersberg, G. (2016): „Tatort Arbeitsplatz: 100 Milliarden Euro Schaden". In: *FAZ* vom 06.07.2016, S. 24

Gouldner, A. W. (1960): „The norm of reciprocity: A preliminary statement". In: *American Sociological* Review 25, 1960, S. 161 – 178

Graw, A. (2015): „Die skurrilen Fabelhonorare für Politikerreden". In: *Welt* vom 26.07.2015, http://www.welt.de/politik/ausland/article144460218/Die-skurrilen-Fabelhonorare-fuer-Politikerreden.html

Hawranek, D. (2016): „Demut? Wieso Demut?" In: *Spiegel* 3, 2016, S. 72 – 73

Hawranek, D. (2016a): „Vertuschen und verharmlosen". In: *Spiegel* 11, 2016, S. 77

Hayek, H.-J. (Hrsg.) (2017): „Schule und Recht in Niedersachsen – schure.de". http://www.recht-niedersachsen.de/21011/nhundg.htm

hbr (2017): „These studies put theory into action". hbr.org: http://hbr.org/case-studies

Heine, M. (2016): „Man spricht Deutsch". In: *Welt* vom 08.07.2016, S. 18

Heitkamp, S. (2016): „Hurra, wir haben ein Problem!" In: Spiegel online vom 15.08.2016, http://www.spiegel.de/schulspiegel/deutsches-institut-fuer-humor-seminar-an-foerderschule-a-1106579-druck.html

Helgason, H. (2016): „Wie schwierig, in Island reich zu sein". In: *Welt* vom 09.04.2016, S. 26

Höflinger, L. (2015): „Jauchz!" In: *Spiegel* 31, 2015, S. 105

Homans, G.C. (1961): *Social Behavior*. New York, NY

IHK (2013): „Wahlordnung". http://www.stade.ihk24.de/blob/stdihk24/service marken/downloads/1692198/18e5473e3ad810bb50f8754f4f377667/Wahlordnung_ 2014-data.pdf

Kahneman, D. (2011): *Thinking, Fast and Slow*. London

Kermani, N. (2016): „Auf Kosten unserer Kinder". In: *FAZ* vom 29.06.2016, http://www.faz.net/aktuell/feuilleton/debatten/europas-zukunft/navid-kermani-zur-zukunft-europas-nach-dem-brexit-14311972.html

Kiesler, C.A. (1971): *The Psychology of Commitment*. New York, NY

Kitz, V. (2014): „So stellen Sie Schwätzer und Lästerer ruhig". In: *Spiegel online* vom 23.03.2014, http://www.spiegel.de/karriere/volker-kitz-schwaetzer-und-laesterer-ruhigstellen-a-959394.html

Kleemann, J. (2009): „Wie man online Schlagfertigkeit lernen kann". In: *NRZ* vom 16.04.2009, http://www.derwesten.de/nrz/nrz-info/wie-man-online-schlagfertigkeit-lernen-kann-id611945.html

Klusmann, S.; Machatschke, M. (2014): „Lieber Politiker als Hedge-Fonds". In: *manager magazin* 3, 2014, S. 47–49

Krämer, W. (o.J.): *Die künstliche Risikogesellschaft*. Manuskript eines Vortrags vor dem Presseclub Bonn

Kremer, D. (2014): „Wir können nicht mit Geld umgehen". In: *FAS* vom 16.02.2014, S. 29

Küveler, J. (2015): „Eine kleine Übersetzungshilfe". In: *Welt kompakt* vom 18.09.2015, S. 18

Löhr, J. (2015): „Apple Top, Volkswagen Flop". In: *FAZ* vom 05.10.2015, http://www.faz.net/aktuell/wirtschaft/unternehmen/wertvollste-marken-der-welt-apple-top-volkswagen-flop-13838250.html

Lühmann, H. (2016): „Lassen Sie jetzt bitte Ihre Seele baumeln!" In: *Welt kompakt* vom 30.08.2016, S. 10

Milgram, S. (1963): „Behavioral study of obedience". In: *Journal of Abnormal & Social Psychology* 67, 1963, S. 371–378

Milgram, S. (1974): *Obedience to authority. An experimental view*. New York, NY

Mühl, M. (2015): „Tue Buße und trink einen Smoothie". In: *FAZ* vom 19.05.2015, S. 9

N.N. (2011a): „Pofalla-Ausraster: Das sind die übelsten Politiker-Pöbeleien". In: *Abendzeitung* vom 04.10.2011, http://www.abendzeitung-muenchen.de/gallery. pofalla-ausraster-das-sind-die-uebelsten-politiker-poebeleien.29413edc-6799-4d2a-9e3c-585b023faad6.html/id/231c5e44-ccbb-49ab-8cc7-6bd964e9c18e

N.N. (2011b): „Klickeradoms!" In: *Spiegel* 5, 2011, S. 118

N.N. (2012): „Welche Promi-Redner die höchsten Honorare einstreichen". In: *Handelsblatt* vom 27.01.2012, http://www.handelsblatt.com/unternehmen/management/hochbezahlte-vortraege-welche-promi-redner-die-hoechsten-honorare-einstreichen/6114346.html

N.N. (2014a): „Vorstände reden oft Kauderwelsch". In: *Welt* vom 31.05.2014, S. 19

N.N. (2014b): „Wie ein ICE". In: *Spiegel* 41, 2014, S. 82

N.N. (2014c): „TÜV Rheinland ist im Brustimplantate-Skandal haftbar". In: *Spiegel online* vom 14.11.2013, http://www.spiegel.de/panorama/justiz/fehlerhafte-brustimplantate-tuev-rheinland-ist-haftbar-a-933528.html

N.N. (2014d): „Die teuersten Promi-Redner der Welt". In: *WirtschaftsWoche* vom 16.10.2014, http://www.wiwo.de/erfolg/management/hochbezahlte-vortraege-die-teuersten-promi-redner-der-welt/6120288.html#image

N.N. (2015): „Hohlspiegel". In: *Spiegel* 24, 2015, S. 146

N.N. (2016a): „Hohlspiegel". In: *Spiegel* 6, 2016, S. 146

N.N. (2016c): „AfD-Abgeordneter muss nach Pöbeleien den Saal verlassen". In: *Spiegel online* vom 19.05.2016, http://www.spiegel.de/politik/deutschland/thueringen-afd-abgeordneter-poebelt-im-landtag-und-wird-des-saales-verwiesen-a-1093188.html

N.N. (2017): „Pöbeleien deutscher Spitzenpolitiker". In: *Kölner Stadt-Anzeiger*, http://www.ksta.de/politik/-4984454

Neubacher, A. (2013): „Der Nanny-Staat". In: *Spiegel* 33, 2013, S. 28-33

Neubacher, A. (2014): „Alchemie im Kanzleramt". In: *Spiegel* 36, 2014, S. 34-35

Nienhaus, L. (2016): „Mich fasziniert Unglück auf hohem Niveau". In: *FAS* vom 21.02.2016, S. 28

Peters, T.J.; Waterman, R.H. (1988): *In Search of Excellence*. New York, NY

Petersdorff, W. v. (2005): „Wo ich hinkomme, kommt der Erfolg". In: *FAS* vom 22.05.2005, S. 39

Poelchau, N.; Kluin, K. (2014): „Auf sich gestellt". In: *stern* vom 11.09.2014, S. 70-74

Pöhm, M. (2014): „Bitte recht schlagfertig". In: *Spiegel online* vom 17.02.2014, http://www.spiegel.de/karriere/berufsleben/schlagfertig-im-buero-so-behaupten-sie-sich-bei-der-arbeit-a-953993.html

Polier, S. (2012): „Sex und Macht". In: *3sat TV- und Kulturmagazin* 12, 2012, S. 10-13

Ritzenhoff, C. (2008): „Nachhilfe in Schlagfertigkeit". In: *FAS* vom 24.08.2008, S. 52

Schlieter, J. (2007): „Hauptsache schnell!" In: *emotion* 1, 2007, S. 70-71

Schulz, K. (2001): „Raus aus der Deckung!" In: *Cosmopolitain* 11, 2001 S. 219-220

Schulz, M. (2014): „Die Polizei, Deine Freundin". In: *Spiegel* 13, 2014, S. 124-125

Siedenbiedel, C. (2009): „Das Geheimnis der ganz großen Zahlen". In: *FAS* vom 12.04.2009, S. 43

Siemens (2017): „Ingenuity for life". https://www.siemens.com/global/de/home/unternehmen/themenfelder/ingenuity-for-life.html

Statista (2017): „Anzahl der Haiangriffe weltweit und nach Regionen im Jahr 2016". http://de.statista.com/statistik/daten/studie/163521/umfrage/haiangriffe-weltweit-nach-regionen/

Steppat, T. (2016): „Warum sich Petra Hinz an ihr Mandat klammert". In: *FAZ* vom 02.08.2016, http://www.faz.net/aktuell/politik/inland/kein-abi-kein-studium-warum-sich-petra-hinz-an-ihr-mandat-klammert-14368227.html

Stocker, F. (2016): „So abenteuerlich rechnen deutsche Wirtschaftsprüfer". In: *Welt* vom 06.07.2016, S. 12

Strassmann, B. (2003): „Frechheit siegt". In: *Zeit online* vom 22.05.2003, www.zeit.de/2003/22/schlagfertig

Strohmetz, D. B. et al. (2002): „Sweetening the till: The use of candy to increase restaurant tipping". In: *Journal of Applied Social Psychology* 32, 2002 S. 300-309

Theweleit, K. (2015): „Neueste Nachrichten von der Ich-Front." In: *FAZ* vom 18.05.2015, S. 13

Thibaut, J. W.; Kelley, H. H. (1959): *The Social Psychology of Groups.* New York, NY

Tomicek, M. (2002): „Hören Sie mir zu!" In: *trend* 10, 2002 S. 206-207

Ulbricht, C. (2014): „Influencer Marketing & Recht – Schleichwerbung bei Instagram, Facebook & Co". In: *Recht 2.0* vom 22.07.2014, http://www.rechtzweinull.de/archives/1557-schleichwerbung-facebook-illegale-testimonials-in-social-media.html

Vetter, P. (2016): „Ein Interview, das für Volkswagen teuer werden könne". In: *Welt* vom 13.01.2016, S. 10

Vinokur, A.; Bernstein, E. (1974): „Effects of partially shared persuasive arguments on group-induced shifts: A group problem-solving approach". In: *Journal of Personality and Social Psychoogy* 29, 1974, S. 305-315

Wassermann, A. (2015): „Schöne Angststörung". In: *Spiegel* 51, 2015, S. 19

Wehner, M. (2013a): „Ein Makel im Lebenslauf". In: *FAS* vom 26.05.2013, S. 1

Wehner, M. (2013b): „Ohne Abschluss". In: *FAS* vom 26.05.2013, S. 2 - 3

Welz, B. (2014): „Zeckenkrieg". In: *FAS* vom 29.06.2014, S. 48

Welt (2013): „Steinbrücks Aufreger". https://www.welt.de/newsticker/dpa_nt/infoline_nt/thema_nt/article115269290/Steinbruecks-Aufreger.html

Wikipedia (2014): „Nancy Astor, Viscountess Astor". http://en.wikipedia.org/wiki/Lady_Astor, Stand: 24.04.2014

3 Rede, Vortrag, Präsentation – Souverän vor Gruppen

Das können Sie lernen

- Gute Reden sind machbar.
- Wissen, was die Zuhörer interessiert.
- Interessante Inhalte interessant vortragen.

3.1 Rhetorik: So geht eine gute Rede

Schlechte Reden sind leider häufiger als gute. Darum finden gute Reden und gute Redner in den Medien und in der Öffentlichkeit meist große Beachtung.

„Charismatisch und charmant, schelmisch und pathetisch – er zieht alle Register. Die Rede ist aufgebaut wie aus dem Lehrbuch: Am Anfang das, was Rhetoriker captatio benevolentiae nennen, das Greifen nach dem Wohlwollen des Auditoriums (‚Ich muß gestehen, das deutsche Volk hat in meinem Herzen einen ganz besonderen Platz'). Und am Ende eine klassische conclusio (‚Denn ein vereintes Europa, früher der Traum einiger weniger, ist jetzt die Hoffnung der vielen und eine Notwendigkeit für uns alle'). Obama sucht den Blickkontakt mit dem Publikum. Er setzt effektvolle Pausen. Er kann so nonchalant wirken – und im nächsten Moment staatsmännisch. Er setzt den ganzen Körper ein, die langen Arme, präsidial, sehr effizient. Barack Obama ist ein begnadeter Redner" (Sentker 2016).

Eine Rede kann vieles bewirken: „François Hollande ist die dreidimensionale Version einer Zeichnung von Sempé: Mann im grauen Anzug blinzelt ratlos der Welt entgegen. … einer, der Alphatiere nur aus dem Jardin des Plantes kennt, wo er sie in Gesellschaft seiner Kinder bestaunt. Dann hat er am Sonntag diese Rede gehalten, seitdem ist alles anders. … Er begann mit einem Satz von geradezu literarischer Schlichtheit: ‚Ich bin gekommen, um über Frankreich zu sprechen.' … Solche Perfektion in der Rede ist in der Politik eine altmodische, seltene und entscheidende Waffe" (Minkmar 2012).

Seine Reden haben entscheidend geholfen, François Hollande zum Präsidenten zu machen. Als solcher reüssierte er dann weniger, das ändert aber nichts an der Bedeutung guter Reden. Gutes Reden scheint – zumindest hierzulande – oftmals Politikern vorbehalten zu sein. „Deutsche Spitzenmanager können nicht reden" (Wachtel 2006), „Die Sprachstörung" (Prange 2012), „Viele (Manager) kleben lieber an Folien oder Manuskripten, statt sich überzeugend in Szene zu setzen", „Ein deutscher Manager trennt sich eher von seiner Frau als von seinem Manuskript" (Hans-Olaf Henkel), „Reden erfüllt in unserem Land noch viel zu oft den Tatbestand der Körperverletzung" (Friedhelm Franken) – das sind typische Aussagen zu schlechten Rednern und schlechten Reden (N. N. 2007).

Dabei ist es so einfach. Kurz und bündig formulierte es Kurt Tucholsky: „Hauptsätze, Hauptsätze, Hauptsätze. Klare Disposition im Kopf – möglichst wenig auf dem Papier. Tatsachen oder Appell an das Gefühl. Schleuder oder Harfe. Ein Redner sei kein Lexikon. Das haben die Leute zu Hause. Der Ton einer einzelnen Sprechstimme ermüdet; sprich nie länger als vierzig Minuten. Suche keine Effekte zu erzielen, die nicht in deinem Wesen liegen. Ein Podium ist eine unbarmherzige Sache – da steht der Mensch nackter als im Sonnenbad. Merk Otto Brahms Spruch: Wat jestrichen is, kann nich durchfalln" (Tucholsky 1975).

Die Kunst der Rhetorik gibt es seit der Antike. Auch heute noch ist eine Rede die wichtigste Form der Kommunikation mit mehreren anderen Menschen. Sprache ist dabei das wichtigste Handwerkszeug – der Überzeugung, der Führung oder auch einmal des Angriffs und der Verteidigung. Mit einer guten Rede erreichen Sie Ihre Zielgruppe. Erzählen Sie eine Geschichte, drücken Sie Gefühle aus, informieren und überzeugen Sie.

> Eine Rede ist die wichtigste und stärkste Form der Kommunikation mit mehreren Menschen.

Mit Ihrer Rede überzeugen Sie auch immer als Person. Sie werfen sich als Mensch und als Persönlichkeit in die Waagschale – schließlich glaubt man einer Person aus Fleisch und Blut mehr als einem abstrakten Medium. Neben dem Inhalt ist die Rede darum auch immer die überzeugende Aktion des Redners – vom Stimmeinsatz bis zur Körpersprache – entscheidend.

Aber was ist der beste Weg zur Vorbereitung einer Rede und wie hält man sie am besten? Beginnen wir mit dem Letzteren, das stützt sich im Wesentlichen auf die Inhalte, die wir bereits in dem Kapitel zur Körpersprache und zum Sprechen vorgestellt haben.

3.2 Die Rede – der Auftritt

Neben der Rhetorik kommt es vor allem auf Gestik und Mimik an. Die Rede wird zwar gehört, doch zuerst wird der Redner gesehen. Für die Kleidung gelten alle Anregungen zur angemessenen Bekleidung vor Publikum, die bereits an anderer Stelle im Buch genannt werden. Die Körpersprache soll dann die Rhetorik unterstützen. Wenn Sie von einer „Politik der ruhigen Hand" reden, dann seien Sie auch ruhig. Wenn Sie engagiertes Handeln fordern, unterstreichen Sie das mit klaren dominanten Gesten. Stehen Sie ruhig.

Besondere Aufmerksamkeit erregen immer die Hände des Redners. Am besten bewegen Sie sich im sogenannten „rhetorischen Rahmen", also zwischen Hüfte und Kopf. Mit den Händen kommt Bewegung in die Rede. Wichtige Aussagen unterstreichen Sie mit gezielten Bewegungen der Hände. Darum stehen Sie gerade und aufrecht, stützen Sie sich nicht auf das Pult. Es wirkt unsicher, wenig kompetent, wenn Sie den Oberkörper auf das Pult stützen oder sich mit den Händen an der Kante festhalten.

Zum Beginn der Rede betreten Sie ruhig und mit dynamischen Schritten die Bühne. Proben Sie den richtigen Auftritt – von welcher Seite, wie viele Schritte, Vorsicht bei Treppenstufen (!), beginnen Sie mit dem Sprechen erst, wenn Sie Ihren Platz erreicht haben. Wenden Sie sich in aller Ruhe dem Publikum zu, holen Sie einmal (leise) tief Luft („einundzwanzig, zweiundzwanzig"), nehmen Sie Blickkontakt auf, und dann kann es losgehen. Sie sind ruhig und können mit voller Stimme loslegen, das Publikum hat sich auf Sie eingestellt.

> Zeigen Sie Präsenz! Überzeugen Sie mit Ihrer Körpersprache!

Gut und angemessen ist es, wenn der Veranstalter oder Gastgeber Sie bereits – kurz (!) – vorgestellt hat. Damit es passt, sprechen Sie sich miteinander über den Inhalt der Vorstellung ab oder bereiten Sie für den Moderator ein paar Stichpunkte zur eigenen Person vor. Gerne leicht und locker. Eine gute Vorstellung sichert Ihnen einen guten Start, darum lohnt sich die Mühe.

> Lassen Sie sich am besten vorstellen – liefern Sie die passenden Stichworte!

Generell ist guter Blickkontakt ein Signal für Aufmerksamkeit und Wertschätzung. Schauen Sie Ihr Publikum an. Tun Sie das auch, wenn Sie wegen möglicherweise blendender Scheinwerfer wenige oder keine Gesichter im Publikum erkennen können. Die Zuhörer erwarten den Blickkontakt, sie werden ihn erwidern. Halten Sie den Blickkontakt auch in Phasen der Konzentration. Jeder soll das Gefühl bekommen, angesprochen zu werden und wichtig zu sein. Ein freundlicher Gesichtsausdruck und häufiger Blickkontakt zu Ihren Zuhörern sind entscheidende Bausteine Ihres Erfolgs als Redner.

> Blickkontakt zeigt Aufmerksamkeit. Blickkontakt gewinnt Aufmerksamkeit.

Sprechen Sie. Zu Lautstärke, Artikulation und Tempo haben wir bereits alles Wichtige im einschlägigen Kapitel notiert. Bleiben Sie ruhig, starten Sie ruhig und sicher. Die Zuhörer werden es Ihnen mit Aufmerksamkeit danken.

Wichtige Stilmittel für gute Redner sind Modulation, wechselndes Sprechtempo und Pausen – natürlich an den richtigen Stellen. Achten Sie auf ein eher mäßiges Sprechtempo. Das erleichtert dem Publikum das Zuhören – das Verstehen und Verarbeiten der Inhalte. Kurze Pausen vor oder nach einer wichtigen Aussage erhöhen das Gewicht Ihrer Worte.

> Reden ist Sprechen – präzise und emotional.

3.3 Die Rede – die Sprache

Ihre Rede soll aktivieren, ansprechen, gewinnen, überzeugen. Das gelingt am besten mit griffigen Formulierungen, kurzen Sätzen, aktiver Sprache. Setzen Sie Ihre Sprache erfolgreich ein.

Gefährlich und doch oft gehört sind Bandwurmsätze, endlose Wörterbänder, die sich lange dehnen, bei denen ein Satzteil auf den anderen folgt, manchmal mit einem „und" oder einem „oder" verbunden und manchmal, so wie hier, mit Einschüben, und sei es nur, um zu zeigen, dass man all die Wörter virtuos aneinanderreihen kann. Niemand möchte solchen Sätzen folgen – unklar, unscharf in der Aussage, kaum oder kein Bezug zwischen Anfang und Ende.

„Yes we can" (Barack Obamas Wahlkampfslogan) – „Es war auch für die Deutschen ein Tag der Befreiung" (Richard von Weizsäckers Rede zum 40. Jahrestag des Endes des Zweiten Weltkriegs) – „Ein Stift und ein Buch können die Welt verändern" (Malala Yousafzai, Friedensnobelpreisträgerin 2014, http://www.focus.de/politik/deutschland/historische-rede-vom-8-mai-1985-diese-rede-weizsaeckers-veraenderte-das-ansehen-deutschlands-in-der-welt_id_4443590.html; https://www.

unwomen.de/schwerpunkte/peking-20/die-12-themen-der-pekinger-aktionsplattform/themenfeld-maedchen/malala-yousafzai-ein-kind-ein-lehrer-ein-buch-und-ein-stift-koennen-die-welt-veraendern.html). Das sind klare kurze starke Aussagen – Sätze, die gerade wegen ihrer Kürze haften bleiben.

> Sprechen Sie in kurzen Sätzen.

Verben sind gut, stark und dynamisch in der Aussage. Substantivierte Verben dagegen – die Personifizierung der Distanzierung vom Thema – lassen Ihre Aussagen starr und unbeteiligt klingen.

Statt „Wir haben eine Einigung erzielt" sagen Sie: „Wir haben uns geeinigt." Besser als „Ich habe zum Ausdruck gebracht" ist: „Ich habe gesagt."

> Verben sind stark.

Und dann könnten Sie vielleicht auch noch überlegen, ob Ihre Rede eigentlich ohne Konjunktive oder womöglich überflüssige Wörter nicht ein kleines bisschen besser klingen würde, also, ich meine ja nur mal? Bringen Sie Ihr Thema auf den Punkt, setzen Sie direkte Rede ein, nennen Sie die Dinge beim Namen. Formulierungen wie „vielleicht" oder „eigentlich" haben ihren Platz in unserer Sprache, allerdings nur dort, wo sie vom Sinn her hingehören.

Statt „Dürfte ich um Ihre Aufmerksamkeit bitten" sagen Sie: „Ich bitte um Ihre Aufmerksamkeit."

> Verzichten Sie auf Floskeln, Füllwörter und unnötige Konjunktive.

Beware of Bullshit Bingo! Sinnentleerte Aussagen überzeugen oder begeistern niemanden. Prüfen Sie Ihre Sprache daraufhin, ob Sie versehentlich den Output einer Phrasendreschmaschine übernommen haben. Was genau meint der Redner denn mit „Marktgegebenheiten", der „Neuausrichtung", dem nötigen „Transformationsprozess" oder dem „Deinvestitionsprogramm", was beinhalten eigentlich die Projekte „Shape & Size" oder „Fit for Future" (außer dass das irgendwie schmissig klingt, zumindest für Liebhaber des gepflegten „Denglish")?

> Nennen Sie die „Dinge" beim Namen.

Unabhängig vom Manuskript finden immer wieder „Ähs" (wie bei „Boris äh Becker"), Sprachmarotten („also ich sag mal") oder Lieblingswörter (wie … bei …) den Weg in die Sprache des Redners. Sichern Sie sich hin und wieder ein Feedback, suchen Sie gezielt nach solchen Sprachmarotten und arbeiten Sie an Ihrem Sprechstil. Machen Sie beispielsweise zweimal in der Woche eine Aufnahme von einer etwa fünfminütigen kurzen Ansprache. Hören Sie sich die Aufnahme an, unterbrechen Sie beim Auftreten der Marotte. Sprechen Sie den Rest erneut, unter Beachtung des „Fehlers". Machen Sie am Stück drei oder vier – stetig verbesserte – Wiederholungen. Führen Sie das zweimal in der Woche durch, vier oder fünf Wochen lang, und Sie werden ganz sicher eine deutliche Verbesserung verspüren.

> Generell gilt: üben – üben – üben. Übung macht den Meister.

Und zwar bereits in allgemeinen Situationen – den richtigen Stand und die überzeugende Gestik können Sie in vielen Alltagssituationen einüben. Und dann natürlich bei Reden – fliehen Sie nicht, stellen Sie sich. Jede Rede, die Sie halten, kann Sie nur besser machen. Für die konkrete Rede gilt: Machen Sie sich das Manuskript zu eigen, inhaltlich und sprachlich. Lesen Sie es so häufig laut vor, bis die Artikulation gut ist, die Sprechweise und die Betonung passen. Halten Sie die Rede nach Möglichkeit dreimal „all inclusive" – im Stehen, mit Gestik und allem Schnick und Schnack. Mindestens einmal am besten vor Ort. Sorgen Sie für Feedback, mindestens durch eine Videoaufnahme, die Sie selber noch einmal Revue passieren lassen.

Überhaupt sind die „großen Momente" meist eingeübt und gar nicht selten gut adaptiert: John F. Kennedys für uns Deutsche historischer Satz „Ish bin ein Bearleener" lehnt sich an das „Civis romanus sum" (Ich bin ein Bürger Roms – eig. Übers.) von Marcus Tullius Cicero an. Willy Brandts Kniefall vor dem Ehrenmal für die Toten im ehemaligen Warschauer Getto war selbstverständlich gründlich geprobt, genauso wie Ronald W. Reagans Aufruf vor dem Brandenburger Tor: „Mr. Gorbachev, open this gate! Mr. Gorbachev, tear down this wall!" (… öffnen Sie dieses Tor! … reißen Sie diese Mauer nieder! – eig. Übers.; Sentker 2016). Merke: Richtig authentisch ist meist richtig gut geübt. Ronald W. Reagan als erfahrener Schauspieler wusste um die Bedeutung ausführlicher Proben.

> Überzeugende Momente – die Aha-Effekte der Könner – sind das Ergebnis guter Vorbereitung.

3.4 Die Rede – das Manuskript

Darüber, was drinsteht, machen wir uns gleich Gedanken. Jetzt geht es zunächst darum, wie Sie es aufschreiben. Am besten ist die frei gehaltene Rede. Die üben Sie dann allerdings schon mit einem Manuskript oder mit Stichwortkärtchen.

> Am besten wirkt eine frei gehaltene Rede.

Wenn Sie das nicht schaffen – zu viel Text, zu wenig Zeit zur Vorbereitung –, dann sind (feste) Moderationskarten die erste Eskalationsstufe. Auf denen notieren Sie am besten nur die wichtigen Stichworte, anhand derer Sie dann die ganze Rede halten können. Schreiben Sie groß und gut leserlich – am besten mit einem schwarz oder blau schreibenden Filzstift oder drucken Sie die Stichworte (Schriftgröße mindestens Punkt 16) aus und kleben Sie den Text auf Ihre Karten. Wenn Sie öfter auftreten, bestellen Sie Karten mit dem Firmenlogo auf der Rückseite in der Druckerei. Bei selteneren Anlässen kann das auch der Laserdrucker erledigen. Das sieht meistens schick und professionell aus. Nummerieren Sie die Karten durch – 1 von 10, 2 von 10 und so weiter. Wenn Ihnen die Karten dann doch einmal aus der Hand fallen, lassen diese sich leichter wieder ordnen. Halten Sie die Karten in der linken Hand, dann bleibt die rechte für Gestik frei.

> Der Umgang mit Moderationskarten erfordert Vorbereitung und Übung.

Wenn die Rede länger sein soll, wenn sie schwierig ist oder wenn es auf jedes Wort ankommt, brauchen Sie ein „richtiges" Redemanuskript. Lassen Sie es in Schriftgröße Punkt 14 doppelzeilig oder Punkt 16 und 1,5 Zeilen Abstand ausdrucken. Schriftfarbe Schwarz, das können Sie auch bei schlechtem Licht am besten erkennen. Absätze sollten nicht über das Seitenende hinausgehen, das stört sonst beim Umblättern den Lese- und damit den Sprechfluss. Lassen Sie einen Rand – für Bemerkungen, Hinweise zur Gestik und dergleichen mehr. Zum leichteren Blättern werden die Seiten nicht geheftet. Und wie die Karten darum auch durchnummeriert – vielleicht fällt doch einmal das Manuskript zu Boden und die Blätter müssen neu geordnet werden. Es spricht viel dafür, eine Kopie der Karten oder des Manuskripts als Doppel an einer anderen Stelle als im Koffer oder in der Aktentasche aufzubewahren. Dann können Sie beim Verlust des Originals immer noch auf die Zweitversion zurückgreifen.

> Ein sorgfältig erstelltes Manuskript ist entscheidend für eine gute Rede.

Keine (gute) Rede ohne Inhalt: „Wer hat denn, und das muss vor diesem hohen Hause einmal unmissverständlich ausgesprochen werden. Auch die wirtschaftliche Entwicklung hat sich in keiner Weise, das kann auch von meinen Gegnern nicht bestritten werden, ohne zu verkennen, dass in Brüssel, in London die Ansicht herrscht, die Regierung der Bundesrepublik habe da und, meine Damen und Herren, warum auch nicht? Aber wo haben wir denn letzten Endes, ohne die Lage unnötig zuzuspitzen, da meine Damen und Herren liegt doch das Hauptproblem. Bitte denken Sie doch einmal an die Altersversorgung. Wer war es denn, der seit 15 Jahren, und wir wollen einmal davon absehen, dass niemand behaupten kann, als hätte sich damals, so geht es doch nun wirklich nicht" (Loriot 2003). Keine (gute) Rede ohne Inhalt. Außer Sie heißen Vicco von Bülow, alias Loriot, und verstehen es, wie der Meister in seiner Bundestagsrede (hier der Beginn) mit so vielen Worten wirklich gar nichts zu sagen.

In der Theorie der Rhetorik spricht man von den vier obligatorischen Grundteilen einer Rede: Sie beginnt mit dem Proömium, der Einleitung. Eine gute Einleitung verlangt nach drei Elementen: Der Redner muss erstens das Wohlwollen seiner Zuhörer gewinnen (benevolos reddere), er muss zweitens ihre Aufmerksamkeit erregen (attentos reddere) und drittens sie aufnahmefähig machen (dociles reddere) (Stroh 2009). Danach kommt die Erzählung (narratio), gefolgt von der Beweisführung (argumentatio), und am Ende kommt – natürlich! – der Schluss (conclusio).

Eine gute Rede braucht ein interessantes Thema – interessant für Ihr Publikum. Es ist gut, wenn Sie ein Anliegen haben, eine Mission oder einen Auftrag. Wenn Sie für Ihr Thema brennen und kämpfen, ist es leichter, emotional aufzutreten.

Wenn Sie über genügend – spannenden und aktuellen – Stoff verfügen, dann ist alles prima. Ansonsten beginnen Sie damit, den Stoff zu sammeln – Informationen, Beispiele, Zahlen, Daten und Fakten. Denken Sie dabei an Ihre Zuhörer: Haben Sie etwas ausreichend Interessantes zu bieten? Neu, skandalös, ganz viel oder ganz wenig, anders als erwartet?

> Eine gute Rede beginnt mit der Stoffsammlung.

Denken Sie daran, in Ihrem Vortrag den Intellekt und das Gefühl anzusprechen. Ohne Emotionen können Sie niemals überzeugen. Für jede „Überzeugungstat" brauchen Sie exakt drei Dinge: Gute Argumente, gutes Argumentieren und Emotionen. Sammeln Sie Ihre Inhalte entsprechend.

> Zielgruppe: Orientieren Sie sich an Ihren Zuhörern.

Niemand von uns kauft ein Auto, weil er ein „Auto" möchte. Sie wollen mobil sein oder Eindruck schinden, oder Sie haben häufig viele Taschen und Koffer und Kinder und Hunde zu transportieren. Menschen haben Bedürfnisse. Dinge, die wir kaufen oder mit denen wir uns sonst wie beschäftigen, sollen uns helfen, diese Bedürfnisse zu befriedigen. Bedürfnisse stehen daher im Mittelpunkt jeder erfolgreichen verkäuferischen Aktivität. Verkaufen heißt, diese Bedürfnisse zu entdecken und das Angebot mit den Bedürfnissen zu verbinden. Bedürfnisse richten sich nie auf ein Produkt (eine Sache, eine Idee …) als solches. Ausdrücklich oder implizit wird mit dem Produkt die Befriedigung des Bedürfnisses verbunden. Wenn das gelingt, sind wir am Ende zufrieden. Wir haben gut gewählt. Wenn das nicht gelingt, sind wir unzufrieden. Jemand anders ist schuld.

Aufmerksamkeit für Ihre Rede müssen Sie immer erst herstellen. Formulieren Sie also den Wert der Worte für Ihre Zuhörer (= Kunden). Warum sollen sie Ihnen zuhören?

Was haben Sie Ihren Zuhörern zu bieten?

- Was interessiert Ihr Publikum?
- Hat das Thema eine persönliche Bedeutung – Freude oder Bedrohung?
- Welchen Nutzen können Sie bieten?
- Auf welche Reaktionen müssen Sie sich einstellen – positive oder negative?
- Müssen Sie mit Widerstand rechnen?
- Womöglich durch Gruppen von Teilnehmern?
- Welche Fragen werden Ihnen gestellt?

Zur Vorbereitung gehört also, sich im Vorfeld über Ihre Zuhörer, deren Situation und Erfahrungen und mehr zu informieren.

Betrachten Sie Ihr Thema durch die Augen Ihrer Zuhörer, hören Sie mit Ihren Ohren! Nehmen Sie die Nöte und Sorgen Ihres Publikums auf, schildern Sie den Nutzen Ihrer Vorschläge. Und vergessen Sie niemals: Zuhörer folgen nicht nur rationalen Argumenten. Sie haben vielmehr Wünsche und Werte, Fantasien und Pläne, Ängste und Ärger. Je mehr Sie auf diese Gefühle eingehen, desto größer wird die Akzeptanz sein.

Das bedeutet nun keineswegs, dass Sie immer nur das sagen dürfen, was alle hören wollen. Manchmal müssen Sie wachrütteln, auf Probleme hinweisen, ungeliebte Projekte oder Veränderungen vorschlagen. Aber auch dann können Sie genau diese emotionalen Barrieren in der Gestaltung Ihres Auftritts berücksichtigen.

Und wundern Sie sich dann nicht über unbequeme Fragen oder Widerstand – bereiten Sie sich darauf vor, nehmen Sie diese Haltung ernst und „arbeiten" Sie an diesen Aufgaben mit Ihren Zuhörern.

Zuhörer können nur eine begrenzte Menge an Informationen aufnehmen. Darum ist es besser, die wenigen wichtigen Inhalte zu vermitteln. Zu viele Informationen führen zu Abwehr oder Verwirrung. Das bedeutet, dass Ihnen entweder niemand mehr zuhört oder die Inhalte nur teilweise oder falsch verstanden und lediglich in Bruchstücken erinnert werden.

> Konzentrieren Sie sich auf die wesentlichen Aspekte.

Und seien Sie besonders vorsichtig bei zu vielen oder zu komplizierten Informationen. Dem Redner wird zugehört. Es gibt in der Regel keine Möglichkeit, den Inhalt mitzulesen. Auch wollen Sie keineswegs, dass während Ihres Vortrags über einzelne Episoden länger nachgedacht wird. Dann hört das Publikum nämlich nicht auf Ihre nachfolgenden Sätze.

3.5 Die Rede – den Text schreiben

„Wichtige Menschen" lassen sich von Redenschreibern helfen. Die Rede wird dann in gut gewählten Worten genau Ihre Standpunkte und Überzeugungen in Ihrer Sprache zum Ausdruck bringen. Das beherrscht ein – guter – Redenschreiber, perfekt auf den Auftraggeber zugeschnitten.

Alle anderen greifen selber in die Tasten. Manche allerdings greifen aus Mangel an Ideen oder Zeit oder einfach aus Bequemlichkeit auf vorgefertigte Redebausteine zurück. In vielerlei Variationen im Internet verfügbar. Solche Bausteine sind selten gut geschrieben, nicht immer originell und auch nicht unbedingt auf Sie zugeschnitten. Daher sollten Sie diese Pauschalangebote besser meiden.

Gute Beispiele oder gelungene Erklärungen aus früheren Reden dürfen Sie vor einem anderen Publikum auch wiederverwenden. Achten Sie allerdings auf Aktualität. Vorsicht bei häufigen Wiederholungen und Lieblingsbeispielen. Der frühere Vorstandsvorsitzende einer großen Lebens- und Sachversicherung beispielsweise griff immer zum selben Beispiel, wenn er seine Haltung zum Thema „Change" erläutern wollte: „Wenn man einen Frosch in kochendes Wasser wirft, wird er versuchen, schnell wieder herauszukommen. Wenn man das Wasser aber langsam erhitzt, wird er sich ohne Widerstand kochen lassen. Genau so führen wir erfolgreiche Veränderungen in unserem Unternehmen durch." Die Geschichte ist nicht gerade geschmackvoll, drückt wenig Respekt vor Fröschen und vielleicht noch weniger vor den Mitarbeitenden des Unternehmens aus, wenn sie mit Fröschen verglichen werden. Ob die Darstellung korrekt ist, sei dahingestellt. Ab der dritten Wiederholung allerdings kann jeder Ihr Beispiel wörtlich mitsprechen.

Einleitung und Schluss

Ein wirklich gutes Essen beginnt mit einem Amuse-Bouche und einer delikaten Vorspeise, es endet mit Käse und einem exzellenten Dessert. Nur dann ist das Menü wirklich abgerundet. Genau so verhält es sich mit Ihrer Rede: Planen Sie Ihre Eröffnung sorgfältig. Mit einem guten Start motivieren Sie, Sie wecken überhaupt erst die Bereitschaft, Ihnen zuzuhören. Auch bei einer Präsentation brauchen Sie zum Start mehr als nur das einfallslose Verlesen des Titels.

> **Variationen zum erfolgreichen Start**
>
> - Aktuelle Bezüge – aus den Medien, dem Unternehmen,
> - reale Situation – typisch für das Thema, selbst erlebt,
> - Kernaussagen,
> - Neuigkeiten,
> - rhetorische Fragen,
> - Zitat oder Anekdote,
> - Humor,
> - ausgewählte Zahlen, Daten, Fakten.

„Kleine Titten sind wie Flüchtlinge. Sie sind nun mal da, aber eigentlich will man sie nicht." Das postete Sophia Thomalla auf ihren Accounts bei Twitter und Facebook. Es gab einen Shitstorm, aber auch 2000 zustimmende Herzchen sowie 40 000 Likes. Später wurde das Ganze als Experiment „erklärt", im Verbund mit Micky Beisenherz, einem Gag-Autor, der auch für das „Dschungelcamp" aktiv ist (Thomann 2016). Oder ein „Witz" aus einer anderen Kategorie: „Was ist ein Mann im Knast? Artgerechte Haltung!" Der ist ordentlich platt, wird unter Zickenwitz (Hoffinger 2015) geführt, müsste aber auch Alice Schwarzer gefallen. Subtiler ist da beispielsweise Max Regers Schreiben an einen seiner Kritiker: „Ich sitze im kleinsten Raum meines Hauses und habe Ihre Kritik vor mir. Bald werde ich sie hinter mir haben" (Hanssen 2015). Humor versteht nicht jeder auf Anhieb, Humor wird nicht von allen geteilt – Humor kann in einer Rede sehr gefährlich sein. Wenn alle lachen, ist es toll, einen besseren Einstieg gibt es gar nicht. Wenn die Pointe allerdings nicht „sitzt", wenn keiner lacht, dann haben Sie ein Problem. Entscheiden Sie sich im Zweifel für einen anderen Start.

Eine gute Alternative kann eine Geschichte sein – kurz, knapp, pointiert. Schon in der Bibel wird das Gleichnis erfolgreich eingesetzt. Sie geben ein lebendiges Beispiel, wenn es passt, gerne mit Humor. Zudem ist der Eindruck einer „Story" immer auch emotional, wirkt somit also länger und intensiver.

Am Ende fassen Sie das Wichtigste zusammen. Vielleicht wollen Sie einen Vorschlag machen, wie es weitergehen kann – oder Sie rufen zum Handeln auf – oder Sie malen aus, wie die Situation in fünf Monaten sein wird – oder ... allerdings: Sätze wie „Jetzt komme ich zum Schluss" sind verboten. Kündigen Sie das Ende nicht vorher wortreich an. Finden Sie besser ein schmissiges Fazit – dann weiß jeder, dass Sie fertig sind.

Variationen für das Ende

- Zusammenfassung,
- Wiederholung der Kernbotschaft,
- Aktionen – nächste Schritte,
- wie könnte es gehen?,
- Ausblick,
- Prognose,
- Überleiten zu Fragen.

Eine gute Rede hat einen guten Rahmen – Start und Ende geben der Rede erst ihre Gestalt.

Die Hauptsache – der Hauptteil

Für den Hauptteil brauchen Sie eine einen guten Aufbau, einen klar organisierten „roten Faden". Er hilft den Zuhörern, Ihrer Argumentation zu folgen. Der Inhalt wird dadurch übersichtlicher. Bewährte Techniken zur Gliederung sind dabei die zeitliche Organisation, die Orientierung an Prioritäten oder der Weg vom Problem zur Lösung. Die Beschränkung auf das Wesentliche unterstützt die wichtigen Elemente Ihrer Darstellung. Überflüssige Inhalte lenken ab. Sagen Sie nicht alles, was Sie wissen, konzentrieren Sie sich auf das, was wichtig ist und Ihre Zuhörer interessiert. Bauen Sie Ihren Beitrag um die Kernaussagen herum auf. Was ist besonders wichtig, was muss sich Ihr Zuhörer unbedingt merken?

> Wählen Sie eine klare Struktur und beschränken Sie sich auf das Wesentliche.

Wenn Sie Ihre Aussagen besonders überzeugend und nachhaltig gestalten wollen, überzeugen Sie mit den Erfolgselementen emotionaler Kommunikation. Unsere

Welt ist eine Konstruktion unserer Erfahrungen und Eindrücke – diese Sicht der Dinge lässt sich beeinflussen. Informationen werden besser wahrgenommen und als überzeugender empfunden, wenn sie emotional aufgeladen werden.

Erfolgreiche Kommunikation ist darum immer emotionale Kommunikation. Emotionale Kommunikation ist der Austausch von Stimmungen und Gefühlen. Nutzen Sie die zugrunde liegenden Muster. Damit beeinflussen Sie die Stimmung und Meinung Ihrer Gesprächspartner.

Überzeugen werden Argumente, die Sympathie und Nähe erzeugen. Bilder begeistern, nichts überzeugt mehr als gute Beispiele oder die „Stellen Sie sich vor"-Formel. Jeder ist gerne Teil einer Gruppe, argumentieren Sie mit Menge und Mehrheit, mit Regeln und „guten" Gewohnheiten. Gerade Zuhörer, die sich selber für klug halten, orientieren sich gerne an Experten. Argumentieren Sie mit Zahlen, Daten, Fakten – überreden Sie mit scheinbarer Sachlichkeit. Exklusivität, seltene Ereignisse, berühmte Menschen – darauf „fliegen" alle. Suchen Sie dazu Beispiele, Bilder und Geschichten. Sie werden sehen, mit emotional aufgeladenen Argumenten schaffen Sie Wirklichkeit und überzeugen (beinahe) jeden. Mehr zu den einzelnen Elementen finden Sie im Kapitel zu Argumentation und Dialektik.

> Emotional aufgeladene Argumente überzeugen.

Feedback und Nachbereitung

Ob Rede, Vortrag oder Präsentation – mit professioneller Nachbereitung legen Sie den Grundstein für weitere erfolgreiche Reden. Holen Sie sich Feedback, informieren Sie sich gezielt darüber, wie zufrieden die Zuhörer und der Veranstalter waren.

Wenn möglich, verschaffen Sie sich eine Ton- oder besser noch Bildaufnahme. Manchmal muss das im Vorfeld geplant werden, es lässt sich aber fast immer arrangieren. Schauen Sie selbstkritisch auf Ihre Leistung, fragen Sie qualifizierte Dritte. Vor allem fragen Sie sich: Was kann ich beim nächsten Mal besser machen?

Wenn sich die Gelegenheit bietet, informieren Sie sich auch einmal über die Konkurrenz. Beschäftigen Sie sich mit Redetexten, setzen Sie sich als Zuhörer ins Publikum. Machen Sie sich Notizen zu überzeugenden Elementen.

- Verschaffen Sie sich gezielt Feedback.
- Lernen Sie von anderen Rednern.

3.6 Haben Sie PowerPoint ...?

„Haben Sie PowerPoint oder was zu sagen?" Mit diesen Worten haben Reiner Neumann und Alexander Ross das entsprechende Kapitel im 2004er-Buch *Der perfekte Auftritt* überschrieben. Der Titel kam offensichtlich an, denn nicht wenige weniger kreative Kollegen haben sich immer wieder gerne davon inspirieren lassen (einige Beispiele unter albertinen.de, redenwelt.de, schuchardt-seminare.de, hichert.com, fh-joanneum.at, fhoev.nrw.de). Präsentationen lassen der Überschrift entsprechend nicht selten zu wünschen übrig. Da meint man, entweder einem Kurs für betreutes Lesen beizuwohnen oder einem – nicht selten auch noch schlecht strukturierten – Diavortrag. Auch die Folien sind nicht immer wirklich professionell gestaltet: Zu voll, sodass man sich eher an eines der früher beliebten Wimmelbilder erinnert fühlt, oder so klein beschriftet, dass man selbst als Träger einer neu und passend ausgemessenen Brille nur „Insektenspuren" vor einem unspezifischen Hintergrund erkennen kann. Das wird zudem mit vor Alltagskomik nur so strotzenden Worten begleitet: „Ich weiß, dass Sie das nicht gut erkennen können. Ich wollte Ihnen nur einmal zeigen, wie so etwas aussieht."

PowerPoint kann schwierig sein. Edward Tufte ist Professor emeritus für Politische Wissenschaften, Statistiken und Computerwissenschaften an der renommierten amerikanischen Yale University. Und er ist ein erfolgreicher Künstler. Im Mittelpunkt seines Wirkens steht die Abbildung oder grafische Darstellung von Informationen. „Power corrupts. PowerPoint corrupts absolutely", findet er (Tufte 2003). Edward Tufte bemängelt, dass eine typische PowerPoint-Folie meist nur mit einigen nach Bullet Points organisierten Stichwörtern oder kurzen Sätzen beschriftet ist. Damit werden komplexe Gedanken erheblich reduziert. Und nur wenige Aspekte auf einer Folie können bei komplexen Themen zu einer Vielzahl von inhaltlich armen Folien führen.

Edward Tufte stellt kategorisch fest: „Presentations largely stand or fall on the quality, relevance, and integrity of the content. If your numbers are boring, then you've got the wrong numbers. If your words or images are not on point, making them dance in color won't make them relevant. Audience boredom is usually a content failure, not a decoration failure" („Präsentationen stehen und fallen mit dem Inhalt – mit der Qualität, der Bedeutung und der Stimmigkeit. Wenn Zahlen langweilen, dann haben Sie die falschen Zahlen. Wenn Wörter oder Bilder Ihre Aussage nicht prägnant abbilden, dann werden sie nicht dadurch relevant, dass Sie sie kolorieren und tanzen lassen. Zuhörer langweilen Sie mit dem Inhalt, weniger durch die Aufbereitung" eig. Übers.).

Die Folgerung liegt auf der Hand: Nur mit einer guten Präsentation erweisen Sie Ihren Zuhörern den nötigen Respekt.

Andere Stimmen plädieren allerdings für den Einsatz auch einfacher Folien. Teilnehmer einer Präsentation haben selten die Zeit (und die Geduld), eine komplex aufgebaute Folie in allen Details zu erfassen. Einfache Folien können die Aussagen des Vortragenden besser und klarer illustrieren. Dies ist das entscheidende Wort – illustrieren. Eine Folie ist wenig sinnvoll, wenn sie nur die Worte des Vortragenden vollständig oder in Auszügen an die Wand projiziert. Eine Folie macht Sinn, wenn die Aussagen durch den Einsatz der Folie besser verstanden, vermittelt oder verankert werden. Dazu braucht es eine starke visuelle Untermauerung der Aussagen des Vortragenden.

> Gute Folien tragen dazu bei, Inhalte besser zu verstehen, zu vermitteln oder zu verankern.

Eine Präsentation mit Folien, die gleichzeitig bildstark und selbsterklärend sind, ist schlechterdings nicht möglich. Wenn Ihre Präsentation in Nachhinein auch von Personen verstanden werden soll, die nicht teilnehmen konnten, gibt es nur eine Lösung: Bereiten Sie für die eigentliche Präsentation gute bildstarke Folien vor. Und zu jeder Folie schreiben Sie auf einer zusätzlichen Seite Ihre Aussagen in sprachlich möglichst gutem Stil, vollständig und verständlich. Beide Seiten zusammen bilden dann das Handout. Das kostet deutlich mehr Arbeit, ja. Das ist aber der einzige Weg, beides zu bekommen – gute Folien, die Ihre Präsentation unterstützen, und eine Präsentation, die auch für Nicht-Teilnehmer im Nachhinein eindeutig und verständlich ist.

> - Gute bildstarke Folien unterstützen eine gute Präsentation.
> - Für alle Abwesenden brauchen Sie einen zusätzlichen Textteil.

Sie bereiten für eine gute Präsentation also drei Arten von Material vor: Ihre Notizen mit den Schlüsselaussagen, Zahlen oder Zitaten. Ihre Folien mit guten Illustrationen. Und den zusätzlichen Text für das Handout, gegebenenfalls ergänzende Tabellen oder Grafiken und dergleichen mehr.

Keinesfalls muss Ihr Vortrag vollständig von Folien begleitet werden. Es spricht sogar viel dafür, eher einzelne Passagen mit Folien zu unterstützen oder wenige bildstarke Folien zu verwenden und dazu den Inhalt vorzutragen. Folien sollten eher in Ausnahmefällen mit Text, insbesondere nicht mit größeren Mengen Text, versehen werden.

Wenn das Format PowerPoint genutzt wird, um in einer Arbeitsbesprechung zum Teil auch detaillierte Inhalte abzubilden, dann handelt es sich nicht wirklich um eine Präsentation. Das gewählte Format ist dann lediglich ein quer gestellter Text, über den alle diskutieren, oder eine Tabelle, an der alle gemeinsam arbeiten.

All das, was wir im ersten Teil dieses Kapitels zur Rhetorik hinsichtlich Zielgruppe, Struktur oder Start und Ende entwickelt haben, gilt ebenso für eine Präsentation. Von den Grundüberlegungen bis zur konkreten Ausführung. Bei einer Präsentation kommt hinzu, dass Sie sich bewusst für die Unterstützung Ihres Vortrags durch visuelle Materialien entschieden haben. Und dass Sie jetzt mit diesen Materialien sinnvoll und wirkungsvoll arbeiten müssen.

Machen Sie sich klar, welche Ziele Sie erreichen wollen. Was sollen Ihre Zuhörer nach der Präsentation wissen, was sollen Sie fühlen, was sollen Sie denken? Machen Sie sich dazu mit Ihrem Publikum vertraut. Wer wird anwesend sein? Was wissen Ihre Zuhörer bereits? Was wollen Sie noch erfahren? Das bedeutet auch, dass Sie für ein anderes Publikum zum selben Sachverhalt eine andere Präsentation brauchen. Für die Struktur legen Sie die wesentlichen Punkte Ihrer Präsentation fest, fassen zusammenhängende Punkte unter einer Überschrift zusammen und legen dann die Reihenfolge fest. Entwickeln Sie eine Storyline – von Beginn bis Ende. Denken Sie also auch über einen guten Start und einen dazu passenden Schluss nach.

- Definieren Sie Ihre Ziele.
- Bestimmen Sie, was für Ihr Publikum wichtig und interessant ist.
- Entwickeln Sie eine überzeugende Struktur.

Entwerfen Sie zuerst die Struktur, dann entwickeln Sie die dazu passenden Folien. Versuchen Sie, die Folien in einer Präsentation möglichst einheitlich zu gestalten – gleiche Aufteilung der Folie, gleiche Bilderwelten, gleiche Farben und so weiter. Möglichst einheitliche visuelle Muster schaffen Ruhe und lassen der Person des Vortragenden den wichtigen Raum.

Unser Gehirn versucht ständig, in der Menge wahrgenommener Informationen Strukturen und Muster zu erkennen. Menschen analysieren ihr Umfeld, suchen nach Mustern und Gesetzmäßigkeiten. Die Kernaussage zu Beginn und der Überblick über die weitere Präsentation geben dem Denken diese Struktur. Beschreiben Sie anschließend die Situation. Machen Sie besonders deutlich, warum das Thema für die Zuhörenden relevant ist. Erläutern Sie das Problem oder die Aufgabenstellung beziehungsweise die angestrebte Veränderung. Schildern Sie anschließend Ihre Folgerung daraus – die Lösung. Begründen Sie, warum diese Lösung die beste Wahl ist. Erläutern Sie den Weg zur Lösung. Stellen Sie das erwartete Ergebnis dar und machen Sie eine Aussage dazu, wie sicher dieses Ergebnis auch eintreten wird. Fassen Sie das Wesentliche kurz zusammen.

Dieser Aufbau einer Präsentation entspricht dem Pyramidenprinzip. Das Pyramidenprinzip hilft, Präsentationen sinnvoll zu strukturieren.

Präsentieren nach dem Pyramidenprinzip

- Kernaussage,
- Definition des Problems/der Aufgabe (Warum ist das wichtig?),
- Lösung/eventuell Alternativen (Woher weiß ich das?),
- Plan/eventuell Meilensteine (Warum ist dies der beste Weg?),
- Ergebnis (Wie sicher ist das?).

Bei komplexeren Themen empfiehlt es sich, die einzelnen Aspekte Schritt für Schritt, Ebene für Ebene nacheinander abzuarbeiten. Das Ganze nennt sich „Pyramidenprinzip", weil die einzelnen Aussagen jeweils die darüber liegende Ebene und die Kernaussage stützen (Bild 3.1).

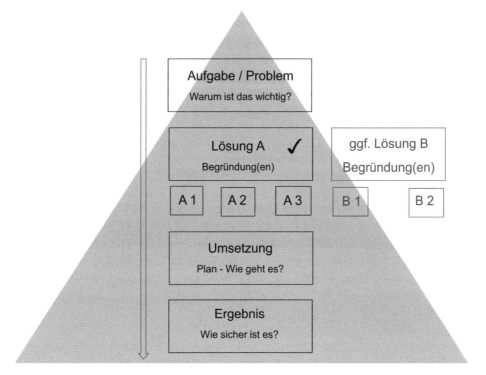

Bild 3.1 Pyramidenprinzip

Problem – Lösung – Plan – Ergebnis sind die wichtigen Elemente einer gelungenen Präsentation.
Das Pyramidenprinzip entspricht der Arbeitsweise unseres Gehirns.

Zu Recht heißt es: „Ein Bild sagt mehr als tausend Worte." Richtig verstanden – nämlich als visuelle Untermalung Ihres Inputs – kann PowerPoint richtig gute Dienste leisten. Eine bildliche Darstellung kann Inhalte für die Zuhörer besser verständlich machen. Bilder illustrieren Beschreibungen, stellen den Sachverhalt im Überblick oder im Zusammenhang dar. Ein Diagramm liefert Bilder zu Zahlen. Der gesprochene Text wird durch unterstützende Darstellungen besser eingeprägt.

> Ein Bild sagt mehr als tausend Worte. Illustrieren Sie Ihre Folien.

Was beachten Sie bei der Gestaltung Ihrer Folien? Verwenden Sie eine Schriftart und nur wenige Schriftgrößen. Wählen Sie eine ausreichend große Schrift, Punkt 16 oder mehr sind meist in Ordnung. Klein gedruckte Fußnoten oder Kommentare kann ohnehin niemand lesen, lassen Sie diese auf den Folien also besser weg. Besser lesbar ist ein zweizeiliger Abstand. Am besten lesbar sind serifenlose Schriftarten wie Arial, Helvetica oder Lucida. Schriftschnitte und Satzauszeichnungen wie kursiv, fett, gesperrt oder unterstrichen verwenden Sie sparsam. Weniger ist auch hier mehr! Schreiben Sie besser mit Groß- und Kleinbuchstaben. NICHT DIESER TEXT, sondern dieser Text lässt sich leichter lesen. Auch kursive oder gesperrte Wörter lenken eher ab, als dass Sie den Text spannender machen.

> Einfache klare Schriftarten sind besser lesbar.

Positive Schrift, also dunkle Schrift auf hellem Grund, ist besser, negative Schrift, hell auf dunkel, schlechter lesbar. Gute Kontraste funktionieren auch im Ausdruck des Handouts besser. Vorsicht ist bei der Wahl von Farben geboten: Zu viele Farben lassen eine Folie zu bunt erscheinen, beschränken Sie sich nach Möglichkeit auf vier. Auch Beamer können gefährlich sein. Nicht wenige Geräte verändern die Farben bei der Projektion. Bei „starken" Farben wie Rot oder Blau ist das weniger wahrscheinlich und kaum gefährlich.

> Klare Kontraste und klare Farben sorgen für bessere Erkennbarkeit.

Farben bieten auch Orientierung. Die Farblehre schreibt einzelnen Farben bestimmte unterschiedliche Eigenschaften und damit Wirkungen zu, die Gefühle hervorrufen und Stimmungen beeinflussen.

Rot steht für Energie und Kraft, Aktivität und Dominanz. Rot ist eine Signalfarbe. Sie verkörpert starke Emotionen wie Liebe oder Wut. Rote Kleidung war lange sehr teuer in der Herstellung und blieb daher Adligen vorbehalten. In der Kirche ist sie eine Farbe für besondere Würdenträger wie Kardinäle. Rot ist auffällig, oft auch attraktiv.

Gelb wirkt hell und strahlend, lebendig und dynamisch. Gelb erinnert an Reife wie bei der Sonnenblume, verknüpft mit Freude, aber auch mit Neid. Im Mittelalter war Gelb die Farbe der Geächteten, Huren mussten diese Farbe tragen und Juden.

Grün steht für Hoffnung, Sicherheit, Frische und Natur. Grün ist aber auch ein Symbol für Giftigkeit. Lebensmittel, die grün werden, sind in aller Regel verdorben. Grün hilft Menschen auch dabei, ein Gesicht als männlich oder weiblich zu identifizieren. Der Unterschied zwischen den Geschlechtern zeigt sich danach besonders im Farbkontrast zwischen Lippen und Haut. Wie Nicolas Dupuis-Roy und Frédéric Gosselin von der Universität Montreal erklären, bewegen sich die entscheidenden Farbinformationen in dieser Region im Bereich der Rot-Grün-Farbachse (http://nouvelles.umontreal.ca/en/article/2015/06/15/man-or-woman-look-at-the-lips/). Der Kontrast zwischen den Lippen und der Haut ist bei Frauen stärker ausgeprägt als bei Männern. Ihre Hautfarbe enthält im Allgemeinen weniger Rot und dafür mehr Grün.

Blau steht für Ferne, Tiefe, Kühle und Ruhe. Blau ist eine der beliebtesten Farben. Kühle Blautöne erzeugen Ruhe und fördern die Konzentration. Helle Blautöne wirken fern und leicht. Alles weit Entfernte wirkt bläulich. Blau wird mit Sehnsucht und Treue, grün mit Kreativität in Verbindung gebracht.

Die Pole der Farbskala – Schwarz und Weiß – verkörpern Extreme. Sie werden häufig bei einschneidenden Lebensereignissen eingesetzt, bei Geburten, Hochzeiten oder zum Ausdruck von Trauer. Anders als bei uns gilt in China Weiß als Farbe der Trauer. Im östlichen Denken ist der Mensch im Tode rein und dem Göttlichen nahe, das wird mit Weiß assoziiert.

Auch bei der Sechs-Hüte-Technik – einer von Edward de Bono entwickelten Methode zur Optimierung von Gruppendiskussionen – stehen die Farben der einzelnen Hüte für inhaltliche Werte: Weiß steht für Objektivität, analytisches Denken, Konzentration (Tatsachen, Anforderungen, Wege zum Ziel). Rot wird mit emotionalem Denken und Empfinden gleichgesetzt (Konzentration auf Gefühle und Meinungen). Schwarz steht für kritisches Denken, Risiken, Probleme und Ängste (Schwierigkeiten, Scheitern). Optimistisches Denken wird durch Gelb symbolisiert (Best Case), Grün steht für Kreativität und assoziatives Denken (Wachstum, Entwicklung). Blau schließlich wird mit Ordnung, Moderation, Überblick gleichgesetzt (Big Picture).

> Achten Sie auf die Wirkung der Farben auf die Zuhörenden.

Vorsicht ist bei Animationen geboten. Die vielfältigen Möglichkeiten verlocken hier zu Übertreibungen. Animationen können einen besonderen Aspekt unterstreichen. Weniger ist hier allerdings – wieder – mehr. Beschränken Sie sich besser auf wenige und einfache Animationen. Schwierig und meist weniger wirkungsvoll als gedacht ist das schrittweise Erscheinen einzelner Zeilen oder Textblöcke. Zuhörer werden davon eher irritiert. Sparsam gesetzte Effekte sind umso wirkungsvoller.

> Vorsicht bei Animationen: Nur ausgewählte Effekte sind wirkungsvoll.

Folien sind mehr als quer geschriebene Texte. Sie sollen visualisieren. Gut gewählte Bilder sind das Salz in der Suppe. Sie können die Aussage einer Folie unterstützen oder erst möglich machen. Eine bildliche Darstellung macht den Inhalt für die Zuhörer leichter fassbar und besser verständlich. Bilder illustrieren Beschreibungen, stellen den Sachverhalt im Überblick oder im Zusammenhang dar. Ein Diagramm liefert das Bild zum Zahlenwerk, es ist eine andere Dimension der Verständlichkeit. Bilder lockern auf und stimulieren, das Einspielen einer Videosequenz oder eines Tondokuments übertrifft in der Anschaulichkeit jede noch so gute Beschreibung. Der gesprochene Text wird durch unterstützende Darstellungen besser einprägsam. Allgemein gilt also: So einfach wie möglich, so wenig wie möglich, so lesbar und so übersichtlich wie möglich.

Denken Sie bitte an die Urheberrechte. Genau wie für Texte gelten diese für Bilder. Sie wollen ganz sicher nicht später den oft hohen Preis für ein unerlaubt benutztes Bild zahlen!

> Erst Bilder machen aus der Folie ein visuelles Instrument.

Vermeiden Sie Abkürzungen. Die kennt selten jeder im Publikum. Nicht automatisch wird ABC mit „Activity Based Costing" gleichgesetzt, und FDL wird nicht von jedem als „Finanzdienstleister" verstanden. Formulieren Sie Ihre Überschriften kurz, knapp, knackig – maximal eine aussagefähige Zeile. Vermeiden Sie lange Texte. Stichwörter sind besser, pro Folie circa fünf Bullet Points – das kann jeder auf einen Blick erfassen.

> Keine Abkürzungen. Kurze Überschriften. Stichwörter sind besser.

Erprobte Regeln zur Gestaltung wirkungsvoller Folien

- Texte von links nach rechts, von oben nach unten schreiben.
- Texte strukturieren – Zusammengehöriges steht auch zusammen.
- Eine Kategorie = gleiche Farben, gleiche Formen.
- Positive Schrift – also dunkel auf hell – ist besser lesbar.
- Groß- und Kleinbuchstaben sind leichter lesbar.
- Gut erkennbare Schriftgröße – Punkt 16 oder mehr.
- Serifenlose Schriften sind leichter zu erkennen.
- Maximal fünf Zeilen pro Textchart.
- Effekte und Animationen nur zur Betonung der Kernaussage.
- Abkürzungen werden meist nur von Insidern verstanden – weglassen!
- Ein – aussagekräftiger – Titel pro Folie.
- Bilder – Bilder – Bilder.
- „Weniger ist mehr" – drei bis vier Minuten „Input" pro Folie = maximal zehn inhaltliche Folien.

Bild 3.2 und Bild 3.3 liefern Ihnen Beispiele für eine gut und eine weniger gelungen gestaltete Folie. Urteilen Sie selbst.

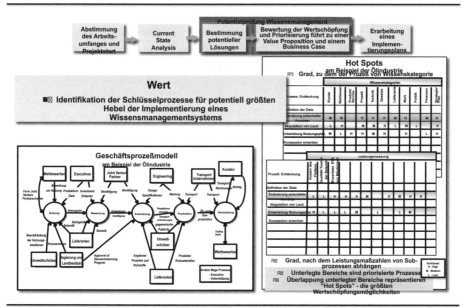

Bild 3.2 Schlechte Folie

Veränderungen gestalten – Wechselbad der Gefühle

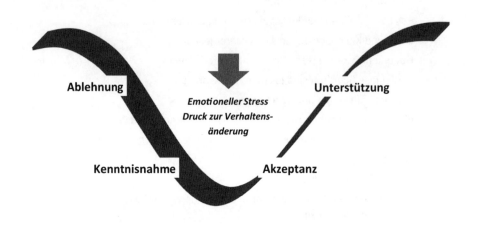

Bild 3.3 Gute Folie

In fast allen Fällen erhalten die Teilnehmenden ein Handout, zur Dokumentation, zum Nachlesen, für Notizen, noch auf Papier oder inzwischen in vielen Fällen als PDF. Niemand muss mitschreiben. Die Aufmerksamkeit richtet sich stärker auf Ihren Vortrag. Sie können bei Bedarf ergänzendes Material oder Links zu weiteren Quellen hinzufügen. Meist werden diese Unterlagen vor Beginn verteilt, jeder kann sich dann schnell einen ersten Überblick verschaffen.

> Bereiten Sie ein Handout für die Teilnehmenden vor.

Präsentation heißt auch immer Technik. Dabei steckt der Teufel nicht selten im Detail. Bei Pannen läuft der Vortragende schnell zu einem Hausmeister, Pardon, Facility Manager. Der prüft dann die Kabel und Stecker, muss gegebenenfalls den Rechner neu starten oder eine Leuchte beim Projektor auswechseln. Probieren Sie alles vorher aus, dann wissen Sie, ob und wie es funktioniert. Oder Sie können sich noch rechtzeitig Unterstützung sichern.

Checken Sie die Technik vor dem Eintreffen des Publikums.

Technik und mehr

- Checkliste für die technische Ausstattung erstellen und überprüfen.
- Räumliche Anordnung von Möbeln und Geräten klären.
- Mit der Nutzung des Raums (Schalter, Stromquellen) und
- der Geräte vertraut machen.
- Sich als Redner einen Standort suchen – nicht im Bild stehen.

Eine Fernbedienung spart Ihnen den regelmäßigen Gang ans Notebook. Aber: Laserpointer sind selten nützlich. Sie drehen den Zuhörern den Rücken zu, wenn Sie etwas auf der Leinwand zeigen, manche Vortragende bleiben dann viel zu lange mit Blick auf die Projektionsfläche stehen. Auch können die wenigsten ihre Hand wirklich ruhig halten – der Laserpunkt tanzt über die Leinwand. Oder die Hand bewegt sich zu schnell.

- Fernbedienungen sind sehr nützlich.
- Laserpointer sind meist nutzlos und lenken nur ab.

Vertrauen ist gut, Kontrolle ist besser: Lassen Sie die gesamte Präsentation einmal „durchlaufen". Prüfen Sie, ob alles wie geplant funktioniert. Sprechen Sie Ihren „Text" einmal durch, dann wissen Sie, ob Sie die Zeit gut ausfüllen. Lassen Sie eine dritte Person die Folien durchlesen, dann werden ein „oaar Schreippfehler" noch rechtzeitig entdeckt. Texten in einer fremden Sprache kann ein Muttersprachler den letzten Schliff geben.

Kontrollieren Sie die Zeit – lassen Sie den Text durch Dritte auf Fehler überprüfen.

Die Aufmerksamkeit der Zuhörer sichern

- Nie mehr als zwei „reine" Textfolien (ohne Grafiken/Bilder),
- Effekte sparsam einsetzen,
- nur eine Art Übergangseffekt,
- Interaktion mit dem Publikum,
- Medien wechseln (Flipchart, freie Rede).

3.7 Lampenfieber oder Blackout

Ein wenig Aufregung ist gut, das hält Sie wach und wachsam – zu viel schadet allerdings. Sie verlieren den Faden, stottern ... so etwas kann den besten Rednern und Präsentatoren passieren. Im Vorfeld nennt man das Lampenfieber, während des Auftritts Blackout. Das Erste ist nicht schön, das Zweite macht einen richtig schlechten Eindruck.

> **Ratschläge für den Fall des Falles**
>
> - Vorbereitung ist und bleibt entscheidend.
> - Nur Übung macht den Meister.
> - Vermeiden Sie, an Schwierigkeiten zu denken – malen Sie sich Ihren Erfolg aus.
> - Positives Denken muss (und kann) man lernen.
> - Nichts oder wenig essen und trinken.
> - Kein Alkohol, keine Tabletten oder andere Drogen.

Trotzdem können Sie zwischendrin immer noch den Faden verlieren. Schlimm genug, aber bleiben Sie ruhig. Machen Sie eine Sprechpause, wiederholen Sie den letzten Satz – laut oder in Gedanken. Oder machen Sie eine kurze Zusammenfassung. Verschieben Sie die Situation, indem Sie den Zuhörenden eine Frage stellen oder ein eigenes Erlebnis zum Besten geben. Springen Sie im Zweifel zu einer anderen Stelle im Text, oft wird das nicht einmal bemerkt. Oder Sie bekennen sich: „Entschuldigung, Sie haben es bemerkt, ich habe gerade den Faden verloren." Niemand erwartet, dass Sie vollkommen sind.

3.8 Von Siegern lernen

Seien Sie Steve im Job(s) und trumpen Sie richtig auf!

Steve Jobs wird auch Jahre nach seinem frühen Tod am 5. Oktober 2011 als die Leitfigur des gelungenen öffentlichen Auftritts bewundert und verehrt. Seine Produktvorstellungen waren weit mehr als sachliche Informationen. Ob Sie nun eine Rede halten oder eine Präsentation vortragen – in jedem Fall können Sie sich von seinen erfolgreichen Auftritten eine oder auch mehrere Scheiben abschneiden (Heuzeroth 2011, Hohensee/Kroker 2011, Isaacson 2012, James 2011, Zimmermann 2017, Gallo 2012, N. N. 2016).

Auch bei Steve Jobs (langweilig, aber wirksam) beginnt ein herausragender Auftritt mit der Vorbereitung. Auch ein „Rockstar" der öffentlichen Auftritte schlendert nicht einfach auf die Bühne und „macht sein Ding". Steve Jobs hat sich akribisch auf seine Präsentationen vorbereitet – das begann mit einem ausführlichen Skript – Inhalt, Bilder, Effekte, Details zum Auftritt und dergleichen mehr. Alles, wirklich alles wurde bis ins Kleinste geplant.

Üben, üben, üben: „Ein Prozent Inspiration, 99 Prozent Transpiration." – „Talente werden nicht gefunden, sondern geschaffen." – „Talent ist nichts ohne Übung." – „Übung macht den Meister." Diese Erkenntnis wird nicht nur von berühmten Persönlichkeiten oder dem Volksmund formuliert, sie entspricht auch dem Stand der Forschung. Auch Steve Jobs war bekannt dafür, dass er seine öffentlichen Auftritte intensiv übte. Er war kein „geborener Redner", das ist niemand. Er eignete sich die nötigen Fähigkeiten in vielen Stunden harter Arbeit an.

> Erfolg = gute Vorbereitung und intensives Üben.

Kernaussagen – Kernaussagen – Kernaussagen. „MacBook Air: the world's thinnest notebook" („MacBook Air: das dünnste Notebook der Welt" eig. Übers.) oder „iPod: One thousand songs in your pocket" (iPod: Tausend Lieder für deine Hosentasche„ eig. Übers.). Steve Jobs legte Wert darauf, die wesentlichen Eigenschaften seiner Produkte in Twitter-freundlichen (maximal) 140 Zeichen zu beschreiben. Solche Botschaften sind besser verständlich, sie bleiben besser haften und lassen sich leichter verbreiten. Es lohnt sich, die nötige Zeit für die Suche nach dem „richtigen" Satz zu investieren.

> Kernaussagen – beschreiben Sie Ihre Botschaft in einem Satz.

Machen Sie Ihre Zahlen, Daten und Fakten mit Bildern lebendig. Das MacBook Air ist dünn, sogar sehr dünn, gerade einmal 1,7 Zentimeter dick (Apple 2017). Aber: Wie dick genau sind denn eigentlich 1,7 Zentimeter? Steve Jobs sagte dazu in seiner ersten Präsentation des MacBook Air 2008: „It's so thin, it even fits inside one of these envelopes we've seen floating around the office" („Es ist so dünn, dass es sogar in einen dieser Umschläge passt, die überall im Büro herum(f)liegen" eig. Übers.). Dazu wurde ein Bild eines braunen DIN-A4-Umschlags an die Wand projiziert. Sonst nichts. So müssen auch große Zahlen übersetzt werden. 2009 verkaufte Apple beispielsweise 220 Millionen iPods. Das ist ohne Frage viel. Aber wie viel? Greifbar wird die Größe des Marktanteils, wenn Sie erfahren, dass damit drei von vier MP3-Playern aus dem Hause Apple stammen. So erläutern Sie Zahlen, so bringen Sie Ihre Botschaft „an den Mann" (und an die Frau) und so erinnert sich jeder an Ihre Aussage.

> Nur ausgewählte Zahlen, Daten, Fakten. Übersetzen Sie in Bilder oder Vergleiche.

Illustrieren Sie Ihre Aussagen. Ein Beispiel dafür ist der DIN-A4-Umschlag, das ist jedoch nur ein Beispiel. Visuelle Informationen werden besser aufgenommen und besser erinnert als das ausschließlich gesprochene Wort. Im Englischen heißt das „Picture Superiority". Suchen Sie also gezielt nach Bildern, die Ihre Aussagen sichtbar machen.

> Ein Bild sagt mehr als tausend Worte.

Auf einem Flug von Paris nach London kippte der Schauspielerin Jane Birkin ihre überfüllte Reisetasche um. Der Inhalt ergoss sich über den Kabinenboden. Jean-Louis Dumas, der Herr des Hauses Hermès, las den Inhalt auf, ganz Gentleman. Er plauderte auf dem Flug mit Jane Birkin über unpraktische Taschen wie ihre Henkeltasche aus Stroh. Wieder daheim ließ er, ganz Businessman, eine Tasche entwerfen, die den Wünschen von Jane Birkin perfekt entsprach (nach der Darstellung in Unger 2016). Ohne diese Geschichte wäre die Birkin Bag vielleicht nur eine teure Handtasche. So aber ist sie zu einem Kultobjekt geworden. „Speeches preach, stories teach" – mit einer packenden Geschichte packen Sie Ihr Publikum.

> Erzählen Sie eine Geschichte. Lassen Sie Ihre Zuhörer an einem Erlebnis teilhaben.

Die Fee im Märchen gewährt dem Glücklichen drei Wünsche, drei Eigenschaften einer Sache können wir uns am leichtesten merken – Drei ist eine magische Zahl. „Today we are introducing three revolutionary products. The first, a widescreen iPod with touch controls. The second is a revolutionary mobile phone. And the third is a breakthrough internet communicatins device." Ein iPod mit Breitbild-Display und Touchpad, ein revolutionäres Mobiltelefon und ein neues Gerät zur Kommunikation im Internet – mit diesen Worten stellte Steve Jobs am 9. Januar 2007 das neue iPhone vor. Die Zahl Drei funktioniert einfach hervorragend – sie passt am besten zu unserer kognitiven Grundausstattung.

> Konzentrieren Sie sich auf drei Elemente – drei Vorteile oder drei Merkmale.

Diese „drei revolutionären Produkte" waren in Wirklichkeit ein Gerät, nämlich das neue iPhone. Mit dieser geschickten Wendung hatte Steve Jobs einen Aha-Effekt geplant. Jede Rede, jede Präsentation kann erheblich dadurch gewinnen, dass Sie Ihre Zuhörer überraschen – sei es nur durch geschickte Effekte, unerwartete Wendungen oder – noch besser – durch überraschende Informationen und Schlussfolgerungen. Das kann ebenso gut die Lösung eines bis dahin nur ärgerlichen oder sogar bisher als unlösbar geltenden Problems sein. Das kann ein jetzt möglicher entscheidender Vorsprung vor Mitbewerbern sein. Dadurch schüren Sie Emotionen – emotionale Botschaften erzeugen mehr Aufmerksamkeit, Überraschungen merken wir uns leichter als das allgemeine Blabla einer Wie-üblich-Präsentation.

> Planen Sie Aha-Effekte ein.

Wir kaufen keine Produkte, wir kaufen Nutzen, der unsere Bedürfnisse erfüllt. Das Management genehmigt kein Projekt, genehmigt wird die Investition von Geld, um für das Unternehmen Vorteile zu erlangen. Die Frage „Was habe ich davon?" sollte immer im Mittelpunkt stehen. Beantworten Sie diese Frage immer aus Sicht Ihrer Kunden oder Zuhörer. Bedürfnisse verstehen heißt Menschen verstehen. Gute Verkäufer erkennen Bedürfnisse – und positionieren ihre Produkte dementsprechend.

> Stellen Sie den Nutzen (für die Zielgruppe) in den Mittelpunkt Ihres Vortrags.

Jeder erinnert sich daran, wie der Redner wirkte – hoffentlich sicher und engagiert, überzeugt und überzeugend. An die Argumente erinnern wir uns meist nur in Auszügen. Informationen und Situationen nehme ich besser wahr, wenn sie emotional aufgeladen vorgetragen werden. Auch erinnere ich mich besser und länger daran. Erfolgreiche Kommunikation ist immer emotionale Kommunikation. Der Erfolg von Steve Jobs als Redner beruhte zu einem nicht geringen Teil auf der emotionalen Qualität. Das begann bei der einfachen klaren direkten Sprache – kurze Sätze, anschauliche Beispiele, klare und emotional aufgeladene Wortwahl. Der unerwartete Erfolg von Donald J. Trump im Präsidentschaftswahlkampf 2016 beruhte zu einem nicht geringen Teil auf seiner Fähigkeit, seine Botschaften emotional zu formulieren und in knappen klar formulierten Worte unter das Volk zu bringen. Über die Inhalte lässt sich streiten, die Wirkung lässt sich am Ergebnis klar ablesen.

> Erfolgreiche Kommunikation ist immer emotional aufgeladene Kommunikation.

In dem Sinne: Stay hungry, stay foolish! – das sind die letzten Worte von Steve Jobs großartiger Rede (Commencement Address) vor Absolventen der Stanford University am 12. Juni 2005 (N. N. 2005). Trauen Sie sich!

■ 3.9 Literatur

Apple (2017): http://www.apple.com/de/macbook-air/– 09.01.2017

Gallo, C. (2012): „11 Presentation Lessons You Can Still Learn From Steve Jobs". In: *Forbes* vom 01.10.2012, http://www.forbes.com/sites/carminegallo/2012/10/04/11-presentation-lessons-you-can-still-learn-from-steve-jobs/print/

Hanssen, F. (2015): „Herr Reger regt sich auf". In: *Tagesspiegel* vom 19.05.2015, S. 1

Heuzeroth, T. (2011): „Der kreative Zerstörer". In: *Welt* vom 07.10.2011, S. 4 – 5

Hichert+Faisst (2017): http://www.hichert.com/Seminarprogramme/ppt_SUCCESS_Agenda_deu.pdf

Hoffinger, I. (2015): „Witz, komm raus!" In: *FAZ* vom 12./13.12.2015, C2

Hohensee, M.; Kroker, M. (2011): „Bleibt hungrig und tollkühn!" In: *Wirtschafts Woche* vom 10.10.2011, S. 56 – 68

Isaacson, W. (2012): *Steve Jobs. Die autorisierte Biografie des Apple-Gründers*. München

James, H. (2011): „Der Schöpfer". In: *FAS* vom 09.10.2011, S. 32

Loriot (2003): *Loriots Dramatische Werke*. Zürich

Minkmar, N. (2012): „Kleiner Mann, große Rede". In: *FAZ* vom 24.01.2012, S. 29

N. N. (2005): „‚You've got to find what you love,' Jobs says", In: *Stanford News* vom 14.06.2005, http://news.stanford.edu/2005/06/14/jobs-061505/

N. N. (2007): „Eine Rede muss im Stehen sitzen". In: *Lufthansa Exclusive* 5, 2007, S. 18 – 26

N. N. (2015): „Man or woman? Look at the lips". In: *udemnouvelles* vom 15.06.2015, http://nouvelles.umontreal.ca/en/article/2015/06/15/man-or-woman-look-at-the-lips/

N. N. (2016): „Die geheimen Präsentationstricks von Steve Jobs". In: *CIO* vom 09.09.2016, http://www.cio.de/a/die-geheimen-praesentationstricks-von-steve-jobs,2300866

N. N. (2017): „So gestalten Sie Präsentationen als Blickfang". In: *redenwelt.de*, http://www.redenwelt.de/rede-tipps/praesentationen.html (hier wurde praktischerweise auch gleich der Titel „Nie wieder sprachlos" von Bredemeier & Neumann als „Inspiration" genutzt)

Neumann, R.; Ross, A. (2004): *Der perfekte Auftritt*. Hamburg

Prange, S. (2012): „Die Sprachstörung". In: *Handelsblatt* vom 7./8./9.12.2012, S. 62–73

Schuchardt, D. (2017): „Nutzen Sie PowerPoint® oder haben Sie etwas zu sagen?" In: Schuchardt-Seminare, http://schuchardt-seminare.de/nutzt-du-powerpoint-oder-hast-du-was-zu-sagen/

Sentker, A. (2016): „Einfach überzeugen". In: *Zeit* vom 04.05.2016, S. 35–37

Stroh, W. (2009): *Die Macht der Rede*. Berlin, S. 25

Thomann, J. (2016): „So lacht der Rassist". In: *FAS* vom 02.10.2016, S. 20

Tucholsky, K. (1975): „Ratschläge für einen schlechten Redner". In: Gerold-Tucholsky, M.; Raddatz, F. J. (Hrsg.): *Gesammelte Werke in 10 Bänden. Bd. 8* (1930). Reinbek, S. 290 f.

Tufte, E. (2003): „PowerPoint Is Evil". In: *Wired* vom 09.01.2003, https://www.wired.com/2003/09/ppt2/

Unger, B. (2016): „Taschenliebe. 7 Monate Geduld". In: *Bilanz* Oktober 2016, S. 64–67

Wachtel, S. (2006): „Deutsche Spitzenmanager können nicht reden". In: *FAZ* vom 11.12.2006, S. 20

Zimmermann, M. (2017): „Ein Smartphone erobert die Welt". In: *Welt* vom 09.01.2017, S. 12

4 Mensch und Medien – Der öffentliche Auftritt

Das können Sie lernen

- Wie arbeitet die Presse?
- Wie arbeiten Sie am besten mit der Presse?
- Wie verhalten Sie sich in Krisen?

4.1 Im Gespräch mit der Presse

Stephan Holthoff-Pförtner, Gesellschafter der Funke Mediengruppe, ist neu als Präsident des Verbandes Deutscher Zeitschriftenverleger und muss sich als solcher unangenehmen Fragen stellen: „Sie sind seit einem Monat Präsident des Verbands Deutscher Zeitschriftenverleger (VDZ). Ihre Wahl hatte einen faden Beigeschmack: In dem Zusammenhang treten die Verlage Gruner + Jahr sowie der ‚Spiegel'-Verlag, der ‚Zeit'-Verlag und Medweth von Juni 2017 an aus dem Arbeitskreis der Publikumszeitschriften im VZ aus. Können Sie so weitermachen?" (Hauser 2016). Paul Achleitner ist alt an der Spitze des Aufsichtsrats der Deutschen Bank, hat aber mit den haarsträubenden Fehlern der Vergangenheit gar nichts zu tun. Dementsprechend antwortete er auf die Frage zu seinen Wahlchancen auf der nächsten Hauptversammlung: „Wären wir wichtige Aktionäre, wie würden Sie uns dann überzeugen? Die Deutsche Bank hat seit Ihrem Amtsantritt den Börsenwert halbiert, während sich der DAX seither verdoppelt hat." – „Zum Glück haben wir mit den wichtigsten Aktionären schon gesprochen, und die reduzieren mich nicht auf den Börsenkurs. Ganz im Ernst: Wenn ich Sie an das deutsche Recht erinnern darf – der Aufsichtsrat hat keine operative Verantwortung …" (Hank/Meck 2017).

Manche sind in den Medien und wollen es, doch manche sind in den Medien, obwohl sie es lieber vermieden hätten. Wenn Ihre Position oder Ihr Unternehmen ausreichend wichtig ist und der Anlass die entsprechende Aufmerksamkeit rechtfertigt, dann tauchen Sie allerdings unweigerlich immer wieder in den Medien auf.

Die zwei eingangs zitierten Herren hätten es vermutlich lieber vermieden, genauso wie VW-Chef Matthias Müller, der seine amerikanischen Interviewer 2016 auf der Automesse in Detroit mit der Einschätzung überraschte, dass Volkswagen nur ein technisches Problem gehabt und nicht die richtige Interpretation der amerikanischen Gesetze gefunden habe (Hawranek 2016). Weil die amerikanischen Behörden inzwischen munter VW-Manager wegen deren besonderer Interpretation der Gesetze in den USA verhaften, ist Matthias Müller vermutlich im Jahr 2017 dieser wichtigen Veranstaltung ferngeblieben (Vetter 2017).

Andere sind gerne in den Medien und tun dort entsprechend bereitwillig ihre Meinung kund. Sie haben nämlich Großes zu verkünden. So stand Bayer-Chef Werner Baumann gerne Rede und Antwort zur geplanten Fusion mit Monsanto. Er ist nämlich überzeugt davon, dass es „Ein guter Deal für die Welt" (Meck 2016a) ist, und das soll jeder wissen. Reinhard Ploss, Vorstandschef von Infineon, hat 2017 wieder die Elektronikmesse CES in Las Vegas besucht und es auch sehr genossen: „Das ist jetzt wie eine Automesse" und „Ohne Infineon wird sich kein Fahrzeug autonom bewegen können" stellt er selbstbewusst fest (Lindner 2017).

Für wen interessieren sich die Medien und warum? Interessant sind Sie immer dann, wenn Sie eine entsprechend wichtige Position bekleiden. Damit sind die Vorstandschefs großer und wichtiger Unternehmen automatisch gesetzt. Gesetzt sind Sie auch, wenn Sie zu einem aktuellen Thema passen – Frauen in Führungspositionen sind in den letzten Jahren fast immer eine Meldung wert (Schießl 2017), ebenso wie Unternehmen aus dem Start-up-Sektor, ob Sie nun lediglich Essen ausliefern und Bekleidung oder ob Sie eine technisch tatsächlich revolutionäre Idee entwickelt haben. Sie sind drin, wenn Sie etwas Gutes tun, wie das Unternehmen Tommee Tippee, das ein besonderes Tassenmodell für einen autistischen Jungen nachproduzieren lässt (Wienand 2016), oder mit einer weniger guten Aktion auffallen wie die Sparda-Bank in Hannover, die zukünftig Münzgeld nur noch in zwei Filialen annehmen wird (Gnirke/Böcking 2017). Irgendwie muss der Kunde doch schließlich zu unternehmensfreundlichem Verhalten erzogen werden.

Die (gewünschte) Präsenz in den Medien ist eine tolle Sache, weil Sie dadurch Ihr Publikum unmittelbar und noch besser als durch Werbung erreichen. Und selbst in schwierigen kommunikativen Situationen kann Ihnen der Weg über die Medien die Chance geben, Ihre Sicht der Dinge verständlich und sympathisch zu erläutern.

Anfragen von Medien sind auch darum meist eine gute Sache, weil Sie so Einfluss auf das nehmen können, was über Sie und Ihr Unternehmen geschrieben wird. Medien sind ein Sprachrohr, um Ihre Botschaft bei Ihrer Zielgruppe zu platzieren.

> Presseanfragen sind immer eine Chance.

Aber dafür müssen Sie erst einmal reinkommen. In die Medien nämlich. Warum treten bestimmte Menschen in den Medien auf, andere dafür nie, obwohl sie es bestimmt genauso verdient hätten? Bekannte Menschen haben es einfach deswegen leichter, weil sie qua Prominenz oder Amt immer gute Lieferanten für Berichte sind. Neben diesen Personen finden vor allem „Experten" den Weg in die Medien – Spezialisten, Berater, Wissenschaftler oder Künstler, die als geeignet für Aussagen zu bestimmten Themen befunden werden.

Sie werden bevorzugt dann für Journalisten interessant sein, wenn Sie „für ein Thema" stehen. Vielleicht haben Sie ein Buch zum Thema geschrieben (mein verzweifelter Versuch), vielleicht haben Sie einen Preis erhalten oder Sie werden empfohlen. Ein gewisser Bekanntheitsgrad in den sozialen Medien wie Twitter, Facebook, YouTube oder in Themenforen kann helfen. Journalisten recherchieren dort inzwischen recht eifrig. Manchmal schreiben Journalisten dann auch einfach über die Stars in den sozialen Medien, beispielsweise über YouTube-Stars wie die Lochis, Dagi Bee oder Bibi (Reinbold 2015). Ganz einfach machen es sich die Medienschaffenden, wenn sie andere Journalisten als Experten interviewen, nur weil diese sich für eigene Berichte mit Recherchen zum Thema hervorgetan haben.

> Interessant für die Medien: klare Positionierung.

Es gibt zwei weitere wichtige Gründe: Journalisten brauchen erstens für ihre Berichte Menschen, die verfügbar sind. Recherche ist mühsam, zeitaufwendig und findet häufig unter großem Druck statt. Dann werden Menschen geschätzt, die erreichbar sind, wenn man sie braucht. Und zweitens werden Gesprächspartner geschätzt, die ihre Expertise oder auch nur ihre Meinung kurz und bündig auf den Punkt bringen. Sie müssen imstande sein, auch komplizierte Zusammenhänge für ein Laienpublikum verständlich zu erklären. Und zwar in wenigen Worten. Sie müssen bereit sein, Position zu beziehen, auch „wenn man das in dieser Angelegenheit so leicht nicht sagen kann". Pointierte Meinung zählt mehr als differenzierte gewundene Erklärungen, die von „Ja, aber…" bis zu einem mutigen „Jein…" reichen.

> Interessant für die Medien: pointiert und verfügbar.

Solche Partner suchen die Medien. Wenn Sie dann ein paarmal „an der richtigen Stelle" auftauchen, dürfen Sie sicher sein, auch in Zukunft öfter gefragt zu werden. Nicht selten sogar weit über den Rahmen Ihrer eigentlichen Expertise hinaus.

> **Interessant für die Medien**
>
> - Klares Profil/Sichtbarkeit – was können Sie?
> - Image/Marke – zeigen Sie „Persönlichkeit"?
> - Pointierte Meinung/klare Positionierung – beziehen Sie klar Position?
> - Statements/Soundbites – formulieren Sie prägnante Kernaussagen?
> - Erreichbarkeit – dann, wenn Sie gebraucht werden?

Es gibt viele Wege, Ihre Marke zu gestalten – mehr dazu finden sie in dem Kapitel zu Charisma und Authentizität. Wählen Sie auf jeden Fall eine Marke, mit der Sie sich wohlfühlen und die Sie auch längere Zeit durchhalten. Marke bedeutet immer eindeutig und über längere Zeit.

> **Interessant für die Medien: Marke = aktives Image Shaping.**

Allerdings ist es wesentlich häufiger, dass Journalisten einfach Informationen zu einem Thema benötigen. Vielleicht wollen sie von einem Experten wissen, wie genau § 17 Absatz 3 von Ihrer Dienststelle ausgelegt wird, oder sie wollen sich die Funktionsweise eines Turboladers verständlich erläutern lassen. Solche Informationen benötigen Journalisten, weil sie oft genug über Themen schreiben (müssen), für die ihnen der (fachliche) Überblick fehlt. Oder weil es für den Beitrag wichtig ist, das Thema aus unterschiedlichen Perspektiven zu beleuchten (Gerke 2008).

■ 4.2 Richtig verhalten im Kontakt mit Medien

Wenn Sie mit Medien in Kontakt kommen, haben Sie sich also entweder selbst darum bemüht oder man kommt auf Sie zu – mit der Bitte um Auskünfte, ein Statement oder mehr. Das ist auf der einen Seite gut. So können Sie einen ersten Kontakt zu Journalisten herstellen und werden dann mit größerer Wahrscheinlichkeit wieder angesprochen, wenn es darum geht, den Gesprächspartner durch ein Zitat oder gar durch ein Interview auch „sichtbar" zu machen. Journalisten lieben den O-Ton. Auf der anderen Seite sollten Sie als Mitarbeitender in einem Unternehmen immer zuerst mit dem Pressesprecher Kontakt aufnehmen. Aufgrund Ihres Arbeitsvertrags sind Sie meist ohnehin dazu verpflichtet, und außerdem kann Ihnen eine versierte Presseabteilung viel besser einen Weg durch das vielleicht doch weniger vertraute Gestrüpp der Medien bahnen. Häufig kennt man dort auch die journalistischen Ansprechpartner und kann Sie im Falle des Falles besser für das anstehende Gespräch vorbereiten. Gespräche zu „schwierigen" Themen sollten ohnehin immer in Anwesenheit des Pressesprechers geführt werden.

> Stimmen Sie sich immer mit der Presseabteilung Ihres Unternehmens ab.

Gute Journalisten haben ihr Handwerk gelernt und wissen, wie man aus bloßen Informationen „interessante" Meldungen macht. Da werden Sie im Gespräch immer wieder auch die eine oder andere Überraschung erleben. Unter Umständen stellt die Presse Fragen, die Sie nicht erwartet hatten, oder die Medienleute wissen mehr, als sie eigentlich wissen dürften. Gezielte Indiskretionen können die Ursache sein. Dann geraten Sie wahrscheinlich in ziemliche Verlegenheit. Ein medienerfahrener Pressesprecher auf Ihrer Seite kann der rettende Anker sein.

Fragen Sie in jedem Fall vorab, um welches Thema es sich handeln soll. Auch Sie möchten sich schließlich vorbereiten. Seriöse Journalisten geben Ihnen diese Information. Sonst lassen Sie es lieber. Wenn das Thema in Ordnung ist und Sie dem Thema gewachsen sind, können Sie einfach mit dem Journalisten sprechen. Überlegen Sie allerdings im Vorfeld, was Sie sagen wollen. Ihre Erläuterungen sollen kurz und verständlich sein, Sie brauchen ein paar knackige Kernaussagen, zwei oder drei Schlüsselzahlen und ein paar gute Beispiele. Ohne Vorbereitung ist die Chance deutlich geringer, dass Ihnen im Gespräch gerade das Richtige einfällt.

> Bereiten Sie sich gezielt vor: verständliche Erklärungen, Kernaussagen, Beispiele, Zahlen, Daten, Fakten.

Machen Sie sich ebenso im Vorfeld klar, über welche Aspekte des Themas Sie sprechen wollen, bei welchen Fragen Vorsicht geboten ist und über welche Aspekte Sie auf keinen Fall reden wollen. Sie sollten Bescheid wissen über das, was Sie sagen. Gute Journalisten recherchieren hin und wieder und überprüfen Aussagen auf ihre Richtigkeit hin. Das ist in unserem „postfaktischen" Zeitalter ein echtes Qualitätsmerkmal. Also lassen Sie sich nicht bei einer Lüge oder falschen Informationen ertappen. Andererseits müssen Sie aber keineswegs alles sagen, was Sie über einen Sachverhalt wissen oder zu wissen glauben. Lassen Sie sich nicht zu ungewollten Aussagen verleiten.

> Legen Sie fest, über welche Aspekte des Themas Sie sprechen wollen.
> Und welche Fragen Sie auf jeden Fall nicht beantworten werden.

In der Regel werden die Medienvertreter als Partner auftreten – der Medienkontakt ist ein für beide Seiten gutes Geschäft: Journalisten verfügen nach einem Gespräch über wichtige Informationen, Sie bekommen hin und wieder Publicity. Seien Sie freundlich und manchmal auch geduldig, Journalisten sind selten Experten, darum sprechen diese ja mit Ihnen. Journalisten sind Kunden für Informationen. Darum stellen sie Fragen. Wenn Sie eine professionelle Grundeinstellung zeigen, wird der Kontakt besser und die Chance auf wiederholte Medienkontakte steigt.

Journalisten werden auch nicht unbedingt schreiben, was Sie ihnen in die Feder diktieren. Medienmenschen haben eine eigene Meinung und bringen die im Artikel auch zum Ausdruck. Unterschiedliche Journalisten schreiben darum über ein und denselben Sachverhalt auch mit verschiedenem Tenor, gerade das macht unsere Medienlandschaft so interessant und abwechslungsreich.

> Journalisten stellen viele Fragen – schreiben aber ihren eigenen Artikel.

Führt jedes Gespräch mit der Presse zu einem Beitrag? Nein, oft genug geht es nur um Informationen. Manchmal wird ein Artikel auch gekürzt oder ein Beitrag, obschon fertig und für gut befunden, wird aus Gründen der Aktualität gegen einen anderen ausgetauscht. Die Produktion von Medien ist ein sehr dynamisches Geschäft. Die Aktualität von jetzt kann den spannenden Beitrag zum gerade eben noch spannenden Thema leicht verdrängen. Wenn der Kontakt aber gut war, wird der Journalist beim nächsten Mal wieder auf Sie zukommen. Gute Kontakte pflegt auch die Presse.

> Nicht jeder Kontakt mit einem Journalisten führt zur Erwähnung in den Medien.
> Pflegen Sie Ihre Kontakte trotzdem.

4.3 Bedürfnisse der Journalisten

Journalisten handeln auch unternehmerisch – ihre Kunden sind die Leser. Zeit und Platz in den Medien ist knapp, je besser also der Beitrag, desto größer auch die Chance des Journalisten, ihn zu platzieren. Das bedeutet Geld oder Karriere. Journalisten werden (auch) dafür bezahlt, dass sie kritische Fragen stellen und im Umfeld recherchieren.

Deadlines sind immer heilig – Journalisten arbeiten darum unter enormem Zeit- und Qualitätsdruck. Jede Redaktion wird mit Nachrichten, Presseinfos und Fotos überschwemmt. Darum „schaffen" es nur Meldungen mit hohem Nachrichtenwert oder besonderem Inhalt.

Erwarten Sie von Journalisten hohe journalistische Kompetenz, aber kein Fachwissen in Ihrem Fachgebiet. Setzen Sie weder tief greifendes Verständnis noch qualifiziertes Urteilsvermögen voraus. Die weitaus meisten Journalisten sind nicht „vom Fach". Wenn sie es doch einmal studiert haben, ist die letzte eigene berufliche Erfahrung meist Lichtjahre entfernt. Helfen Sie also den Journalisten, Ihr Metier zu verstehen.

Eine faire Partnerschaft entsteht dann, wenn ich die Bedürfnisse meines Gegenübers erkennen und dabei Unterstützung bieten kann. Journalisten brauchen Informationen. Darum werden sie nur gerne und länger mit Ihnen arbeiten, wenn Sie diese Informationen liefern. Nicht alle, aber wenigstens ein paar wichtige. Nicht zu jeder Frage, aber zu den meisten.

Informationen müssen verlässlich sein. Sonst verlieren Sie Ihren Wert als Quelle. Also erzählen Sie keine Lügen oder Halbwahrheiten. Sie schaden Ihrem Ruf, und der Journalist hat die doppelte Arbeit. Auch wird es irgendwann bemerkt, weil Journalisten Informationen gelegentlich nachprüfen. Oder andere Quellen hinzuziehen. Und wenn Sie dann noch besondere Informationen liefern, dürfen Sie ganz sicher sein, dass sich jemand an die Recherche macht. Wenn Sie einmal nichts sagen dürfen oder wollen, formulieren Sie das ganz offen. Jürgen Todenhöfer ist ein solcher Fall. Der frühere CDU-Politiker ist seit Längerem als Publizist tätig. Als Letztes veröffentlichte er das reißerisch vermarktete Buch *Inside IS – 10 Tage im „Islamischen Staat"*. Darin berichtet er von sensationellen Interviews mit Kommandeuren aus dem al-Qaida-Umfeld. Diese Darstellung wurde von mehreren seriösen Journalisten überprüft, weitgehend in Zweifel gezogen und (allem Anschein nach) widerlegt. Merke: Je weiter man den Kopf rausstreckt, desto eher wird er abgeschlagen (Hackensberger 2016). Die jahrzehntelange Karrierelüge der SPD-Bundestagsabgeordneten Petra Hinz – Abitur, Jurastudium und zweites Staatsexamen – blieb lange verborgen. Im August 2016 kam dann doch alles ans Tageslicht (Thimm 2017).

Journalisten haben häufig Zeitnot. Sie müssen schnell aktuell produzieren. Darum seien Sie flexibel erreichbar, geben Sie entweder schnell Informationen oder stimmen Sie einen Zeitpunkt ab, zu dem Sie liefern können. Wenn das dann nicht geht, sagen Sie bitte rechtzeitig Bescheid.

Geben Sie werthaltige Informationen. Der Anzeigenteil oder Werbeblock ist in der Regel abgesetzt vom Inhalt, dort können Sie genau das mitteilen, was Sie wollen, das kostet allerdings Geld. Informationen für Journalisten müssen als Nachricht verwertbar sein – besonders neu, besonders interessant, erstaunlich groß oder klein –, Informationen mit Nachrichtenwert also. Und, wie bereits gesagt, Journalisten recherchieren und hinterfragen. Abstand zu Ihrer persönlichen Meinung ist also ein Qualitätsmerkmal.

> Journalisten brauchen gute schnelle relevante Informationen.

■ 4.4 Ihre Erwartungen an Journalisten

Wir haben schon festgestellt, dass der Kontakt zu Journalisten ein Geschäft auf Gegenseitigkeit begründet. Darum dürfen Sie Ihrerseits faires und professionelles Verhalten von Journalisten erwarten.

Fragen Sie, mit wem Sie sprechen, für welche Redaktion die Arbeit geleistet wird, um welche Themen es geht, für welches Medium der Beitrag gedacht ist, zu welchem Termin das Format erscheint. Die Mehrheit arbeitet mit offenem Visier. Wenn Sie diese Informationen nicht erhalten, lehnen Sie ab. Wenn Sie nicht sicher sind, ob alles seine Richtigkeit hat, überprüfen Sie die Angaben, beispielsweise durch einen Anruf in der Redaktion.

> Stellen Sie fest, mit wem Sie sprechen werden.

Vorsicht: Einige wenige Journalisten neigen dazu, ihren beruflichen Status zu missbrauchen. So hatte ich beispielsweise vor nicht langer Zeit mit einem Fall zu tun, in dem ein Journalist aus der Redaktion eines politischen Fernsehmagazins einem Finanzdienstleister mit kritischer Berichterstattung drohte. Er wollte damit für einen persönlichen Freund in einer großen finanziellen Klemme eine Lösung erwirken. In den meisten Fällen kann man solche „Missionen" durch Kontakte mit der Chefredaktion schnell beenden.

Seriöse Journalisten schützen ihre Quellen. Das ist selbstverständlich und in Deutschland auch möglich. Aber nicht jede Information ist geheim, und für einen guten Beitrag ist gerade die Nennung von Ross und Reiter ein Wert an sich. Schließlich ist ein mit Namen genannter Experte mehr wert, als wenn es nur kryptisch heißt: „Wie aus dem Unternehmen XY verlautete …" Überlegen Sie also genau, wann es vertraulich werden muss. Machen Sie das dann vor allem auch deutlich. Journalisten gehen sonst davon aus, dass sie Informationen so, wie erhalten, auch verwenden können. Ist allerdings erst einmal Vertraulichkeit vereinbart, können Sie sich in aller Regel darauf verlassen. Wenn Sie den Partner nicht gut kennen, testen Sie die Verlässlichkeit besser erst einmal mit einer weniger brisanten Information.

> Was gesagt wird, kann auch gedruckt werden.

Den letzten Nagel zu seinem politischen Sarg lieferte der französische Präsident François Hollande selber, indem er zwei Journalisten der Zeitung *Le Monde* an seinen intimsten Gedanken teilhaben ließ. Er beschrieb die dem linken Flügel seiner Partei zugerechneten Mitglieder als eine Menge Idioten, die liquidiert gehörten; dem Parlamentspräsidenten attestierte er das Fehlen jeglichen Charismas, und er berichtet von einem vertraulichen Telefonat mit dem russischen Präsidenten Wladimir Putin, in dem ihn dieser auf dem letzten Höhepunkt der Griechenlandkrise darüber informiert habe, dass die Griechen in Russland Drachmen drucken lassen wollten. Das Buch von Fabrice Lhomme und Gérard Davet über diese Hintergrundgespräche trägt denn auch den schönen Titel *„Un président ne devrait pas dire ça …"* – „Ein Präsident sollte so etwas nicht sagen …" (Minkmar 2016). „Frankreichs Präsident hat politisches Harakiri begangen." So oder ähnlich resümiert die Presse (Meister 2016).

Sie dürfen also darauf bauen, dass Journalisten das berichten, was ihnen mitgeteilt wurde. Sie werden allerdings nicht immer alles schreiben, was besprochen wurde. Und Sie werden den Artikel auch nicht vor Erscheinen zur Korrektur erhalten. Üblich ist in den meisten Fällen eine Abstimmung wörtlicher Zitate. Bei Interviews haben Sie in der Regel vor Erscheinen die Gelegenheit zur Prüfung und gegebenenfalls zur Korrektur. Seien Sie fair, entstellen Sie nicht den Sinn Ihrer Antworten im Nachhinein.

> Sie dürfen Offenheit, Fairness und – wo vereinbart – Vertraulichkeit erwarten.

Wenn Sie grobe Schnitzer entdecken, suchen Sie das Gespräch mit dem Journalisten. Vielleicht war es nur ein Missverständnis, das sich im Nachhinein klären lässt. Wenn Ihr Gesprächspartner unzugänglich ist, sprechen Sie mit dem Chef vom Dienst oder mit der Chefredaktion. Auf dieser Ebene lässt sich fast alles klären. Wenn Ihnen durch falsche Berichterstattung tatsächlich Schaden zugefügt wurde und die Redaktion nicht zu einer Richtigstellung oder Wiedergutmachung bereit ist, sollten Sie einen versierten Fachanwalt in Anspruch nehmen. Er wird Sie über Ihre rechtlichen Möglichkeiten aufklären und entsprechend begleiten können. Nicht selten ist eine Redaktion einsichtiger, wenn klar wird, dass Sie es ernst meinen. Das sollte allerdings nur das letzte Mittel sein.

■ 4.5 (Hintergrund-)Gespräch – Der häufigste Kontakt

In den weitaus meisten Fällen benötigt ein Journalist ein paar Informationen zu einem Thema, oder er möchte die erhaltenen Informationen überprüfen beziehungsweise mit einer anderen Sichtweise vergleichen. Dann wird er Sie kurz anrufen und um Informationen oder eine Stellungnahme bitten. Wenn Sie schnell und gut liefern, ist damit eine ordentliche Basis für weitere Kontakte entstanden. In dem entsprechenden Beitrag werden Sie vermutlich keine Erwähnung finden.

Wenn Journalisten umfangreicher recherchieren, werden Sie um ein (Hintergrund-)Gespräch gebeten. Da geht es dann meist um mehr als nur eine eng umrissene Fragestellung. Auch das (Hintergrund-)Gespräch führt nicht unbedingt zu einem Beitrag, in dem Sie erwähnt werden. Und wenn doch, dann kann es bis zum eigentlichen Beitrag eine gewisse Zeit dauern.

> Nicht jedes Gespräch mit Journalisten führt zu einem Bericht.

Trotzdem ist ein solches Gespräch ein hervorragendes Fundament, um weiterhin in Kontakt zu bleiben und die Beziehung womöglich auszubauen. Bereiten Sie sich also neben Ihren Themen gründlich auf den Gesprächspartner vor.

> **Gespräche mit Journalisten gut vorbereiten**
> - Wer ist Ihr Gesprächspartner?
> - Für welche Medien arbeitet er?
> - Welche anderen Beiträge hat er bereits veröffentlicht? – Mit welchem Tenor?
> - Wer ist die Zielgruppe des Beitrags?

- In welchem Kontext findet das aktuelle Gespräch statt?
- Wie viel Zeit ist eingeplant?
- Welche Erwartungen hat der Journalist?

Stellen Sie das Gespräch auf eine partnerschaftliche Basis – behandeln Sie den Journalisten mit Respekt und Fairness. Doch Vorsicht! Egal, wie sympathisch er Ihnen ist, egal, wie kumpelhaft Ihr Partner von der Presse auftritt – er wird seinen Job machen! Werden Sie also nicht kumpelhaft oder vertraulich, wahren Sie Ihre Geheimnisse. Machen Sie es ihm aber leicht und angenehm, mit Ihnen zu sprechen. Geben Sie benötigte Informationen und seien Sie ehrlich – machen Sie deutlich, wenn Sie zu einzelnen Aspekten keine Informationen geben können oder dürfen. Formulieren Sie einfach, verständlich und mit klaren Kernaussagen. Journalisten lieben ein paar knackige Zahlen oder gute Beispiele – seien Sie darauf vorbereitet. Vermeiden Sie Fachbegriffe und Fremdwörter – wenn das nicht geht, erläutern Sie deren Bedeutung.

4.6 Interview – Das besondere Format

Ein Interview bedeutet immer, einem oder zwei Journalisten Rede und Antwort zu stehen. Im einfachsten Fall ist das die Bitte um einen O-Ton zu einem Thema. Das kann am Telefon stattfinden oder am Rande einer Veranstaltung. Nehmen Sie sich ein paar Sekunden Zeit zum Nachdenken, und dann geben Sie ein kurzes knappes Statement ab. Ganz im Sinne der schon vorgestellten Kernaussage: kurz, prägnant, informativ und emotional, positiv formuliert. Wenn Sie nichts zu sagen haben, verzichten Sie besser auf einen Kommentar. Es ist generell gut, zu grundsätzlichen Themen Ihres Unternehmens oder Fachgebiets Kernaussagen vorbereitet zu haben. Wenn diese gut abgestimmt sind, sollte nichts schiefgehen.

Bereiten Sie Statements zu Ihren „wichtigen" Themen vor.

Was auch immer Sie sagen – Verständlichkeit ist oberstes Gebot. Dafür gilt: Kurz, konkret, aktiv und positiv ist besser. Bedienen Sie sich der Alltagssprache.

Machen Sie Ihren Standpunkt deutlich. Ein gutes Statement dauert circa 30 Sekunden. Das sind drei bis fünf eher kurze Sätze, in angemessenem Tempo gesprochen. Das ist nicht viel, aber es muss reichen. Sie können einen Vergleich oder eine prägnant formulierte Zahl unterbringen. Die bereits dargestellten Argumentationsfiguren bieten gute Ansätze für die Form eines Statements.

Die Kür des Statements ist der Soundbite – ein Satz, der alles sagt, bildhaft und knackig. „Wir wollten Ihnen die Perspektive unserer Wettbewerber verdeutlichen", ruft Dieter Zetsche auf der 2017er-Autoshow in Detroit dem Publikum zu. Mit diesen Worten erklärt er, warum die neuen Modelle mit den Rücklichtern zum Publikum geparkt sind (Beutelsbacher/Doll 2017). Mit dem Satz „Wir haften bis zum letzten Hosenknopf" illustriert Hans-Walter Peters, persönlich haftender Gesellschafter der Berenberg Bank, sein Risiko im Bankgeschäft (Ritter 2013). „It's about right and wrong" („Es geht um Recht gegen Unrecht" eig. Übers.) – dieser Satz aus Michelle Obamas Rede in New Hampshire wird in Erinnerung bleiben (N.N. 2016).

> Ein guter Soundbite ist nicht zu übertreffen.

Wenn Sie ausreichend „wichtig" sind und Ihr Unternehmen gerade mit einer wichtigen Entwicklung hervorgetreten ist oder Sie ein „richtiges" Problem wie der DFB oder Volkswagen haben, dann rechnen Sie besser mit einem überfallartigen Interview von Pressevertretern. Sobald man Ihrer habhaft werden kann, nutzen Journalisten ihre Chance. Umso besser sollten Sie vorbereitet sein.

Die Presse liebt knackige Antworten auf kritische Fragen. So erwiderte Fedor Radmann, eine graue Eminenz hinter Franz Beckenbauer, auf Fragen nach Schmiergeldzahlungen vor dem „Sommermärchen" 2006: „Hundertprozentig nicht – außer es wäre an mir vorbeigegangen." Der Schalker Manager Horst Heldt kommentierte einen Vorschlag der FIFA mit den Worten: „Sind die nicht alle im Gefängnis?" (Beck 2016). Sie müssen allerdings entscheiden, ob Sie ausreichend unabhängig sind, um sich derartige Sottisen zu leisten.

Seien Sie vorsichtig mit Ihrer Wortwahl – negative oder „arg dralle" Formulierungen werden von Journalisten gerne als Überschrift für das ganze Interview verwendet. Das beginnt bei dem beleidigt klingenden Satz „Auch Diebe und Hehler müssten vor die Justiz" (Bünder/Jahn/Stetzner 2009) von dem damaligen Vorstandsvorsitzenden der Deutschen Post AG, Klaus Zumwinkel, anlässlich seiner millionenschweren Steuerhinterziehung (das Metier ist nicht nur Präsidenten von Fußballvereinen vorbehalten – und beleidigt ist in der Tat jeder, wenn man ihm draufkommt). Bernhard Schreier, Vorstandsvorsitzender der Heidelberger Druckmaschinen AG, kommentierte den doch arg bedrängten Zustand seines Unternehmens mit dem Satz „Wir sind kein Sanierungsfall" (Gillmann/Koenen 2008) und legt damit nahe, dass genau das vielleicht doch stimmt. Eine vergleichbare Wirkung erzielt der italienische Finanzminister Carlo Padoan, wenn er behauptet: „Italiens Bankensystem ist nicht in der Krise" (Reuscher 2017).

Generell wirkt das Dementi immer eher wie eine Bestätigung des kritisch angesprochenen Sachverhalts. „Eine Trennung von Chrysler ist für uns kein Thema"

(Dieter Zetsche) – „Es gibt kein Risiko. Die Unsicherheiten im amerikanischen Hypothekenmarkt haben auf das IKB-Engagement praktisch keine Auswirkung" (IKB-Chef Stefan Ortseifen) – „Mit der CDU wird es nicht Mindestlöhne geben, die Arbeitsplätze vernichten und Wettbewerbe aushebeln" (Angela Merkel) – all diese Sätze (Meck 2007) ähneln doch zu sehr der „Mutter aller Dementis" „Niemand hat die Absicht, eine Mauer zu errichten" von Walter Ulbricht anlässlich einer Pressekonferenz am 15. Juni 1961 (Bundesregierung 2017). Zwei Monate später war die Mauer gebaut. Und auch die Aussagen der anderen Zitierten waren kurze Zeit später Makulatur.

Wenn es Probleme gibt, gestehen Sie diese lieber ein. Man kommt Ihnen ohnehin früher oder später drauf. Wenn alles in Ordnung ist, formulieren Sie den tatsächlichen Sachverhalt, dann aber bitte positiv.

> Statements und Kernaussagen müssen positiv formuliert sein.

Ein „richtiges" Interview bedeutet, dass die Journalisten sich mit Ihnen zu einem ausführlichen Gespräch aus gegebenem Anlass zu einem Thema oder zu einem „Rundumschlag" zusammensetzen. Ihnen werden dann Fragen gestellt, und die Presse erwartet, dass Sie diese beantworten. In kürzerer Form findet das Gespräch mit meist nur fünf bis zehn Fragen am Telefon statt. Wegen des Zeitdrucks ist das Telefoninterview weitaus häufiger.

Wenn Sie Zeit haben, bereiten Sie sich darauf ausreichend vor. Sie sollten schon etwas zu sagen haben, und Sie sollten wissen, was Sie sagen wollen. Sonst wird das ganze Interview zu einem banalen Austausch von Worten: F: „Was ist Ihre Idee, damit es nach vorne geht?" A: „Ganz einfach. Das zu tun, was wir uns vorgenommen haben, unsere Pläne konsequent umzusetzen. Das passiert nicht von heute auf morgen, sondern ist ein langjähriger Prozess. Dem stellen wir uns, relativ unaufgeregt." Aha. Eine überzeugende Strategie. Noch eine weitere Kostprobe gefällig? F: „Die Deutsche-Bank-Eigentümer sind heute ärmer als vor 20 Jahren." A: „Das ist nicht zu leugnen und wir arbeiten alle daran, diesen Trend umzukehren." So weit Paul Achleitner zur aktuellen Lage und zur Zukunft der von ihm immerhin seit dem 31. Mai 2012 beaufsichtigten Deutschen Bank (Hank/Meck 2017). Wer danach mehr weiß, muss ein Genie oder ein Hellseher sein.

> Im Interview machen Sie konkrete Aussagen. Das wird erwartet.

Wenn man Sie unangekündigt am Telefon interviewen will, handeln Sie 15 oder 20 Minuten Bedenkzeit aus. Sammeln Sie sich, sortieren Sie Ihre Gedanken und bereiten Sie sich vor. Ziehen Sie gegebenenfalls Ihre Presseabteilung hinzu, zur Not kann die Ihnen noch ein paar Stichworte oder Beispiele liefern.

Rundfunk oder Fernsehen kündigen sich – außer in Krisen – immer an, machen Ort und Zeit aus. Das ist durch die Logistik dieser Medien bedingt. Sie können sich also in Ruhe einstimmen und vorbereiten. Machen Sie nach Möglichkeit einen Probelauf mit Ihren hauseigenen Medienleuten oder mit einem externen Partner.

> Vorbereitung ist das A und O eines guten Interviews.

Am besten trainieren Sie im Vorfeld mit einem erfahrenen Partner und in einem Kontext, der ganz auf Ihre Situation zugeschnitten ist. Beispiele wie unsere Bundeskanzlerin Dr. Angela Merkel oder der Vorstandsvorsitzende der Deutschen Post Dr. Frank Appel sind für Sie nur bedingt lehrreich. Sie sind nicht in deren Rolle, meist auch weniger prominent, und Sie wollen in Ihren Interviews ganz andere Ziele erreichen.

Wie wollen Sie wirken? Welches sind Ihre Botschaften? Wie können Sie die am besten vermitteln? Darauf müssen Sie hinarbeiten und darauf muss Ihr Training zugeschnitten sein. Alles andere macht oft einen tollen Eindruck, ist aber nur bedingt hilfreich.

Lernen und üben Sie, Ihre Aussagen nach journalistischen Kriterien aufzubauen und dabei eine gute Figur zu machen. Das ist schwer genug. Grundsätzlich gilt all das, was wir in unserem Buch in den Kapiteln zu Auftritt und Wirkung, Charisma und Argumentation besprechen. Das gilt es im Training noch auf die spezielle Mediensituation zuzuschneiden.

> Üben Sie Ihre Interviewantworten

■ 4.7 Das Besondere an Rundfunk und Fernsehen

Sie sprechen zwar mit einem oder mehreren Journalisten, allerdings richten Sie sich letztendlich an all die Menschen, die Sie hören oder sehen werden. Die eigentliche Kommunikation ist also eher indirekt und nicht wirklich interaktiv. Denken Sie bei Ihrer Vorbereitung also eher an das „eigentliche" Publikum und weniger an den Journalisten. Was wollen Sie dem Publikum mitteilen, was wollen Sie erreichen? Welche Beispiele, welche Zahlen, Daten und Fakten sind geeignet? Wie können Sie Ihre Botschaften für alle, für wirklich alle verständlich formulieren? Wie wollen Sie auftreten – mit welchen Attributen Ihrer Marke erreichen Sie die höchste Punktzahl?

Bereiten Sie sich gründlich vor, lassen Sie Dritte Ihre Botschaften prüfen, bereiten Sie sich auf Fragen und Antworten vor – auch auf kritische Fragen, machen Sie ein paar Übungsdurchläufe.

Checken Sie den Rahmen, in dem das Interview stattfindet – Studio, allein oder mit mehreren, im Stehen oder im Sitzen, live oder Aufzeichnung? Bereiten Sie sich gründlich auf Ihren Interviewpartner vor – wie agiert dieser Mensch im Gespräch, welche Fragen stellt er gerne, neigt er zu Überraschungen?

> Nur mit gründlicher Vorbereitung kann ein Auftritt in Rundfunk oder Fernsehen gelingen.

In vielen Interviews werden auch ein paar kritische Fragen gestellt. Das hat den einen Grund, dass es kaum tadellose Personen oder Unternehmen gibt, und das Publikum erwartet, dass auch der eine oder andere offensichtlich schwierige Aspekt thematisiert wird. Der andere Grund ist der, dass Journalisten als Vertreter der „vierten Gewalt" gerne zeigen, dass sie gut informiert sind und sich nicht so einfach um den Finger wickeln lassen.

Betrachten Sie Ihre Angelegenheit durch die andere Seite der Linse und überlegen Sie gezielt mögliche kritische Fragen – zu Ihrer Person, zu Ihrem Unternehmen oder zu einem Produkt. Und dann überlegen Sie sich kurze konkrete Antworten. Antworten, die weniger Sie selber, sondern Ihre Zuhörer zufriedenstellen. Zu den möglichen Techniken bei der Beantwortung kritischer Fragen finden Sie alle wichtigen Informationen im Kapitel zur Argumentation.

> Bereiten Sie sich besonders auf kritische Fragen – und „gute" Antworten – vor.

Hier ein Beispiel mit einer kleinen Auswahl kritischer Fragen und möglicher Antworten: Stellen Sie sich vor, Sie arbeiten für ein Kreditinstitut. Wie die Mehrzahl Ihrer Wettbewerber haben Sie sich entschieden, mehrere Geschäftsstellen zu schließen. Dafür gibt es eine Reihe wirtschaftlicher Gründe. Ihre Kunden allerdings schätzen eine solche Entscheidung überhaupt nicht. Stellen Sie sich also besser auf kritische Fragen der Presse ein:

Fa: *Wie steht es mit dem öffentlichen Auftrag zur Versorgung?*

Fb: *Die Sparkasse lässt ihre Kunden nicht im Stich!*

Fc: *Die Kunden erwarten doch flächendeckenden Service und gute Beratung?*

A1: *Wir analysieren regelmäßig die wirtschaftliche Situation unserer Filialen. Unsere Filiale X wird von unseren Kunden nur noch wenig genutzt. Die Beratung konzentrieren wir darum in der Hauptstelle.*

A2: *Wir bieten unseren Kunden mit x Geschäftsstellen nach wie vor das dichteste Filialnetz im Geschäftsgebiet. Das wird auch so bleiben.*

A3: *Sechs von zehn Kunden erledigen ihre einfachen Bankgeschäfte mittlerweile online. Für alle übrigen steht nach wie vor ein SB-Service zur Verfügung. Die Gespräche konzentrieren sich auf die qualifizierte Beratung. Genau das bieten wir unseren Kunden in der Hauptstelle.*

A4: *Wir machen die Sparkasse zukunftssicher. Dann bleiben wir auch zukünftig ein starker Partner für unsere Kunden und für die Region. Alternativ bieten wir unseren Kunden ein Online-Portal und ein telefonisch erreichbares Kunden-Servicecenter mit qualifizierten Fachkräften.*

■ 4.8 Die passende Kleidung fürs Fernsehen

Wählen Sie die Kleidung, die für die besondere Situation im Fernsehen geeignet ist. Ihre Kleidung spiegelt die Erwartung an Ihre Rolle und die Signale, die Sie senden wollen. Im Anzug wirken Sie anders als in Freizeitkleidung, der Berater trägt anderes als der Einödbauer.

Ein Anzug ist meistens keine schlechte Wahl, ob mit oder ohne Krawatte ist heutzutage eine Frage der individuellen Interpretation – für viele DAX-Vorstände scheint es aktuell wichtig zu sein, die Zukunftsfähigkeit ihres Unternehmens durch legere Kleidung auszudrücken. Schauen Sie also, was Ihrer Botschaft den besten Ausdruck verleiht. Grau- und Blautöne sind meist eine sichere Wahl. Gelb, Grün oder helles Braun lassen Ihre Haut bei Kunstlicht nicht selten leicht kränklich wirken. Vermeiden Sie kleine Muster wie Glencheck, Pepita, Karo und zu enge Streifen. Auch schillernde Stoffe sind meist keine gute Wahl. Das kann zu Flimmern und dementsprechend unschönen optischen Effekten führen.

Damit das Jackett am Kragen keine Falten wirft, die Schultern hochzieht und damit den Hals verkürzt, stehen Nachrichtensprecher und Moderatoren meist oder bevorzugen Stühle ohne Lehne. Alternativ können Sie die Jacke beim Hinsetzen leicht unter das Gesäß ziehen.

Lassen Sie sich – dezent – schminken, wenn Sie vor eine Kamera treten. Wir schwitzen immer leicht, das führt zu Lichtreflexen im Gesicht, und die sehen auf Fotos oder im Fernsehen schlecht aus. Also ein wenig Puder. Vielleicht auch ein wenig Lippenstift. Wenn Ihnen eine professionelle Maske angeboten wird, greifen Sie zu. Diese Menschen wissen, wie es geht, und sie werden das Beste aus Ihrem Äußeren machen – vom Puder bis zum Sitz der Haare.

4.9 Krisen und Kommunikation

Krisen kommen meist überraschend. Volkswagen hätte damit rechnen können, dass der Betrug am Kunden und an den Behörden irgendwann auffliegt. Der Hackerangriff, der die Router der Telekom im Dezember 2016 lahmlegte, war vielleicht generell, aber in dieser Form und zu diesem Zeitpunkt nicht vorhersehbar. Die Entdeckung der Unterschlagung mehrerer Millionen durch einen Filialleiter können Sie überhaupt nicht planen. Ebenso gibt es nicht selten Ereignisse, die keineswegs vom Unternehmen, aber von der Öffentlichkeit und den Medien als Krise gesehen werden. Krisen können große schlimme Ereignisse sein wie seinerzeit der Einsturz des Kölner Stadtarchivs, es kann sich aber auch um kleine lokal begrenzte Geschehnisse wie einen Betriebsunfall handeln. Bleiben Sie wachsam – gerade scheinbar kleine Krisen können sich erheblich ausweiten. Unabhängig von der internen Bewertung müssen Sie reagieren. Krisen sind in ihrer Entwicklung kaum durch das betroffene Unternehmen steuerbar.

Gehen Sie zuversichtlich davon aus, dass die Krise nicht lange verborgen bleiben wird. Meist weiß mehr als eine Person davon, und dann ist die Nachricht schnell in der Welt. Wenn der Anlass ausreichend interessant klingt, steht sofort die Presse vor der Tür.

- Krisen sind immer möglich.
- Krisen werden immer bekannt.

Krisenkommunikation ist eine eigene Disziplin. In größeren Unternehmen gibt es dafür – hoffentlich – einen gut ausgearbeiteten Plan und eine Gruppe gut geschulter Experten. Stattdessen oder ergänzend gibt es am Markt Teams von Fachleuten, die in entsprechenden Situationen gegen reichlich Honorar das Ruder in die Hand nehmen. Schwierig wird es dann, wenn es keinen Krisenstab gibt oder wenn sich niemand um die Presse kümmert.

Gerade in einer Krise müssen Sie kommunizieren.

Mit „Kein Kommentar" kommen Sie nicht weit. Die Presse recherchiert dann auf eigene Faust vor Ort, es gibt Spekulationen, Gerüchte und Falschmeldungen. Gehen Sie also davon aus, dass „es" an die Öffentlichkeit gelangt. Und dann verhält es sich wie mit der Zahnpasta – einmal ausgedrückt gibt es keinen Weg zurück in die Tube.

Bereiten Sie sich also darauf vor – was könnte passieren und wie wollen Sie dann handeln? Machen Sie sich auf jeden Fall einen grundsätzlichen Plan für die Schublade. Wir werden uns in der Folge auf das beste Handeln im Kontakt mit der Schnittstelle zu den Medien konzentrieren.

> Entwickeln Sie Pläne für Ihr Handeln in Krisensituationen – auch für die Kommunikation mit den Medien.

Auf keinen Fall sollte der oberste Chef spontan vor die Kamera treten. Dafür ist die zweite Ebene mit dem Pressesprecher dran. Zu Beginn werden Sie nämlich kaum einen Überblick über die ganze Situation haben. Sie brauchen dann eine Eskalationsstufe „nach oben", wenn Sie besser Bescheid wissen.

> - Nie der Chef zuerst – „zweite Reihe" ist angesagt.
> - Eine Person verantwortet den Kontakt zur Presse.

Ebenso ist es entscheidend, mit einer Stimme zu sprechen. Kanalisieren Sie die Information über eine Person – ein Gesicht zum Kunden. Das sind in diesem Fall die Medien. Die verlangen ein Statement oder am liebsten ein Interview. Das sollten Sie allerdings erst geben, wenn Sie ausreichend gut Bescheid wissen. Beantworten Sie jedoch auch in Ihren Statements die grundlegenden Fragen der Presse:

> **Fragen bei Krisen**
> - Was ist geschehen?
> - Wann?
> - Warum?
> - Wo?
> - Wer ist betroffen?
> - Welche (ersten) Maßnahmen wurden getroffen?
> - Wie geht es weiter?
>
> Beantworten Sie die entscheidenden Fragen.

Das oberste Gebot ist, Ruhe zu bewahren. Wichtiger als vollständige Information ist jemand, der zuerst einmal überhaupt informiert. Alle werden verstehen, dass Sie Zeit brauchen, um sich einen ausreichenden Überblick zu verschaffen. Wenn Menschen betroffen sind, drücken Sie auf jeden Fall Ihr Bedauern aus. Bringen Sie zum Ausdruck, dass für Sie die Opfer im Vordergrund stehen und was Sie schon getan haben und tun werden, um zu helfen. Sie werden es hoffentlich auch so empfinden, wenn Sie es nicht sagen, wird man Sie für herzlos halten. Dann haben Sie auf jeden Fall verloren. Egal, wie kompetent Sie die folgende Situation meistern.

Selbst wenn Sie noch nicht über alle Aspekte der Situation informieren können, sagen Sie, welche Maßnahmen Sie getroffen haben und wie es weitergeht. Machen Sie klar, dass und wann die Presse mit Ihrem nächsten Statement rechnen darf. Halten Sie den Termin ein, selbst wenn Sie nur sagen können, dass es nichts Neues gibt.

Kommunikation in der Krise

- Schnell,
- offen und ehrlich,
- umfassend,
- mit einer Stimme,
- erreichbar sein.

Zeigen Sie durch kontinuierliche Kommunikation, dass Sie die Situation im Griff haben. Vermeiden Sie beliebte Fehler:

Kommunikationsfehler bei Krisen

- Fakten leugnen („Das stimmt nicht").
- Versuch des Umdeutens („Das muss man anders sehen").
- Verantwortung/Schuld ablehnen („Wir konnten nicht anders").
- Folgen abstreiten („Das ist nicht wirklich schlimm").
- Kritik ablehnen („Das wird von der Presse falsch gesehen").

Also beispielsweise all das, was Matthias Müller und sein Team von Volkswagen in verschiedenen Kontakten zur Presse getan haben (nach Presseberichten wie zum Beispiel Hawranek 2015, Doll/Vetter 2016, Germis 2016, Müßgens/Peitsmeier 2016, Meck 2016b, Beutelsbacher/Doll 2017, Rau 2017):

- Fakten leugnen („Die Dreiliterdieselmotoren sind in Ordnung").
- Versuch des Umdeutens („Wenn zwei [Umweltschutzbehörde und VW] sich nicht vertragen, liegt es meist an beiden").

- Verantwortung/Schuld ablehnen („Wir haben nur die amerikanischen Gesetze nicht richtig interpretiert").
- Folgen abstreiten („keine Ausgleichszahlungen für Kunden in Europa – es ist kein wirklicher Schaden entstanden").
- Kritik ablehnen („Die EU-Kommission darf uns gar nicht kritisieren, die ist zur Neutralität verpflichtet").

Erlaubt bleibt die Frage, ob Volkswagen nicht über kompetente Berater verfügt oder ob die Chefetage nicht auf ihre Berater hört.

Informieren Sie besser: Zeigen Sie Verständnis für die Betroffenen, informieren Sie über die Situation, zeigen Sie, wie Sie weiter vorgehen – Problembegrenzung + Kontrolle der Folgen + Abhilfe. Und wenn Sie „Mist" gebaut haben – entschuldigen Sie sich. Wenn Sie persönlich keine Schuld tragen, entschuldigen Sie sich im Namen Ihres Unternehmens. Für den Mann oder die Frau an der Spitze bleibt zu bedenken, dass sie bei Erfolgen meist den Löwenanteil des Ruhms reklamieren und oft auch einen entsprechenden Bonus kassieren. Die Öffentlichkeit erwartet also, dass Sie Statur zeigen und auch bei Fehlern den Löwenanteil auf sich nehmen. Überlassen Sie es der Öffentlichkeit, ob und wann man Ihnen verzeiht.

> **Medien in der Krise**
>
> - Journalisten haben keine Zeit – sie orientieren sich an den Berichten anderer.
> - Journalisten „halten drauf" – und sie halten zusammen.
> - Medien interessiert die Story – die Story steht meist vor dem Interview.
> - Medien decken Schwachstellen auf – alte „Freundschaften" gelten nur noch bedingt.
> - Medien nutzen alle verfügbaren Quellen.
> - Medien suchen nach plakativen Bildern und Texten – je praller desto besser.
> - Berichterstattung wird live – je aktueller desto besser.
> - Vervielfältigung statt Meinungsvielfalt.

Bereiten Sie Fakten einfach und verständlich auf. Formulieren Sie klare Kernbotschaften. Sprechen Sie nur über sichere Erkenntnisse. Wahrscheinlichkeiten und Vermutungen führen nur zu weiterer Verunsicherung.

Wenn Sie sich an diese Ratschläge halten, dann klappt es auch mit dem Nachbarn ... von der Presse.

4.10 Literatur

Beck, O. (2016): „Der olympische Geist war gedopt". In: *Welt* vom 31.12.2016, S. 22

Beutelsbacher, S.; Doll, N. (2017): „Die Rückkehr von VW an den Ort der Niederlage". In: *Welt* vom 11.01.2017, S. 12

Bünder, J.; Jahn, J.; Stetzner, H. (2009): „Auch Diebe und Hehler müssten vor die Justiz". In: *FAZ* vom 28.01.2009, S. 16

Bundesregierung (2017): „Niemand hat die Absicht, eine Mauer zu errichten!", https://www.bundesregierung.de/Content/DE/StatischeSeiten/Breg/Deutsche_Einheit/mauerbau/ulbricht-berliner-mauer.html

Doll, N.; Vetter, P. (2016): „EU-Kommission erhöht den Druck auf VW". In: *Welt kompakt* vom 09.09.2016, S. 20

Gerke, W. (2008): „Die 30-Sekunden-Problemlöser". In: *FAZ* vom 29.11.2008, S.13

Germis, C. (2016): „Winterkorn soll Vertuschung gestützt haben". In: *FAZ* vom 26.09.2016, S. 15

Gillmann, W.; Koenen, J. (2008): „Wir sind kein Sanierungsfall". In: *Handelsblatt* vom 23./24./25.05.2008, S. 21

Gnirke, K.; Böcking, D. (2017): „Sparda-Bank verweigert Annahme von Münzen". In: *Spiegel online* vom 10.01.2017, spiegel.de/wirtschaft/unternehmen/geld-sparda-bank-hannover-verweigert-annahme-von-muenzen-a-1129288.html

Hackensberger, A. (2016): „Zweifel an Interview mit Islamisten". In: *Welt kompakt* vom 30.09.2016, S. 7

Hank, R.; Meck, G. (2017): „Warum kam die Deutsche Bank unter die Räder, Herr Achleitner?" In: *FAS* vom 01.01.2017, S. 20–21

Hauser, J. (2016): „Ich war in keinem Hinterzimmer". In: *FAZ* vom 20.12.16, S. 18

Hawranek, D. (2015): „Der Wiko, der Wopo und der F". In: *Spiegel Chronik* 2015, S. 168–170

Hawranek, D. (2016): „Demut? Wieso Demut?" In: *Spiegel* 3, 2016, S. 72–73

Lindner, R. (2017): „Ohne uns fährt kein Fahrzeug autonom". In: *FAZ* vom 07.01.2017, http://www.faz.net/-gqe-8p35t

Meck, G. (2007): „Was interessiert mich mein Geschwätz von gestern" In: *FAS* vom 23.12.2007, S. 39

Meck, G. (2016a): „Ein guter Deal für die Welt". In: *FAS* vom 18.09.2016, S. 33

Meck, G. (2016b): „VW-Chef Müller irritiert die Kunden". In: *FAZ* vom 21.11.2016, S. 19

Meister, M. (2016): „Hollande, der Blabla-Präsident". In: *Welt* vom 17.10.2016, S. 7

Minkmar, N. (2016): „Die Monologe des Königs". In: *Spiegel* 43, 2016, S. 86–89

Müßgens, C.; Peitsmeier, H. (2016): „Das große Aufräumen nach dem Skandal". In: *FAZ* vom 14.09.2016, S. 32

N.N. (2016): „It's about right and wrong". In: *FAS* vom 16.10.2016, S. 3

Rau, M. (2017): „US-Justiz verschärft Vertuschungsvorwürfe gegen VW". In: *Spiegel online* vom 10.01.2017, http://spiegel.de/wirtschaft/unternehmen/volkswagen-us-justiz-wirft-vw-fuehrung-vertuschung-im-abgasskandal-vor-a-1129267.html

Reinbold, F. (2015): „Das Bibi-Business". In: *Spiegel online* vom 09.12.2015, http://www.spiegel.de/netzwelt/web/youtube-star-bibi-wirbt-junge-menschen-das-neue-web-business-a-1066678-druck.html

Reuscher, C. (2017): „Italiens Bankensystem ist nicht in der Krise". In: *Welt* vom 11.01.2017, S. 10

Ritter, J. (2013): „Wir haften bis zum letzten Hosenknopf". In: *FAZ* vom 13.02.2013, 37, S. 12

Schießl, M. (2017): „Frauenanteil in den Chefetagen steigt – ein bißchen". In: *Spiegel online* vom 09.01.2017, spiegel.de/wirtschaft/unternehmen/immer-mehr-frauen-in-deutschen-vorstaenden-dax-konzerne-vorreiter-a-1129157.html

Thimm, K. (2017): „Im Revier". In: *Spiegel* 1, 2017, S. 52–56

Vetter, P. (2017): „Zur falschen Zeit am falschen Ort". In: *Welt* vom 10.01.2017, S. 11

Wienand, L.: „Diese Nachricht macht uns glücklich! Der autistische Ben bekommt seine Tasse – Hersteller produziert 500 Stück". In: *DerWesten* vom 01.12.2016, derwesten.de/panorama/diese-nachricht-macht-uns-gluecklich-der-autistische-ben-bekommt-seine-tasse-hersteller-prdouziert-500-stueck-id208845995.html

5 Charisma und Wirkung: Bewusst gestalten?

Das können Sie lernen

- Was ist Charisma?
- Was ist „authentisch"?
- Wie geht „authentisches" Handeln?
- Wie gestalten Sie Ihre Marke?
- Wie treten Sie erfolgreich auf – mit der richtigen Portion Charisma?

5.1 Punkten mit Charisma

„Usain Bolt – der Fixstern", „Die Alpha-Faktoren", „Das Messias-Syndrom", „Ich frisst Hirn", „Charisma gesucht", „Ich, ich und immer nur ich", „Alles Kulisse" – Unterhaltungskünstler werden zu Showstars und CEOs zu Topmanagern dank ihres markanten Auftritts.

Die Syntellix AG ist ein anscheinend vielversprechendes, aber kleines Unternehmen der Medizintechnik. Das aktuelle Gezänk um Firmenanteile zwischen Carsten Maschmeyer und Utz Claassen dürfte genau das geblieben sein, nämlich ein wenig spannender Streit zwischen unleidigen Managern, zum Teil in hoch komplizierten juristischen Sphären ausgetragen (spiegel.de 2017). Allerdings verstanden es beide im Lauf ihrer bisherigen Karriere, mit viel Getöse in allerlei Lebenslagen auf sich aufmerksam zu machen. Darum fanden beide entsprechend viel Beachtung in den Medien. Genau darum ist nun jeder Schritt dieser beiden gut für eine Meldung.

Richard Branson hatte am 10. Februar 2016 einen wenig glücklichen Tag: Er wurde von einem Stachelrochen beim Tauchen in den Arm gebissen und lief dann später auch noch gegen eine Glastür, die Wunde über dem linken Auge musste doch tatsächlich mit drei Stichen genäht werden. Die Medien und parallel die Weltöffentlichkeit erfuhren von diesen bei Otto (oder Ottilie) Normalverbraucher eher peinlichen Missgeschicken unmittelbar dank Twitter. In unablässiger Selbstdarstellung und mit meist doch eher peinlichen Plattitüden („Don't accept accepted thinking" - „Don't waste your time doing things that don't excite you") begeistert der Unternehmer seine 7,5 Millionen Follower. Und das nicht ohne Hintergedanken: „Ich bin fest überzeugt, dass starke Präsenz in den sozialen Medien eines der besten Marketinginstrumente ist" (Werle 2016).

Schein steht gerne für Sein, von der (Thomas) middelhoffschen („Big T") Messias-Haltung bis zum erschwindelten Doktortitel bei der früheren Ministerin Annette Schavan. Die besondere Bedeutung von Abschlüssen und Titeln erkennt man daran, dass gerade Wirtschaftsführer und Politiker sich gerne ein wenig qualifizierter darstellen, als sie tatsächlich sind. Die SPD-Politikerin und Bundestagsabgeordnete Petra Hinz hat sich einen ganzen professionellen Hintergrund vom Abitur über das Jurastudium und beide Staatsexamina bis zur Beschäftigung in einem großen Unternehmen zurechtgelogen (Thadeusz 2016). Überprüfen hätte man das können, wenn die Genossen denn überhaupt gewollt hätten. Auch andere Politiker (ebenso Manager, auch Berater und Trainer) versuchen gerne, mehr Eindruck zu machen, als sie tatsächlich erarbeitet haben. Checken Sie doch einmal die eine oder andere Biografie, beziehungsweise das Profil. Immer wenn dort steht: „Studium der (Rechtswissenschaften, Pädagogik, Soziologie, was auch immer)", aber kein Ergebnis wie Diplom oder Master, dann dürfen Sie sicher davon ausgehen, dass ein Studium ohne Ergebnis abgebrochen wurde – oder „ruht", wie manche auch gerne formulieren. Alternativ wird statt der mit dem Abschluss verbundenen geschützten Bezeichnung (zum Beispiel „Diplom-Psychologe") ein „Ersatztitel" (wie „Psychologe" oder „Wirtschaftspsychologe") verwendet. Und nicht wenige haben sich immer wieder gerne einen Doktor- oder Professorentitel „gekauft", ob sie nun Karsten Bredemeier heißen oder Thomas Kühr, Thorsten Knopp oder Michael Raumann (Amann/Löhr 2007, Hirn/Rockens 2011, Koch 2012, Schrep/Verbeet/Wassermann 2011, Schwertfeger 2007, Schwertfeger 2011).

Ein besonders dummer und rücksichtsloser Auftritt scheint heutzutage ausreichend zu sein, um politisch und medial wahrgenommen zu werden, siehe Pegida („Muslime planen unser Essen mit Exkrementen zu infizieren" - „Asylbewerber in Deutschland haben teure Mobiltelefone, diesen Luxus kann ich mir nicht leisten"; Reimann/Hebel 2014) und AfD („Ich will, dass Deutschland auch eine tausendjährige Zukunft hat" - „Präsident Obama ist ein Quotenneger"; N.N. 2016a). In den USA wird ein anscheinend nur mäßig erfolgreicher Geschäftsmann mit offensiv zur Schau gestellter Dummheit und rechtsradikaler Rhetorik Präsidentschaftskandidat der Republikanischen Partei (Donald J. Trump: „Ich weiß mehr über den IS als die Generäle. ... Ich würde diese Kerle einfach zusammenbomben" - „Ich glaube, ich würde mich sehr gut mit Wladimir Putin verstehen. Glaube ich einfach"; N.N. 2017). Und ist jetzt Präsident.

Die Mehrheit der öffentlich wahrgenommenen Persönlichkeiten agiert (hoffentlich) mit mehr fachlicher und sozialer Intelligenz. Immerhin haben Sie es auf einen der begehrten Plätze „ganz oben" geschafft.

Die amerikanische PR-Agentur Burson-Marsteller veröffentlicht regelmäßig Umfragen zur Rolle der Vorstandsvorsitzenden in großen Unternehmen. Demnach ist die Reputation der Vorstandsvorsitzenden von entscheidender Bedeutung (Brandstätter 2006). Das Credo lautet, die Wahrnehmung der Führungskräfte sei heute zum wichtigsten Erfolgsfaktor für Unternehmen geworden. Das Ansehen eines Unternehmens wird zu einem großen Teil von der Person an der Spitze bestimmt. Das gilt in gleichem Maße für Non-Government- oder Non-Profit-Organisationen. Unternehmen investieren deshalb nicht unerhebliche Energien und Mittel darin, den Chef oder die Chefin sichtbar zu machen und gut aussehen zu lassen.

■ 5.2 Charisma als Merkmal der Persönlichkeit?

Bestimmte Menschen führen eine Gruppe und üben Macht aus. Oder sie prägen die öffentliche Meinung in bestimmten Handlungsfeldern. Andere nicht. Scheinbar verfügen diese einflussreichen Menschen über außergewöhnliche persönliche Eigenschaften und besonderes Charisma. Das prädestiniert sie anscheinend für eine solche Rolle. Denn sie müssen sich ja aus der Masse herausheben, sonst wären sie gar nicht erst Chef geworden. Quod erat demonstrandum! Ein Zirkelschluss, aber irgendwie wirkt er ziemlich überzeugend. Denken Sie nur an Persönlichkeiten wie die Staatspräsidenten Recep Tayyip Erdoğan (Vorsicht! Alles korrekt schreiben! Sonst ist er beleidigt und verklagt sowohl den Verlag als auch den Autor!) und François Hollande oder Vereinsbosse wie Uli Hoeneß und Clemens Tönnies. Sie alle verfügen doch ohne Frage über herausragende Eigenschaften und eine faszinierende Persönlichkeit. Oder?

Dann muss es auch möglich sein, die wichtigsten übereinstimmenden Eigenschaften zu formulieren, die Menschen zu Führern machen. Dies wäre die vollständige Checkliste für alle, die nach Erfolg streben. In der Managementliteratur finden wir viele solcher Ansätze – da sind (meist dann doch von Ghostwritern verfasste?) Autobiografien wie Richard Bransons *Losing My Virginity* (2010) („In *Losing My Virginity*, you'll discover how Sir Richard is committed to building a better world through responsible, holistic business practices …" – „In [dem Buch] *Losing My Virginity* erfahren wir, wie Sir Richard eine bessere Welt mit verantwortungsvollen ganzheitlichen Geschäftsmethoden schaffen will" eig. Übers.). Jack Welch war nicht gerade erfolglos, mit *Winning* (2005) beschränkte er sich allerdings darauf, allen mitzuteilen, wie man ein erfolgreiches Unternehmen zu führen habe. Auch gibt es eine Vielzahl an „Sach"-Büchern wie *The Big Five for Life* (Strelecky 2007) oder *Charisma. Ihr Guide für ungebrochene Ausstrahlung und animalische Anziehungskraft. Wie Sie ganz leicht neue Leute kennenlernen, Menschen für sich gewinnen und Freunde fürs Leben finden* – das ist tatsächlich der Titel, so, wie er auf dem Buchdeckel steht (Theiß 2016).

> Charisma ist kein Persönlichkeitsmerkmal.

All diese Ansätze nehmen implizit an, dass erfolgreiche Führerpersönlichkeiten über Gemeinsamkeiten verfügen, die sie von anderen, eben den vielen Nicht-Erfolgreichen, unterscheidet. Es bleibt die eine, alles entscheidende Frage: Ist das angeboren? Oder kann man „das" tatsächlich lernen? John Antonakis sagt: „Ja, Charisma ist erlernbar!" Er lehrt als Professor für „Organizational Behaviour" an der Faculté des Hautes Etudes Commerciales der Universität Lausanne. John Antonakis stellt in seinen Forschungen genau die Frage, ob Charisma erlernbar ist. Inspiriert wurde sein Interesse durch den Befund, dass Kinder die Gewinner von Wahlen recht gut (zu etwa 70 Prozent) einfach anhand der Gesichter von Kandidaten vorhersagen konnten. Weitere Studien mit Politikern und Managern bestätigten, dass Auftreten und Aussehen – mit anderen Worten „Charisma" – einen großen Anteil am Erfolg einer Persönlichkeit haben. Er definiert Charisma als Führungshandeln, das auf Werten, symbolischen Handlungen und Emotionen aufbaut: „Charisma is a values-based, symbolic, and emotion-laden leader signaling." Als Resümee seiner auf der Basis dieser Definition durchgeführten Studien kommt Antonakis zu einem ermutigenden Schluss: „Can leadership and in particular charisma be taught? … Charisma can be taught and this had an effect on leadership outcome" (Antonakis/Fenley/Liechti 2017); „Lassen sich Führungseigenschaften und Charisma lehren? … Charisma kann man lehren und es hat Einfluss auf die Ergebnisse des Führungshandelns" eig. Übers.).

> Charisma lässt sich lernen.

Wir begreifen Persönlichkeit oft als einen festen Satz von Eigenschaften. Diese Eigenschaften machen jeden von uns unverwechselbar, einzigartig. Entweder klappt es gut mit den sozialen Kontakten, mit der Karriere. Oder es klappt nicht, dann haben andere mehr Glück gehabt mit ihrer vermutlich angeborenen Offenheit oder ihrer Bereitschaft zu Veränderungen. Es gibt einen Einfluss der Vererbung – das beginnt mit einfachen Faktoren wie der Körpergröße oder einer eventuellen Kurzsichtigkeit. Manche Forscher behaupten sogar, dass sie Gene entdeckt haben, die für so komplexe Ergebnisse wie die Belastbarkeit durch Stress oder unsere Spiritualität verantwortlich sein sollen (Hamer 2004). Innehalten lassen sollte uns die Tatsache, dass der Urheber der Idee mit dem Gottes-Gen 1993 auch die Existenz eines Gens publiziert hat, das Homosexualität bei Männern (nur bei Männern!) festlegen sollte. Seine These hielt allerdings einer wissenschaftlichen Überprüfung nicht stand. Und selbst bei eineiigen Zwillingen lassen sich Gemeinsamkeiten nur bei einem Teil der häufig gemessenen Persönlichkeitsfaktoren nachweisen (beispielsweise Larsen/Buss 2010).

Auf viele Aspekte sowohl unserer Körperlichkeit (Treiben Sie Sport?) als auch unserer emotionalen Ausstattung können wir Einfluss nehmen. Die Persönlichkeit eines Menschen ist immer das Ergebnis des Wechselspiels zwischen Anlage und Umwelt.

> Persönlichkeit lässt sich gezielt entwickeln und gestalten.

5.3 Authentisch sein

Wie auch immer. Auf jeden Fall sind wir, wie wir sind. Und das ist gut so (frei nach Klaus Wowereit). Dann können wir uns auch so verhalten, wie wir uns aktuell fühlen. Authentisch sein ist ohnehin eine geschätzte Eigenschaft. Der knorrige Typ (beiderlei Geschlechts), der kein Blatt vor den Mund nimmt. Der Entspannte, der immer gerne Fünfe gerade sein lässt. Dumm nur, dass das außer in der Werbung (beispielsweise bei den Sennen in der Appenzeller Käsewerbung; YouTube 2012) und bei Topmanagern (die dürfen das, sie haben die Macht) oder bei Promis (die werden ja gerade nach bestimmten Macken von den Medien ausgewählt) so selten funktioniert. Wahrhaft authentisch sein heißt nämlich zum einen, auf die Bedürfnisse und Wünsche unseres Umfelds wenig Rücksicht zu nehmen. Und zum anderen mindert es unsere Flexibilität gewaltig, schließlich müssen wir dem einen Profil dann auch in den unterschiedlichsten Situationen immer treu bleiben. Oder können Sie sich einen Mario Barth vorstellen, der (öffentlich) differenziert und mit intelligenten Argumenten über eine Person oder Sache spricht? Damit verschließen wir uns den Möglichkeiten, an neuen Erfahrungen zu wachsen und uns positiv zu entwickeln.

> Authentisch heißt oft nur ungeniert.

Authentisch war Hilmar Kopper, Vorstandsvorsitzender der Deutschen Bank, als er 1994 zur Pleite des Immobilienunternehmers Jürgen Schneider erklärte: „Das sind deutlich unter 50 Millionen Mark. Wir reden hier über Peanuts" (Steltzner 2007). Damit gab Kopper seine innerste Überzeugung kund, und was er sagte, war wahr – in Bezug auf die ökonomische Bedeutung der Pleite für die Deutsche Bank. Dennoch war Authentizität hier fehl am Platze. Die 50 Millionen fehlten nämlich den um ihre Rechnungen geprellten Handwerkern. Und die waren ärmer als die Bank. Ebenso authentisch ist Utz Claassen, wenn er den Journalisten anlässlich der Befragung zur Auseinandersetzung mit Carsten Maschmeyer erklärt, wen dieser denn vor sich habe: „Ferdinand Piëch hat einmal über mich gesagt, ich sei der einzige Mensch auf der Welt, den er kennt, der unerpressbar, unbestechlich und uneinschüchterbar sei", und auch auf seiner Website ist er sehr klar: „Topmanager, Unternehmer, Wissenschaftler, Publizist und Buchautor mit vielfältiger internationaler Erfahrung. Träger diverser Orden und Auszeichnungen" (Balzer/Boldt/Haseborg 2016). Das laute Brüllen findet sein Echo im Artikel: „Utz Claassen … Großtalent und Großmaul … sein Ego ist so breit wie die Tür einer Doppelgarage." Vielleicht wäre etwas weniger mehr gewesen. Authentisch ist nicht immer nur gut!

> Authentisches Handeln ist einfach und klar.

Woher kommt (trotzdem) diese Vorliebe vieler für authentisches Handeln? Die Theorien zur Attribution erklären, wie wir das Verhalten von Menschen interpretieren. Attribuierung beschreibt, welche Ursachen für das Verhalten wir bei anderen Menschen annehmen. In der Bewertung von Verhalten neigen wir dazu, allgemein gehaltene Regeln anzuwenden. Wir überschätzen den Einfluss persönlicher Faktoren und unterschätzen den Einfluss der Situation.

Haben wir uns erst ein Bild von einem anderen gemacht, wollen wir dieses Bild bestätigt wissen. Wir achten dann vorzugsweise auf bestätigende Merkmale. Wir setzen also generell eine Konsistenz im Verhalten voraus. Diese sehen wir bevorzugt bei anderen, aber auch bei uns selber. Ein „authentisch" handelnder Mensch ist also auch leichter einzuschätzen. Denken wir.

> - „Authentische" Menschen lassen sich leichter einschätzen.
> - „Authentisches" Handeln ist einfacher – weil immer gleich.

Ein starres Selbstbild und damit verbunden wenig flexibles Verhalten entwickeln wir oft dann, wenn wir uns zu wenig mit der Sichtweise anderer Menschen beschäftigen. In den meisten Situationen gibt es allerdings oft mehr als eine Perspektive. Dazu ein Beispiel: Zählen Sie einmal, wie viele Quadrate Sie in Bild 5.1 erkennen.

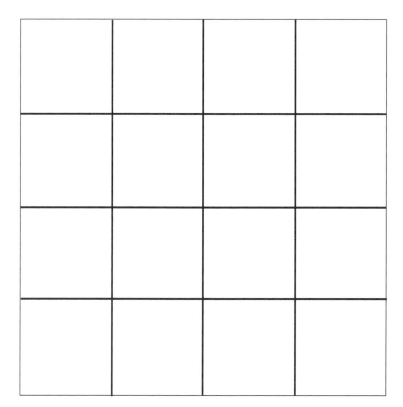

Bild 5.1 Wie viele Quadrate erkennen Sie?

Die Lösung: Bild 5.2 zeigt Ihnen die Anordnung der unterschiedlichen Konfigurationen.

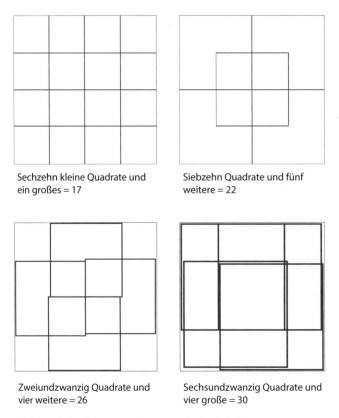

Bild 5.2 Die Lösung: 30 Quadrate sind möglich

Wie viele Quadrate haben Sie erkannt? Tatsächlich alle 30? Oder weniger? Und wenn ja, haben Sie dann falsch gezählt? Wohl kaum. Die Aufgabe lautete ja, die Quadrate zu zählen, die Sie erkennen. Denn je nach Tagesform, unserer Lust, genau hinzuschauen, oder unserer Erfahrung mit derartigen Aufgaben, werden wir eine unterschiedliche Anzahl von Quadraten sehen. Das verdeutlicht den Unterschied zwischen den Sichtweisen unterschiedlicher Personen. Besonders gut illustriert wurde das in einem Training von einer Teilnehmerin, die uns erläuterte, da wären doch weitaus mehr als 30 Quadrate. Sie sagte, mathematisch sei eine Linie zwar ohne Fläche, real könne man das allerdings kaum zeichnen. Und bei ausreichender Vergrößerung würden wir sehr gut sehen, dass an allen Berührungen oder Überschneidungen von Linien wiederum kleine Quadrate wären. Also gäbe es weitere 25 Quadrate in der Abbildung. Alles nur eine Frage der Sichtweise!

> Wahrnehmung ist immer individuell und durch die Situation geprägt.

5.4 Flexibilität und Feedback

Darum ist es vielleicht eine gute Idee, einmal selber genau hinzuschauen und dann auch andere Menschen zu fragen, wie sie uns wahrnehmen. Zur guten Darstellung unserer Persönlichkeit gehört das Wissen um die eigene Wirkung. Unser Selbstbild wird immer davon abweichen, wie andere uns sehen. Sie haben im Lauf der Jahre ein – hoffentlich positives – Bild von sich entwickelt. Sie kennen Ihre Handlungsmotive. Andere kennen diese nicht. Das Johari-Fenster (benannt nach den „Erfindern" Joseph Luft und Harry Ingham) beschreibt das Phänomen von Fremd- und Selbstwahrnehmung (Luft/Ingham 1955).

Der öffentliche Teil des Johari-Fensters beschreibt das, was ein Mensch von sich preisgibt, was also ihm und anderen gleichermaßen bekannt ist. Das sind beispielsweise Elemente wie sein Erscheinungsbild oder seine Äußerungen gegenüber Dritten oder vielleicht auch die für sogar völlig Fremde durch die Nadel am Revers erkennbare Mitgliedschaft bei den Rotariern. „Geheim" hingegen ist das, was die Person über sich selber weiß, Dritten aber nicht offenbart. Mit dem „blinden Fleck" wird der Teil unserer Persönlichkeit beschrieben, der Dritten bekannt ist, allerdings von dem Betreffenden nicht wahrgenommen wird. Durch Feedback können wir einen (begrenzten) Einblick in diesen Bereich bekommen. Als „Unbekannt" wird all das bezeichnet, was Einfluss auf unser Verhalten ausübt, allerdings weder uns noch Dritten bewusst zugänglich ist.

Die soziale Rückmeldung über das Feedback ist unsere einzige qualifizierte Möglichkeit, zu erfahren, wie andere uns sehen. Wir können aus solchen Informationen lernen, uns in Situationen geschickter zu verhalten. Wir lernen etwas über die Wahrnehmungen und die Gefühle anderer Menschen. Damit wird soziales Lernen möglich. Wir erhalten permanent Feedback durch die Reaktionen anderer auf unser Handeln – Lob und Kritik genauso wie die Körpersprache Dritter.

> Feedback ist entscheidend für den gelungenen Auftritt.

Verwertbares Feedback jedoch ist in der Regel ausdrücklich – gezielt und vielleicht auch erbeten. Zum Teil findet das im formalen Rahmen eines Mitarbeitergesprächs statt, vielleicht auch als kurzer Austausch am Ende eines gemeinsamen Termins. Wenn wir unsere Wirkung und unseren Auftritt verbessern wollen, brauchen wir Rückmeldungen. Gutes Feedback ist konkret, das heißt, es bezieht sich auf beschreibbare Elemente unseres Verhaltens. Es ist konstruktiv, also dergestalt, dass wir auch tatsächlich daraus lernen können, mit Hinweisen für eine Veränderung. Gute Rückmeldung setzt präzise Beobachtung voraus. Feedback anzunehmen zeigt

Interesse und Lernbereitschaft. Nur mit Feedback, also mit einer Rückmeldung über unseren Erfolg, können wir überhaupt lernen.

> **Gutes Feedback**
>
> - Konstruktiv = negative + positive Elemente.
> - Beobachtungen beschreiben – konkrete Äußerungen, vielleicht Beispiele.
> - Hinweis auf mögliche Konsequenzen.
> - Vorschläge zu möglichen Änderungen – konkret und im Bereich des Möglichen.
> - Möglichst nahe zum Ereignis – zum geeigneten Zeitpunkt und im passenden Rahmen.

Nun wissen Sie also, wie Sie auf andere wirken. Vielleicht kann das auch helfen, eine allzu optimistische Sicht der eigenen Person zu korrigieren. Denn manche sehen sich schon in einem sehr besonderen Licht. So erklärte Sepp Blatter zu seinem Rücktritt: „Ich habe gelitten, auch Christus hat gelitten. Aber jetzt geht es mir wieder gut!" Cristiano Ronaldo erläutert die negativen Reaktionen gegnerischer Fans mit den Worten: „Ich bin reich und schön und ein großartiger Spieler. Es gibt keine andere Erklärung." Den Gipfel der Selbstwahrnehmung hat allerdings vermutlich der Rapper Kanye West erklommen: „Mann, ich bin 50 Prozent einflussreicher als Stanley Kubrick, der Apostel Paulus, Pablo Picasso und Pablo Escobar. 50 Prozent mehr, tot oder lebendig. Für die nächsten tausend Jahre" (Becker 2016). Und dann ist dieser „Übermensch" zu allem Überfluss auch noch mit der Beauty-Ikone Kim Kardashian verheiratet!

5.5 Image Shaping – Ihren Auftritt bewusst gestalten

Wie gelingt es uns Sterblichen, eine optimierte Wirkung zu erzielen und uns vielleicht sogar unserem „Traumziel" Charisma anzunähern? Wenn Sie akzeptieren können, dass eine gelungene (Selbst-)Inszenierung einen spürbaren Beitrag zu Ihrem Erfolg leisten kann, sind Sie auf dem richtigen Weg. Der Eindruck, den wir auf andere machen, lässt sich planen und gezielt gestalten. Wir wissen, wie ein typischer Arzt oder Polizist zu sein hat. Wer sich dann also grundsätzlich entsprechend diesem Schema verhält, „ist" für uns auch ein Arzt oder Polizist. Dieser Mensch ist „authentisch". Eine dementsprechend positive und authentische Selbstpräsentation berücksichtigt diese Wahrnehmung. In den meisten Situationen liegt uns daran, der Situation und den Partnern entsprechend einen „guten Eindruck" zu machen. Einen imposanten Eindruck vermitteln wir beispielsweise durch eine aufrechte Körperhaltung und die Betonung der Schulterbreite – das erkennt man leicht an jeder Art von Uniform – egal ob Polizei, Militär oder Piloten. Die konkrete Ausprägung von „gut" hängt von der konkreten Situation und unseren Partnern ab.

> Sie können Ihren Eindruck auf andere gezielt gestalten.

Fragen Sie sich, was Ihr Profil ausmachen soll, wie Sie sich von anderen abheben wollen. Das nennt man „Image Shaping" oder „Self-Branding". Als Phänomen gab es das schon immer. Gaius Julius Cäsars *Commentarii rerum gestarum Galliae* entspringen nicht zuletzt dem Wunsch, sich als Person und sein Handeln in ein möglichst gutes Licht zu rücken. Eine Biografie im Auftrag der prominenten Persönlichkeit dient genau diesem Zweck. Arbeiten auch Sie – im Kleinen – daran, das eigene Image aktiv zu gestalten.

> Arbeiten Sie an Ihrem Image – wie wollen Sie wahrgenommen werden?

Ein eigenes Buch ist inzwischen für viele zu einem unverzichtbaren Attribut geworden. Bei Trainern gilt ein Buch anscheinend als „das" Marketinginstrument (ja, danke für den Hinweis, ich weiß, im Glashaus soll man nicht mit Steinen werfen …). *wirtschaft + weiterbildung* zitiert die Buchexpertin (Was genau ist eigentlich eine Buchexpertin?) Dr. Sonja Ulrike Klug mit der Aussage, dass Coaches, Trainer und Berater ihre Auftragszahlen durch eigene Bücher im Schnitt um 86 Prozent steigerten (Folkersma 2016). Wow! Klug ist die Dame, das sagt schon der Name (und zusätzlich der Titel). Bei der zu erwartenden großen Zahl neuer Kunden nach dem Erscheinen dieses Buchs weiß ich vermutlich gar nicht, wie ich der vielen spannenden zusätzlichen Aufträge Herr werden soll.

Wenn Sie sich dazu entschließen, Ihrer fachlichen und menschlichen Qualität durch eine eigene Publikation mehr Wucht zu verleihen, achten Sie bitte auf einen qualifizierten Inhalt und auf gutes Deutsch! Sonst kann es Ihnen leicht so ergehen wie dem hier rezensierten Autor: „Ein Buch das mit dem Wort Charisma prahlt … sollte wahrlich anders aussehen. Dieser Text ist dümmlich geschrieben und erscheint höchst unseriös. Grammatikalische Sünden wie ‚das ist, als wie/wenn' stehen hier Schlange um unseren Intellekt zu quälen. … Leider kann ich dieses Buch in keinster Weise empfehlen" (Wahl 2016).

> Achten Sie auf die Qualität Ihrer Selbstdarstellung.

Apple, Google, Coca-Cola, das sind international aktuell die wertvollsten Firmen der Welt. Mercedes, BMW und SAP sind ihre deutschen Pendants (Dierig 2016). Weithin bekannte Marken mit Strahlkraft über das einzelne Produkt hinaus. Eine Marke inspiriert unser Vertrauen, ohne dass zwingend eine Leistung vorausgeht: Auf Produkte aus bekannten Unternehmen verlassen wir uns einfach. Marken verringern Unsicherheit, sie machen den Unterschied. Marken schaffen Begehrlichkeit: Für eine Birkin Bag von Hermès zahlt der Kunde ab etwa 7000 Euro, eine „Birkin" aus weißem Krokodilleder mit Beschlägen aus Weißgold wurde unlängst bei Christie's für mehr als 300 000 Dollar versteigert (Unger 2016).

> Machen Sie sich mit Bedacht an die Auswahl Ihrer Kleidung und Ihrer Accessoires – Sie dürfen auffallen, aber bitte positiv!
> - Hochwertig (aber nicht übertrieben),
> - original (aber nicht albern),
> - eine Extravaganz, ein Regelverstoß (bitte mit Stil),
> - besser ausgestattet als der Chef geht selten gut.

In der Einschätzung von Menschen handeln wir ähnlich. Mit einem starken Markenauftritt können Sie prägnanter wirken und erfolgreicher sein. Ihre Marke hilft Ihnen bei der besseren Darstellung Ihrer Person und kann durch positive Rückkopplung ebenso Ihr Selbstbewusstsein stärken.

Marke heißt aber noch nicht automatisch Qualität – es hängt von der „Aufladung" ab, also von den Attributen, mit denen Sie Ihre Marke versehen. Diese Aufladung orientieren Sie konsequenterweise an der ins Auge gefassten Zielgruppe. Bibi, bürgerlich Bianca Heinicke, ist erfolgreich als YouTuberin. 2,5 Millionen Abonnenten für BibisBeautyPalace, 8,3 Millionen Abrufe für ihre Aufenthalte in den Neckermann-Anlagen auf den Malediven und in Bulgarien – so sieht Marke aus (Reinbold 2015)! Funktioniert allerdings nur in der Altersgruppe von zwölf bis 20 und auch deswegen, weil Frau Heinicke (noch) sehr geschickt wie ein authentisches Mitglied dieser Kohorte auftritt. Es wird spannend zu beobachten sein, ob eine Veränderung der Marke gelingt, wenn offensichtliche Attribute wie das Alter die Identifikation zunehmend schwieriger machen.

> Was ist das Besondere an Ihrer Marke?

Wenn es Ihnen gelingt, das Besondere an Ihrer Persönlichkeit fokussiert darzustellen, mit den wichtigen Elementen auf der rationalen und auf der emotionalen Ebene, dann werden Sie sichtbarer sein, als kompetenter wahrgenommen und damit letztendlich auch erfolgreicher werden. Was andere im Fremdbild von einem wahrnehmen können, das lässt sich schon gestalten und entwickeln.

Was macht nun eine Marke aus, wenn es um mich geht? Eine Marke ist zuallererst fassbar und authentisch: Was wissen Sie? Was können Sie? Was tun Sie besonders gut und besser als andere? Beantworten Sie diese Fragen in eigener Sache. In welchem Handlungsfeld sind Sie erfolgreich? Stehen Sie für besondere, ausgewiesene Fachkompetenz in einem wichtigen Thema? Was verbindet man mit Ihrer Person?

Die Antworten auf diese Fragen beschreiben zunächst einmal nur den Status quo. Zu wissen, wo man steht, ist die Basis. Die wünschenswerten Attribute behalten Sie bei, überlegen Sie, wie sich diese in der Außenwahrnehmung verstärken lassen. Die zu Ihrem Zielbild weniger passenden Merkmale sollten Gegenstand einer Veränderung werden.

Eine Marke ist außergewöhnlich: Was macht Ihr Profil aus? Was hebt Sie von anderen ab? Warum sollte ich mit Ihnen zusammenarbeiten wollen oder für Sie arbeiten? Können Sie besonders gut Mitarbeiter entwickeln oder haben Sie besonders viele Kontakte in der Branche?

Eine Marke ist bekannt: Wie können Sie die wichtigen Elemente Ihrer Marke in den Köpfen der Menschen verankern? Wie können Sie allen klarmachen, wer Sie sind und wofür Sie stehen? Was ist Ihr Markenzeichen? Halten Sie Vorträge, schreiben Sie Fachpublikationen, stehen Sie für ein besonders erfolgreiches Projekt?

> Suchen Sie die Öffentlichkeit.

Gibt es für Ihre Leistung eine Kernbotschaft? Wie lässt sich das Besondere daran in wenige Worte kleiden? Formulieren Sie kurz, prägnant und positiv. Überlegen Sie dann, ob Ihre Marke durch Ihr Erscheinungsbild gestützt wird. Kleidung, Frisur, Stimme, Verhalten, Accessoires – passt das zum Image? Oder kann das weg?

> Definieren Sie den Kern Ihrer Marke.

Marken haben Geschichten. Der Anstoß zum Entwurf der zitierten Birkin Bag kam wie erwähnt aus dem Missgeschick einer umgekippten Reisetasche der Schauspielerin Jane Birkin, was zur Folge hatte, dass Jean-Louis Dumas eine Tasche genau nach den Wünschen von Jane Birkin anfertigen ließ (Unger 2016). Selbst Dietrich Mebs, Experte für tierische Gifte, hat eine Story zu seiner Passion: Um für eine

Untersuchung Gift aus den Drüsen einer Krustenechse zu gewinnen, massierte er das Tier am Unterkiefer. Das schnappte zu. Der Blutdruck sackte rapide ab, Dietrich Mebs wurde ohnmächtig. Der Notdienst kam. Erst nach zwei Tagen war klar, dass der damalige Assistent am Rechtsmedizinischen Institut der Universität Frankfurt überleben würde (Jürgs 2016).

Gibt es Geschichten oder Bilder, die Ihre Marke illustrieren können? Eine gute Geschichte ist unübertrefflich, sie bleibt uns über den Tag hinaus im Gedächtnis.

> Emotionalisieren Sie Ihre Marke mit Bildern und Geschichten.

„Pep Guardiola tritt auf. Er läuft auf den Platz, redet wild gestikulierend auf den jungen Joshua Kimmich ein. Dann legt er ihm plötzlich die Arme um den Hals, wie einer Geliebten, berührt seine Stirn mit der eigenen. Dann küsst er ihn. Großes Theater auf offener Bühne." Hermann Treusch, Schauspieler, Regisseur und Intendant, stellt dazu fest: „… einige Trainer sind zu großen Schauspielern geworden. Sie wissen genau, wann das Rotlicht angeht" (Horeni 2016).

Planen Sie Ihre Auftritte, wie es ein guter Schauspieler tut – in welcher Rolle werden Sie auftreten? Welche Attribute wollen Sie nutzen, um diese Rolle auszugestalten? Wollen und können Sie für eine Überraschung sorgen? Welche markanten Akzente können Sie setzen? Sie müssen sich nicht „richtig" verhalten! Entscheidend ist, dass Sie bewusst handeln und die Elemente Ihres Verhaltens gezielt einsetzen, um den von Ihnen gewünschten und geplanten Eindruck entstehen zu lassen.

> **Die Darstellung Ihrer Marke**
>
> - Was wissen Sie?
> - Was können Sie?
> - Was tun Sie besonders gut/besser als andere?
> - Welche Erfolge haben Sie vorzuweisen?
> - Was verbinden andere mit Ihrer Person?
> - Was hebt Sie von anderen ab?
> - Wie lautet Ihre Kernbotschaft?

Überlegen Sie sich Wege, Ihre besonderen Talente anderen nahezubringen. Denken Sie darüber nach, spezielle Projekte zu übernehmen, übergreifende Vorhaben voranzutreiben, Vorträge zu halten, Fachartikel oder Bücher zu schreiben – Klappern gehört zum Handwerk, und ohne Publicity wird eine Marke niemals bekannt. Gute PR-Profis positionieren ihre Schützlinge mit den richtigen Botschaften in den

Medien. Wenn der Chef gut gebrieft und gut trainiert ist, entsteht in der Öffentlichkeit das Bild einer erfolgreichen authentischen Führungspersönlichkeit.

Aktuell erfinden sich die Topmanager der deutschen Wirtschaft anscheinend gerade neu. Dieter Zetsche (Daimler), Joe Kaeser (Siemens) oder Mathias Döpfner (Springer) treten nur noch lässig im offenen Hemdkragen oder sogar im T-Shirt auf, E.ON-Chef Johannes Teyssen spricht mit der Presse über 30 Kilo, die er an Gewicht verloren hat, bei IG-BCE-Chef Michael Vassiliadis waren es immerhin 18 Kilo – locker, schlank und sportlich ist das neue Modell (Student 2016). Das macht daneben anscheinend auch den Kopf frei für die neue digitale Welt. Ohne entsprechendes Image Shaping hätte das die Öffentlichkeit vermutlich nicht zur Kenntnis genommen. Damit es am Ende wirklich jeder mitbekommt, muss die Botschaft auch mit einer entsprechenden Social-Media-Präsenz unterstützt werden. Ulrich Spiesshofer von ABB (4000 Follower – müssten das bei etwa 135 000 Mitarbeitenden nicht mehr sein?) oder Opel-Chef Karl-Thomas Neumann (immerhin 12 000 Follower bei nur circa 34 000 Mitarbeitenden) sind ganz vorne dabei. „Twitter ist einfach, direkt und authentisch", stellte dazu Christoph Bornschein von der Agentur TLGG fest (Werle 2016). Ist es wirklich noch „authentisch", wenn ganze Teams diese Botschaften auswählen, formulieren und platzieren? Wirkung zeigt es anscheinend trotzdem.

> Gestalten Sie Ihre Marke: klare Konturen, wirksames Profil, Aktualität, regelmäßige Sichtbarkeit, Unterscheidbarkeit.
> - Attraktives Thema,
> - Erreichbarkeit,
> - klare Statements,
> - prägnantes Profil.

Für nachhaltigen Erfolg fehlt noch eine Zutat: Man muss auf Sie aufmerksam werden, man muss Sie kennen. Networking ist wichtig! Knüpfen Sie an Ihrem Netzwerk. Identifizieren Sie wichtige Kontakte und pflegen Sie diese. Netzwerke helfen dabei, im Leben voranzukommen und im Job erfolgreich zu sein. Einzelne können nur wenig erreichen, ohne Follower und Likes sind Sie nicht nur auf Twitter und Facebook verloren. Andere sollten Sie kennen und weiterempfehlen.

> Knüpfen Sie ein erfolgreiches Netzwerk.

Ein gutes Netzwerk umfasst meist nur eine bestimmte Anzahl Personen. Der britische Anthropologe Robin I. M. Dunbar (1993) untersuchte die Größe von Netzwerken. Unser Gehirn kann nur eine begrenzte Zahl von intensiven Kontakten verarbeiten. Die Dunbar-Zahl beschreibt eine Grenze für die Anzahl an Personen, für die wir Gesicht, Namen und persönliche Informationen verknüpfen. Das sind im Schnitt 150 Personen, die Spanne reicht von 100 bis 250. Diese Zahl an Kontakten können wir gut bewältigen.

In der menschlichen Entwicklungsgeschichte war es immer sinnvoll, uns nahestehenden Menschen zu helfen. Damit verbessern wir die Chancen unseres Genpools, sich zu verbreiten. Indem wir anderen helfen, verstärken wir zudem deren Bereitschaft, uns zu helfen. „Wie du mir, so ich dir." Alvin Ward Gouldner, ein amerikanischer Soziologe, formulierte in den 1960er-Jahren die wesentlichen Ideen zum Konzept der Reziprozität oder Gegenseitigkeit (Gouldner 1984). Ich werde andere so behandeln, wie ich es meinerseits erfahren habe. Das gilt für positive ebenso wie für negative Konsequenzen. Damit können wir fairen sozialen Austausch und Verlässlichkeit in unseren sozialen Beziehungen realisieren. Diese Reziprozität erstreckt sich auch in den Bereich der zwischenmenschlichen Anziehung. Von Fritz Heider stammt die Aussage, dass Menschen sich besser fühlen, wenn ihre Beziehungen zueinander ausbalanciert sind (Heider 1958). Darum schätzen wir es, wenn wir die Freunde unserer Freunde mögen und von diesen gemocht werden.

Die Social Exchange Theory (Theorie des sozialen Austauschs; Emerson 1976, Homans 1958, Thibaut/Kelley 1959) erklärt Veränderungen und Stabilität in unserem sozialen Umfeld als das Ergebnis des Austausches zwischen den beteiligten Personen. Danach werden alle menschlichen Beziehungen aus der Basis einer subjektiven Kosten-Nutzen-Analyse und vor dem Hintergrund des Vergleichs mit Alternativen gestaltet. Sozialverhalten wird als ein Austausch von Gütern gesehen – materielle und immaterielle wie Anerkennung oder Prestige. Menschen, die viel investieren, wollen ihrerseits profitieren, und Menschen, die viel bekommen, stehen unter dem Druck, ihrerseits viel zu geben.

Erfolgreiches Networking basiert auf Auswahl und Intensität. Qualifizierten Kontakt mit mehr als 200 Personen aufzubauen und zu entwickeln, ist kaum möglich. Überlegen Sie also genau, wen Sie in Ihr Netzwerk aufnehmen möchten. In unterschiedlichen Lebens- und Berufsphasen mag es sinnvoll sein, Ihr Netzwerk umzubauen. Der soziale Austausch des Networking funktioniert wie ein Markt. Erfolgreich sind Sie, wenn Sie geben wollen und können, dann ist es möglich, auch von den anderen zu profitieren.

Mark Granovetter, ein amerikanischer Soziologe, legte Anfang der 1970er-Jahre seine Analyse „The Strength of Weak Ties" vor (Granovetter 1973). Darin untersuchte er die Konstruktion erfolgreicher Netzwerke. Die Stärke der Beziehungen ist demnach von den folgenden vier Faktoren abhängig:

- Verwendete Zeit (gemeinsam verbrachte Zeit),
- emotionale Intensität (Nähe),

- Intimität (Vertrauen/Verständnis),
- Reziprozität (gegenseitiger Nutzen).

Wann also sind Netzwerke förderlich für die Karriere? Beachten Sie die Grundregeln:

> **Erfolgreiche Netzwerke**
>
> - *Klasse statt Masse:* Der Wert des Netzwerks misst sich an der Qualität seiner Mitglieder.
> - *Geben und nehmen:* Investieren Sie, dann können Sie auch einfordern.
> - *Zeit:* Regelmäßige Kontakte – virtuell und persönlich, bieten Sie immer mal wieder qualitativen Input an.
> - *Kern:* Wer sind Sie? Was bieten Sie?
> - *Eindruck:* Achten Sie auf die „richtige" Wirkung.
> - *Interesse:* Seien Sie interessiert an anderen, dann sind auch Sie interessant.
> - *Strategie:* Planen Sie vorher, wen Sie einbinden wollen – und wen nicht.
> - *Verlass:* Halten Sie Ihre Zusagen.
> - *Gemeinsamkeiten:* Suchen Sie Übereinstimmungen – Menschen, mit denen wir Interessen teilen, finden uns sympathischer.
> - *Aktualität:* Passen Sie Ihr Netzwerk an.

5.6 Small Talk – Das kleine Gespräch

Sie sind auf einen Empfang eingeladen, zu einer kleinen Feier, einem netten Beisammensein – die perfekte Chance, an Ihrem Netzwerk zu arbeiten. Wenn Sie nur wüssten, worüber Sie reden könnten. Etwa über bangloses Zeug mit Leuten, die Sie kaum kennen? In Deutschland wird der Small Talk immer noch unterschätzt. Vermeiden lässt er sich oft nicht, von den Beteiligten wird er aber nicht selten eher lustlos betrieben. Guter Small Talk ist durchaus anspruchsvoll. Das Schwere ist die geforderte Leichtigkeit. Den wenigsten fällt es schwer, mit der gebotenen Tiefe über ihren Job, ihr Unternehmen oder auch die herausragende Bedeutung der eigenen Person zu sprechen. Vielen hingegen fällt es sehr schwer, ein wenig über wenig Wichtiges zu sprechen und dabei anderen Menschen das angenehme Gefühl zu vermitteln, ernst genommen zu werden und doch etwas sehr Angenehmes zu tun.

Gute Moderatoren im Fernsehen tun genau das: Sie nehmen sich selber wenig ernst, sie rücken ihren Gast ins rechte Licht, sie erzeugen eine entspannte Atomsphäre – der Zuschauer hat das Gefühl, im Sessel daneben zu sitzen und direkt am Gespräch teilzuhaben. Das gelingt bei Weitem nicht jedem – das Fernsehen bietet auch Menschen wie den notorischen Ina Müller und Hinnerk Baumgarten einen Platz zum Leben. Sie unterbrechen den Gast ständig, springen ohne erkennbaren roten Faden von Thema zu Thema oder leisten unwillkommene eigene Beiträge. Früher nannte man das „Dampfplaudern". Der Gast unterwirft sich oft erkennbar gequält zum Nutzen der eigenen Publicity.

Sie müssen noch nicht einmal auf einem Empfang eingeladen sein – oft sind schon ein paar Stockwerke im Fahrstuhl oder das gemeinsame Essen in der Kantine eine Herausforderung. Schon hier ist die Fähigkeit gefordert, ein wenig und nett zu plaudern. Auch ist eine unverbindliche Plauderei die beste Möglichkeit, andere Menschen kennenzulernen. Und ein paar nette Augenblicke miteinander zu verbringen. Selbst dann, wenn man sich danach vielleicht nie wieder sieht. Oder überraschenderweise doch – dann haben Sie allerdings durch geschickten Small Talk schon einmal eine gute Grundlage geschaffen.

Alles fängt mit der Begrüßung an. Gehen Sie einfach auf andere Personen zu, stellen Sie sich kurz mit Namen vor, eher locker als formell. Wenn Ihr Partner seinen Namen ebenfalls nennt – bitte unbedingt merken. Das geht am leichtesten, wenn Sie den Namen zu Beginn ein paarmal einflechten. Jeder hört gerne seinen eigenen Namen, das ist zudem höflich und Sie können ihn sich so besser merken.

Und machen Sie dann ein paar nette Feststellungen, schließen Sie eine offene Frage an und hören Sie zu, was Ihre Gesprächspartner zu sagen haben. Worüber können Sie sprechen? Nichts Schweres, nur Leichtes. Machen Sie ein paar nette Bemerkungen beispielsweise zum Anlass, zum Ort oder zum Rahmen der Veranstaltung, berichten Sie eine kleine unverfängliche Begebenheit, sagen Sie etwas zum Programm, zum Essen.

Sie müssen nicht zeigen, dass Sie besonders klug sind, nur plaudern. Damit sind Themen wie Politik, Religion, (ernste) Krankheiten, Sexualität oder abfällige Verallgemeinerungen, Vertraulichkeiten, Firmengeheimnisse oder Indiskretionen über andere Personen automatisch tabu. Zu große Ernsthaftigkeit oder Vertraulichkeit schafft eher Distanz.

Lassen Sie auch Ihr Gegenüber ausreichend zu Wort kommen, dann dürfen Sie sich nach ein paar Minuten wieder verabschieden, vielleicht mit den Worten „Ich werde noch ein paar anderen Gästen der Veranstaltung Guten Tag sagen" oder „Ich habe jetzt ein richtig schlechtes Gewissen, Sie bei all den Leuten hier ganz alleine in Beschlag zu nehmen". Das nimmt Ihnen niemand übel, denn genau deswegen sind alle anderen auch gekommen.

> Small Talk ist leichte Plauderei – sprechen Sie ein wenig über unverfängliche Themen. Lassen Sie Ihren Partner ausreichend zu Wort kommen. Das macht den besten Eindruck. Und wirkt am stärksten.

5.7 Gestalten Sie Ihr Image

Unsere Wirklichkeit ist eine Konstruktion aus wenigen wahrgenommenen, gefilterten, bearbeiteten und interpretierten Reizen. Menschen unterscheiden sich in erheblichem Maße darin, welche Reize sie zu Bausteinen ihrer Weltsicht machen.

„Zwei mal drei macht vier, widewidewitt und drei macht neune, ich mach mir die Welt, widewide wie sie mir gefällt" (Lindgren, A.: Pippi Langstrumpf. Hamburg, 2008).

Diese Zeilen aus dem Pippi-Langstrumpf-Lied beschreiben das Ergebnis. Steve Jobs wusste anscheinend, wie es geht. In seiner von Walter Isaacson (2012) verfassten Biografie wird ein führender Apple-Entwickler zitiert. Er sagte, Jobs akzeptiere keine Fakten, die ihm nicht passten. „Am besten beschreibt man es mit einem Begriff aus Star Trek. Steve hat ein Reality Distortion Field. ... In seiner Gegenwart wird die Wirklichkeit formbar. Er kann praktisch jeden von praktisch allem überzeugen. Wenn er nicht da ist, lässt der Effekt nach, aber realistische Zeitpläne haben kaum eine Chance dagegen."

> Gestalten Sie Ihr Wirkungsfeld.

Davon können wir lernen, Situationen neu und anders zu betrachten. Menschen mit Charisma handeln unter der Annahme, dass Erfolg machbar ist. Darum gründen Optimisten Unternehmen, obwohl laut Statistik nur etwa ein Drittel der Neugründungen die ersten fünf Jahre übersteht.

Werden Sie zum engagierten Verkäufer Ihrer Ideen. Denken Sie über die Bedürfnisse Ihrer Partner nach. Fragen Sie sich, wen Sie erreichen wollen. Dieselbe Idee muss ich unterschiedlichen Menschen auf verschiedene Art und Weise erläutern. Aus der Bestimmung der Zielperson oder Zielgruppe ergibt sich die Auswahl der geeigneten Botschaften. Was weiß Ihr Partner bereits, was ist neu für ihn, was muss er erfahren? Welche Erwartungen hat er? Und vor allem eben die Schlüsselfrage: Welchen Nutzen können Sie bieten?

Der Perspektivenwechsel vom Gesprächspartner zum Verkäufer Ihrer Idee wird Ihnen helfen, sich besser auf Ihren Gesprächspartner auszurichten. Damit werden Sie besser überzeugen:

- Werden Sie zum Verkäufer Ihrer Persönlichkeit und Ihrer Ideen.
- Treten Sie sicher und sympathisch auf.
- Überzeugen Sie andere durch Nutzen und Zielorientierung.

Das ist Charisma! Und Charisma kann man lernen!

> **Charisma ist lernbar**
>
> - *Position* – verschaffen Sie sich Klarheit über Ihre Positon. Füllen Sie diese aus. Bauen Sie Ihre Position aus.
> - *Auftritt* – unterstützen Sie Ihre Inhalte durch Ihre Körpersprache: Nehmen Sie Raum ein, unterstreichen Sie Ihre Aussagen durch Gestik – achten Sie auf Blickkontakt, souveränes Lächeln, sicherer Stand, die „richtige" Kleidung – und durch Ihre Stimme: Laut und deutlich sprechen, Pausen als Zeichen von Sicherheit und Souveränität, sprechen Sie moduliert, mit Betonung.
> - *Signale* – unterstützen Sie durch Symbole, wie Sie von anderen wahrgenommen werden wollen.
> - *Information* – lassen Sie andere wissen, woran Sie arbeiten und dass Sie dabei erfolgreich sind.
> - *Bilder* – sorgen Sie für die geeignete „Illustration" Ihrer Persönlichkeit durch Geschichten, Bilder, Beispiele.
> - *Aufgaben* – kämpfen Sie um wichtige Aufgaben und „sichtbare" Projekte.
> - *Allianzen* – bauen Sie gezielt Ihr Netzwerk auf und aus, lassen Sie andere für sich werben.
> - *Sichtbar* – beziehen Sie Stellung, sprechen Sie laut und deutlich, unterstützen Sie Ihre Aussagen durch selbstbewusste Körpersprache, kein Meeting und keine Besprechung ohne Ihren (qualifizierten!) Beitrag.
> - *Inhalt* – werden Sie bekannt für Besonderes: Experte für ein Fachgebiet, erfolgreich als Manager oder Projektleiter wichtiger Themen.
> - *Image* – sorgen Sie für öffentliche Aufmerksamkeit durch Vorträge, Publikationen, gezielte Auftritte in den Medien.

5.8 Literatur

Antonakis, J.; M. Fenley; Liechti, S. (2017): http://my.unil.ch/serval/document/BIB_?FDC9DF7BA052.pdf *Zeit*

Amann, M.; Löhr, J. (2007): „Etikettenschwindel rächt sich". In: *FAZ* vom 01./02.12.2007, S. ?C2

Balzer, A.; Boldt, K.; Haseborg, V. t. (2016): „Örtliche Betäubung". In: *Bilanz* November 2016, S. 36–43

Becker, T. (2016): „Die größte Liebe unseres Lebens". In: *Spiegel* 26, 2016, S. 118–127

Brandstätter, H. (2006): „Leben mit den Medien – Chance und Risiko für Topmanager". In: Hochegger | Research (Hrsg.): *Der Chef als Kapital*. Wien

Branson, R. (2010): Losing My Virginity. London

Dierig, C. (2016): „Mercedes unter den Top Ten der Weltmarken". In: *Welt* vom 06.10.2016, S. 15

Dunbar, R. I. M. (1993): „Coevolution of neocortical size, group size and language in humans". In: *Behavioral and Brain Sciences* 16 (4) 1993, S. 681–735

Emerson, R. M. (1976): „Social Exchange Theory". In: *Annual Review of Sociology* 2, 1976, S. 335–362

Folkersma, P. (2016): „Das eigene Buch: Nur ein überflüssiges Statussymbol?" In: *wirtschaft + weiterbildung* 10, 2016, S. 46–49

Gouldner, A. W. (1984): *Reziprozität und Autonomie. Ausgewählte Aufsätze*. Frankfurt am Main

Granovetter, M. S. (1973): „The Strength of Weak Ties". In: *American Journal of Sociology* 78, 1973, S. 1360–1380

Hamer, D. (2004): *The God Gene. How Faith is Hardwired into our Genes*. New York, NY

Hawranek, D.; Dohmen, F. (2016): „Pleite für Maschmeyer". In: *Spiegel online* vom 10.10.2016, http://www.spiegel.de/wirtschaft/carsten-maschmeyer-scheitert-mit-strafanzeige-gegen-utz-claasen-a-1115994.html

Heider, F. (1958): *The Psychology of Interpersonal relations*. New York, NY

Hirn, W.; Rockens, C. (2011): „Ehrensache". In: *manager magazin* 12, 2011, S. 184–188

Homans, G. C. (1958): „Social Behavior as Exchange". In: *Amercian Journal of Sociology* 63, 1958, S. 597–606

Horeni, M. (2016): „Was für ein Theater!" In: *FAS* vom 20.03.2016, S. 31

Isaacson, W. (2012): *Steve Jobs. Die autorisierte Biografie des Apple-Gründers*. München

Jürgs, A. (2016): „Vom Gift besessen". In: *Welt* vom 05.10.2016, S. 23

Koch, E. R. (2012): „Beim Titelhändler". In: *Zeit* vom 10.05.2012, S. 35 – 36

Larsen, R. J.; Buss, D. M. (2010): *Personality Psychology*. New York, NY

Lindgren, A. (2008): Pippi Langstrumpf. Hamburg

Lindgren, A. (2017): „Hej, Pippi Langstrumpf". In der Übersetzung von Wolfgang Franke und Helmut Harun. http://efraimstochter.de/18-Pippi-Langstrumpf-Song-auf-deutsch.htm#content

Luft, J.; Ingham, H. (1955): „The Johari window, a graphic model of interpersonal awareness". In: dies.: *Proceedings of the western training laboratory in group development*. Los Angeles, CA

N. N. (2016a): „Zitatsammlung zur AfD – eine Auswahl", brigitte-zypries.de/dl/2016_02_16_zitatsammlung_afd.pdf

N. N. (2016b): „Maschmeyer wirft Claassen Untreue vor". In: *Spiegel online* vom 23.09.2016, http://www.spiegel.de/wirtschaft/unternehmen/carsten-maschmeyer-wirft-utz.claassen-untreue-vor-a-1113661.html

N. N. (2016c): „Frau von Utz Claassen zeigt Maschmeyer an". In: *Spiegel online* vom 12.10.2016, http://www.spiegel.de/wirtschaft/unternehmen/utz-claasen-vs-carsten-maschmeyer-jetzt-schaltet-sich-claassens-frau-ein-a-1116211.html

N. N. (2017): „Donald Trumps schlimmste Sprüche". In: *Hamburger Abendblatt*, abendblatt.de/politik/article206993155/Donald-Trumps-schlimmste-Sprüche.html

Reimann, A.; Hebel, C. (2014): „Die wirre Welt der Wohlstandsbürger". In: *Spiegel online* vom 16.12.2014, http://www.spiegel.de/politik/deutschland/pegida-in-dresden-die-kruden-aussagen-der-demonstranten-a-1008735.html

Reinbold, F. (2015): „Das Bibi-Business". In: *Spiegel online* vom 09.12.2015, http://www.spiegel.de/netzwelt/web/youtube-star-bibi-wirbt-junge-menschen-das-neue-werbe-business-a-1066678-druck.html

Schrep, B.; Verbeet, M.; Wassermann, A. (2011): „Die Doktormacher". In: *Spiegel* 12, 2011, S. 47 – 52.

Schwertfeger, B. (2007): „Die Titelhelden". In: *Capital* 20, 2007, S. 150 – 153.

Schwertfeger, B. (2011): „Ein Bachelor, der keiner ist". In: *Zeit* vom 15.12.2011, S. 79

Steltzner, H. (2007): „Mr. Peanuts geht". In: *FAZ* vom 03.04.2007, http://www.faz.net/aktuell/wirtschaft/unternehmen/hilmar-kopper-mr-peanuts-geht-1410020.html

Strelecky, J. (2007): *The Big Five for Life*. New York, NY

Student, D. (2016): „Wir können auch anders". In: *manager magazin* März 2016, S. 80 – 86

Thadeusz, R. (2016): „Jetzt mal ehrlich". In: *Spiegel* 32, 2016, S. 114 – 115

Theiß, W. v. (2016): *Charisma. Ihr Guide für ungebrochene Ausstrahlung und animalische Anziehungskraft.* CreateSpace Independent Publishing Platform

Thibaut, N.; Kelley, H. (1959): *The Social Psychology of Groups.* New York, NY

Unger, B. (2016): „Taschenliebe. 7 Monate Geduld". In: *Bilanz* Oktober, 2016, S. 64 – 67

Wahl, B. (2016): Rezension auf Amazon.de vom 27.05.2016, https://www.amazon.de/Charisma-ungebrochene-Ausstrahlung-Anziehungskraft-kennenlernen-ebook/dp/B01AKQ06KC

Welch, J.; Welch, S. (2005): *Winning.* New York, NY

Werle, K. (2016): „Das Messias-Syndrom". In: *manager mangazin* VI, 2016, S. 100 – 105

YouTube (2012): „Appenzeller Käse – Hauchdeutsch 2012 – Deutschland", https://www.youtube.com/watch?v=ImtKqbzvQEI

6 Literatur: Was schreiben andere?

Argyle, M.: *Körpersprache und Kommunikation.* Paderborn 1989

Ariely, D.: *The (honest) Truth about Dishonesty.* New York, NY 2012

Aubuchon, N.: *The Anatomy of Persuasion.* New York, NY 1999

Bandura, A.: *Social Learning Theory.* Englewood Cliffs, NJ 1977

Baron, R. A.; Byrne, D.: *Social Psychology.* Boston, MA 1977

Beattie, G.: *Visible Thoughts: The New Psychology of Body Language.* London 2003

Berns, G.: *Satisfaction. Warum nur Neues uns glücklich macht.* Frankfurt am Main 2005

Blau, P.: *Exchange and Power in Social Life.* New York, NY 1964

Booth-Sweeney, L.; Meadows, D.: *The Systems Thinking Playbook. Vol. 3.* Durham, NC 2001

Braun, R.: *Die Macht der Rhetorik.* Frankfurt am Main 2003

Bredemeier, K.; Neumann, R.: *Kreaktiv-PR.* Zürich 1997

Bredemeier, K.; Neumann, R.: *Nie wieder sprachlos.* Zürich 1999

Brehm, S. S.; Kassin, S.; Fein, S.: *Social Psychology.* Boston, MA 2005

Brendl, E.: *Clever manipulieren.* Wiesbaden 2001

Brooks, D.: *The Social Animal.* New York, NY 2011

Cerwinka, G.; Schranz, G.: *Die Macht der versteckten Signale.* Frankfurt am Main 1999

Cerwinka, G.; Schranz, G.: *Die Macht des ersten Eindrucks.* Frankfurt am Main 1998

Cialdini, R. B.: *Influence. Science and Practice.* Boston, MA 2009

Cialdini, R. B.: *Infuence. The Psychology of Persuasion.* New York, NY 1993

Daft, R. L.: *Organization Theory and Design.* St. Paul, MN 1988

Demarais, A.; White, V.: *First Impressions.* New York, NY 2004

Dörner, D.: *Die Logik des Misslingens.* Hamburg 1989

Donofrio, S.; Douma, A.: *Joining Together. Group Theory and Group Skills.* Harlow 2009

Duhigg, C.: *Smarter Faster Better.* New York, NY 2016

Duhigg, C.: *The Power of Habit.* New York, NY 2012

Dutton, K.: *Flipnosis. The Art of Split-Second Persuasion.* London 2011

Dutton, K.: *Gehirnflüsterer.* München 2011

Ekman, P.: *Telling Lies. Clues to Deceit in the Marketplace, Politics, and Marriage.* New York, NY 2009

Ekman, P.; Friesen, W. V.: *Unmasking the Face.* Englewood Cliffs, NJ 1975

Forgas, J. P.: *Soziale Interaktion und Kommunikation.* Weinheim 1999

French, J. P. R. Jr.; Raven, B.: „The bases of social power". In: Cartwright, D.; Zander, A. (eds.): *Group Dynamics.* New York, NY 1960, S. 607–623

Frey, S.: Die Macht des Bildes. Bern 1999

Friedrichs, J.: Gestatten: Elite. Hamburg 2008

Gerrig, R. J.; Zimbardo, P. G.: *Psychologie.* München 2012

Gigerenzer, G.: *Bauchentscheidungen.* München 2007

Gigerenzer, G.: *Risiko.* München 2013

Gladwell, M.: *Outliers. The Story of Success.* New York, NY 2008

Gladwell, M.: *The Tipping Point.* London 2005

Gladwell, M.: *Was der Hund sah.* Frankfurt am Main 2010

Gray, P.: *Psychology.* New York, NY 2011

Greene, R.: Power. Die 48 Gesetze der Macht. München 2008

Guggenberger, B.: *Einfach schön. Schönheit als soziale Macht.* München 1997

Guirdham, M.: *Interpersonal Skills at Work.* Hemel Hempstead 1995

Hakim, C.: *Erotisches Kapital. Das Geheimnis erfolgreicher Menschen.* Frankfurt am Main 2011

Harari, Y. N.: *Sapiens. A Brief History of Humankind.* London 2014

Heider, F.: *The Psychology of Interpersonal Relations.* New York, NY 1958

Heine, M.: *Seit wann hat geil nichts mehr mit Sex zu tun?* Hamburg 2016

Kahneman, D.: *Tinking, Fast and Slow.* New York, NY 2011

Kepplinger, H.-M.: *Die Mechanismen der Skandalisierung.* München 2012

Klein, G.: *Sources of Power.* Cambridge, MA 1999

Koch, R.: *Die Power-Gesetze des Erfolgs.* Frankfurt am Main 2001

Larsen, R. J.; Buss, D. M.: *Personality Psychology*. New York, NY 2010

Ledoux, J.: *Das Netz der Gefühle*. München 2003

Lepsius, O.; Meyer-Kalkus, R.: *Inszenierung als Beruf. Der Fall Guttenberg*. Frankfurt am Main 2011

Lyle, J.: *Body Language*. London 1990

Mehrabian, A.: *Silent Messages*. Belmont, CA 1971

Miller, P.: *Die Intelligenz des Schwarms*. Frankfurt am Main 2010

Molche, S.: *Körpersprache im Beruf*. München 2001

Morris, D.: *Bodytalk*. München 1997

Naumann, F.: *Schöne Menschen haben mehr vom Leben*. Frankfurt am Main 2006

Navarro, J.: What Every Body is Saying. New York, NY 2008

Neumann, R.: *Die Macht der Macht*. München 2012

Neumann, R.: *Sag doch Ja!* Göttingen 2015

Neumann, R.: *Schlagfertig reagieren im Job*. Landsberg am Lech 2001

Neumann, R.; Ross, A.: *Der Macht-Code. Spielregeln der Manipulation*. München 2009

Neumann, R.; Ross, A.: *Der perfekte Auftritt*. Hamburg 2004

Neumann, R.; Ross, A.: *Souverän auftreten. Rhetorik – Präsentation – Argumentation*. München 2009

Neumann, R.; Ross, A.: *Souverän vor Publikum*. Landsberg am Lech 2003

Rackham, N.: *Spin Selling*. New York, NY 1988

Richardson, J.: *Erfolgreich kommunizieren*. München 1992

Riedl, R.: *Biologie der Erkenntnis*. Berlin 1981

Ross, A.; Neumann, R.: *Fettnapf-Slalom für Manager*. Frankfurt am Main 2007

Schulz von Thun, F.: Miteinander reden. Störungen und Klärungen – Psychologie der zwischenmenschlichen Kommunikation. Hamburg 1981

Steller, M.: *Nichts als die Wahrheit? Warum jeder unschuldig verurteilt werden kann*. München 2015

Stroh, W.: *Die Macht der Rede*. Berlin 2009

Sutton, R. I.: *Der Arschloch-Faktor*. München 2007

Taleb, N. N.: *Der Schwarze Schwan*. München 2008

Tannen, D.: *You Just Don't Understand. Women and Men in Conversation*. New York, NY 2001

Tomasello, M.: *Die Ursprünge der menschlichen Kommunikation*. Frankfurt am Main 2009

Trivers, R.: *Social Evolution*. Menlo Park, CA 1985

Trivers, R.: *The Folly of Fools*. New York, NY 2011

Van Gelder, M.: *Organisation*. Frankfurt am Main 1997

Watzlawick, P.; Beavin, J. H.; Jackson, D. D.: *Menschliche Kommunikation*. Bern 1982

Weber, M.: *Wirtschaft und Gesellschaft. Grundriß der verstehenden Soziologie*. Tübingen 2002

Wilhelm, T.; Edmüller, A.: *Manipulationen erkennen und abwehren*. Planegg 2005

Wrede-Grischkat, R.: *Manieren und Karriere*. Frankfurt am Main 2001

Wüst, P.: *Self-Branding für Manager*. Zürich 2006

Zuta, V.: *Warum tiefe Männerstimmen doch nicht sexy sind*. Frankfurt am Main 2008

Index

Symbole

55-38-7-Formel 27f.

A

Abkürzung 65, 134
Accessoire 44, 178
Achleitner, Paul 145, 157
Adele 31
AfD 168
Aha-Effekt 120, 141
Ähnlichkeit 16, 19
Alpro 68
Angriff 103
Animation 134
Antonakis, John 170
Appel, Frank 158
Apple 84
Argumentation 57, 72
Argumentationsfiguren 73
Argumentationsmuster 79
Armani, Giorgio 36
Asch, Solomon 86
Atari 82
Attacke 103
Aufmerksamkeit 19
Aufsatzplan 75
Auftritt 11, 117, 145
Auftrittsgestaltung 176
Augen 36
Aus der Au, Christina 33
Ausklammerung, Gegenpositionen schaffende 78
Aussehen 16, 30
Authentizität 171
Authority Bias 91

B

Bach, Thomas 63
Bandura, Albert 95
Barth, Mario 171
Bauerfeind, Katrin 81
Baumann, Werner 146
Baumgarten, Hinnerk 184
Beckenbauer, Franz 156
Becker, Boris 120
Bedford-Strohm, Heinrich 33
Begründung 72
Beisenherz, Micky 125
Beispiel 62, 80, 82
Bem, Daryl J. 100
Besonderheit 95
Bibi 147, 178
Bild 62, 80, 132, 139
Birkin, Jane 140, 179
Bischoff, Sonja 16, 31
Blackout 138
Blatter, Sepp 176
Blickkontakt 36, 117
Body Leads 28
Bono, Edward de 133
Bornschein, Christoph 181
Brahm, Otto 116
Brandt, Willy 120
Branson, Richard 95, 167, 169

Bredemeier, Karsten 168
Breuer, Marcel 64
Brooks, Rebekah 17
Buch 177
Bülow, Vicco von 122
Busch, Wilhelm 70

C

Cantello, Linda 36
Carlsmith, James M. 97
Carroll, Lewis 26
Cäsar, Gaius Julius 177
Chapman, Merrill Rock 82
Charisma 167, 186
Charisma als Persönlichkeitsmerkmal 169
Churchill, Winston 105f.
Cialdini, Robert 99
Cicero, Marcus Tullius 120
Claassen, Utz 167, 172
Clinton, Bill 95
Clooney, George 31
Cöln, Christoph 60
Compliance 98f.
Cromme, Gerhard 106

D

Dagi Bee 147
Davet, Gérard 153
Deckstein, Dinah 27
Dekkers, Marijn 45
Denglish 65
Denner, Volkmar 15
Deutsches Institut für Normung 89
Dialekt 50, 67
Dialektik 57
Dialog 101
Doktortitel 48
Door in the Face 100
Döpfner, Mathias 31, 181
Dresscode 45
Dumas, Jean-Louis 140, 179

Dunbar, Robin I. M. 19, 181
Dupuis-Roy, Nicolas 133

E

Ebert, Vince 18
Eindruck, erster 11
Einfachheit 80, 84
Eiseman, Leatrice 44
Ekman, Paul 29, 37
Emotion 11
Erdoğan, Recep Tayyip 169
Eristik 103
Escobar, Pablo 176
Estrada, Christina 47
Experte 80, 90

F

Facebook-Freunde 19
Fachausdruck 57, 64
Farbe 132
Feedback 175
Fernsehen 158
Fernsehen, Kleidung fürs 160
Festinger, Leon 97
Fischer, Joschka 104
Flexibilität 175
Floskel 71
Folie 128
Formulierung, aktive/passive 71
Fragen 101, 104
Franck, Georg 19
Frank, Mark G. 29
Fremdwahrnehmung 175
Fremdwörter 64
French, John P. R. 92
Friesen, Wallace 37
Fuch, Erika 70
Fuchs, Erika 70

G

Gabriel, Sigmar 40
Geschichte 80f., 126, 140, 179

Gestik 38, 117
Gewichtungsfehler 15
Gewohnheit 88
Gliederung 61
Glinton, Sonari 66
Glock, Ingeborg 23
Goebbels, Joseph 105
Gosselin, Frédéric 133
Gouldner, Alvin Ward 98, 182
Granovetter, Mark 182
Grayson, Betty 35
Gropius, Walter 64
Grube, Rüdiger 59
Gruppendruck 86
Guardiola, Pep 180
Gunnlaugsson, Sigmundur 64
Guttenberg, Karl-Theodor zu 48

H

Haloeffekt 13, 91, 96
Haltung 33
Hamermesh, Daniel S. 16
Hammerstein, Konstantin von 27
Händedruck 41
Heider, Fritz 98, 182
Heinicke, Bianca 178
Heldt, Horst 156
Hemingway, Ernest 81
Hendricks, Barbara 44
Henkel, Hans-Olaf 116
Hiesinger, Heinrich 106
Hintergrundgespräch 154
Hinz, Petra 96, 151, 168
Hoeneß, Uli 169
Hollande, François 115 f., 153, 169
Holthoff-Pförtner, Stephan 145
Höttges, Timotheus 31
Howhot 31
Humor 125

I

IKEA 62
Image 185

Image Shaping 176
Infantino, Gianni 63
Ingham, Harry 175
Interview 60, 155
Isaacson, Walter 185

J

Jack, Rachel 38
Jobs, Steve 138 ff., 185
Johari-Fenster 175
Journalist 149
Journalist, Bedürfnisse des 151
Journalist, Erwartungen an 152
Journalist, Gespräch mit 154
Juffali, Walid 47

K

Kaeser, Joe 15, 27, 63, 181
Kardashian, Kim 176
Käßmann, Margot 83
Kaufmann, Jonas 31
Kennedy, John F. 120
Kermani, Navid 58
Kernaussage 59, 139
Kette 74
Kiesler, Charles A. 99
Kilian, Susanne 67
Kimmich, Joshua 180
Kleidung 44, 178
Kleidung fürs Fernsehen 160
Klöckner, Julia 44
Klug, Sonja Ulrike 177
Knappheit 95
Knightley, Keira 44
Knoll, Walter 64
Knopp, Thorsten 168
Koch-Mehrin, Silvana 48
Kommunikation 23
Kommunikation, emotionale 126
Kommunikation und Krisen 161
Komplexität 80, 84
Kompromiss, synthetischer 77
Kontrastfehler 15

Kopper, Hilmar 172
Korczak, Dieter 31
Körpergröße 31
Körpersprache 27, 117
Körpersprache interpretieren 42
KPMG 92
Krämer, Walter 93
Krisenkommunikation 161
Kubrick, Stanley 176
Kühr, Thomas 168

L

Lächeln 38
Lampenfieber 138
Latané, Bibb 19
Leyen, Ursula von der 44
Lhomme, Fabrice 153
Liebel, Hermann J. 47
Lochis 147
Loriot 122
Low Balling 99
Luft, Joseph 175
Lügendetektor 29
Luther, Martin 33

M

Macpherson, Elle 84
Macron, Emmanuel 36
Madoff, Bernie 20
Mälzer, Tim 81
Mann, Thomas 63
Manuskript 121
Marcinkowska, Urszula 32
Marke 148, 178
Maschmeyer, Carsten 167, 172
Mebs, Dietrich 179 f.
Medien 145
Medien, Verhalten mit 148
Mehrabian, Albert 27
Mehrheit 80, 85
Menasco Melissa A. 29
Menge, Macht der 85
Merkel, Angela 63, 157 f.
Metapher 62
Meyer-Landrut, Lena 44
Mies van der Rohe, Ludwig 64
Milgram, Stanley 91
Miller, Arthur 17
Mimik 36, 117
Moderationskarte 121
Möller, Stefan 104
Morrison, Toni 95
Müller, Ina 184
Müller, Matthias 23, 66, 146, 163
Müller, Thomas 66
Murdoch, Rupert 17

N

Nähe 18
Nahles, Andrea 44
NCR 82
Nettle, Daniel 37
Netzwerk 181
Neumann, Karl-Thomas 181
Neurolinguistisches Programmieren 29
NHundG 89
Norm 88

O

Obama, Barack 115, 118, 168
Obama, Michelle 156
OkCupid 20
Ortseifen, Stefan 157
O'Sullivan, Maureen 29

P

Padoan, Carlo 156
Paltrow, Gwyneth 15
Parship 19
Patentrezept 80
Pegida 168
Penke, Lars 32
Persönlichkeit 169
Peters, Hans-Walter 156
Peters, Tom 82

Peymann, Claus   15
Picasso, Pablo   81, 176
Piëch, Ferdinand   172
Pilati von Thassul zu Daxberg, Kristina Gräfin   50
Ploss, Reinhard   146
Pofalla, Ronald   104
Position   33
Pötsch, Hans Dieter   68
PowerPoint   128
Präsentation   115, 128
Presse   145
Primäreffekt   13
Prominente   81
Putin, Wladimir   28, 59, 153, 168
Pyramidenprinzip   130

Q

Quadbeck, Eva   39

R

Radmann, Fedor   156
Raumann, Michael   168
Raven, Bertram   92
Reagan, Ronald W.   120
Rede   115
Redeinhalt   122
Redetext   124
Regel   80, 88
Reger, Max   125
Rehmann, Jörg   92
Reziprozität   98, 182
Rhetorik   115
Robbers, Gerhard   33
Ronaldo, Cristiano   176
Ross, Alexander   128
Rudder, Christian   20
Rundfunk   158

S

Satzlänge   63
Schachter, Stanley   21

Scharping, Rudolf   50
Schavan, Annette   48, 168
Schneider, Jürgen   172
Schneider, Wolf   60, 70
Schönheit   30
Schönheitschirurgie   32
Schopenhauer, Arthur   104
Schreier, Bernhard   156
Schröder, Gerhard   50, 65, 95
Schulz von Thun, Friedemann   24
Schütze-Kreilkamp, Ursula   90
Schwarzer, Alice   125
Schwesig, Manuela   44
Sechs-Hüte-Technik   133
Selbstwahrnehmung   100, 175
Self-Branding   177
Seltenheit   95
Sieling, Carsten   59
Siemens   65
Siemens, Werner von   65
Singer, Jerome   21
Small Talk   183
Social Exchange Theory   98 f., 182
Soundbite   60, 156
Sparda-Bank   146
Spiesshofer, Ulrich   181
Sprache   63, 118
Sprechen   48
Stand   33
Steinbrück, Peer   39, 104, 108
Steiner, Norbert   63
Stein, Morris   35
Stimme   48
Sutton, Willie   23
Symbol   96
Sympathie   18
Syntellix AG   167

T

Taylor, Elizabeth   31
Taylor, Matt   13 f.
Technik   136
Telefonat   51
Teyssen, Johannes   181

Thomalla, Sophia   125
Tingler, Philipp   69
Todenhöfer, Jürgen   151
Tomasello, Michael   40
Tommee Tippee   146
Tönnies, Clemens   169
Treusch, Hermann   180
Trump, Donald J.   44, 141, 168
Tucholsky, Kurt   116
Tufte, Edward   128
Tupperparty   21
Turkish Airlines   45

U

Ulbricht, Walter   157

V

Vassiliadis, Michael   181
Verb   70
Vergleich, wertender   76
Verpflichtung   98
Verstehen   57
Volkswagen (VW)   66, 163
Vortrag   115

W

Wagenknecht, Sahra   44
Wagner Cook, Susan   40
Wahrscheinlichkeit   93
Waigel, Theo   95
Wang   82
Waterman, Robert H.   82
Watzlawick, Paul   24
Wehner, Herbert   103
Weizsäcker, Richard von   118
Welch, Jack   169
West, Kanye   176
Westphalen zu Fürstenberg, Clemens August Reichsgraf von   69
Wiebking, Jennifer   44
Wiener, Sarah   81
Wirkung   11
Wolfram, Stephen   19
Wörter   63
Wortwahl   67
Wowereit, Klaus   171

Y

Yousafzai, Malala   118

Z

Zahlen, Daten, Fakten   80, 90, 139
Zajonc, Robert   20
Zetsche, Dieter   15, 31, 156 f., 181
Zugabe   100
Zumwinkel, Klaus   156
Zwei-Faktoren-Theorie der Emotion   21

Der Autor:
Wer hat es geschrieben?

Reiner Neumann arbeitet mit Menschen in Unternehmen und Institutionen – darunter viele Vorstände, Geschäftsführer und Personen des öffentlichen Lebens. Drei Faktoren machen den Unterschied: die wissenschaftliche Fundierung, umfangreiche Praxis als Berater und mehr als zehn Jahre Erfahrung im Management im In- und Ausland. Akademische Stationen nach dem Abschluss als Diplom-Psychologe waren das Max-Planck-Institut für Bildungsforschung und die Ruhr-Universität, Lehraufträge an Hochschulen und Business Schools. Die Berufserfahrung als Manager und Berater umfasst unter anderem Positionen als Leiter International Training Sales + Marketing für Siemens mit Standort Brüssel, Leiter Personal-/Organisationsentwicklung + Ausbildung der Hamburg Mannheimer Gruppe, Vice President ABB Business Services in der Schweiz und Bereichsleiter bei Mummert sowie bei Kienbaum. Seit dem Jahr 2000 arbeitet Reiner Neumann als selbständiger Berater und Trainer. Er ist Autor zahlreicher Bücher und Texte.

Kontakt:

Mail: neumann.ctc@gmail.com

Web: *www.brainguide.de/reiner-neumann*

Macht ist überall

Neumann
Die Macht der Macht
208 Seiten. Gebunden
€ 18,90. ISBN 978-3-446-43210-9

Auch einzeln als E-Book erhältlich
€ 3,99. E-Book-ISBN 978-3-446-43390-8

Macht ist ein Reizthema. Ob wir selbst Macht ausüben oder der Macht anderer ausgeliefert sind – überall spüren wir ihre Wirkung, im Berufsleben und darüber hinaus.

Wer Macht hat und sie ausübt, kann anderen helfen oder sie zur Verzweiflung treiben: Er gewährt Belohnungen und Ressourcen – oder er verweigert Budgets und verhindert Beförderungen. Macht ist ungerecht: Manche haben sie, die meisten hätten sie gerne, viele finden Macht sexy.

Wer Macht und ihre Strukturen ignoriert, ist entweder ein Heiliger oder bodenlos naiv. Allen anderen bietet dieses Buch einen Überblick über klassische Situationen, vorwiegend im Geschäftsleben, enthüllt die Spielregeln der Macht und zeigt Wege auf, mit fremder und mit eigener Macht umzugehen. Wer dieses Buch gelesen hat, kann Machtsituationen besser verstehen und sich selbst in solchen Situationen erfolgreich positionieren.

Mehr Informationen finden Sie unter **www.hanser-fachbuch.de**

HANSER

In 7 Zügen zum Unternehmer!

Grichnik
Entrepreneurial Living
Unternimm dein Leben
In 7 Zügen zur Selbstständigkeit
232 Seiten. Gebunden
€ 24,99. ISBN 978-3-446-44631-1

Auch einzeln als E-Book erhältlich
€ 19,99. E-Book-ISBN 978-3-446-44972-5

Egal, ob wir uns vornehmen, das neue Amazon zu entwickeln, eine Bar zu eröffnen oder mit unseren Freunden ein Hilfswerk ins Leben zu rufen: Es gibt tausend Gründe, um zu gründen – und in uns allen steckt ein Unternehmer!

Dieses Buch zeigt in sieben Zügen, was es braucht, um sich mit Humor und Freude an das unternehmerische Leben heranzuwagen und das persönliche Glück in der Eigenverantwortung zu finden.

»*Ein exzellenter Leitfaden zum Start der eigenen Unternehmerkarriere. Einfach anzuwenden, unterhaltsam und vielfach erprobt mit Unternehmern an der Universität St. Gallen.*«
Prof. Dr. Miriam Meckel, Chefredakteurin der Wirtschaftswoche

Mehr Informationen finden Sie unter **www.hanser-fachbuch.de**

HANSER

Alles zum Thema Digitale Geschäftsmodelle

Hoffmeister
Digital Business Modelling
Digitale Geschäftsmodelle entwickeln und strategisch verankern
2., überarbeitete Auflage
400 Seiten. Komplett vierfarbig. E-Book inside
€ 36,–. ISBN 978-3-446-45176-6

Auch einzeln als E-Book erhältlich
€ 28,99. E-Book-ISBN 978-3-446-45266-4

Die Veränderungen durch die Digitalisierung sind fundamental, disruptiv und revolutionär. Für Unternehmen bieten sich hier enorme Risiken, aber auch enorme Chancen. Die zentrale Frage lautet: Wie kann in einer digitalen und immateriellen Netzwerk-Ökonomie Wert geschaffen werden?

Dieses Werk vermittelt das relevante Basiswissen rund um digitale Geschäftsmodelle und stellt das Tool „Digital Value Creation Framework" (DVC-Framework) vor. Mithilfe des DVC-Frameworks können neue und werthaltige Transformationsansätze entwickelt und realisiert werden. Aber auch vorhandene Geschäfts- beziehungsweise Organisationsmodelle können auf Werthaltigkeit hin überprüft und weiterentwickelt werden. Der Leser erhält eine konkrete Vorgehensweise, wie das Tool zielsicher im eigenen Unternehmen und bei der Suche nach neuen Modell-Designs eingesetzt werden kann. Zahlreiche Beispiele veranschaulichen das Werk und erleichtern den Praxistransfer.

Mehr Informationen finden Sie unter **www.hanser-fachbuch.de**

HANSER

Ein Blick über den Tellerrand lohnt

Vullings, Heleven
Not Invented Here
Cross Industry Innovation
224 Seiten. Gebunden
€ 18,–. ISBN 978-3-446-45021-9

Auch einzeln als E-Book erhältlich
€ 14,99. E-Book-ISBN 978-3-446-45152-0

Cross-Industry-Innovation ist eine raffinierte Methode, die eigenen Innovationsbestrebungen in Schwung zu bringen, indem man zwischen Kontexten Analogien herstellt und Ansätze überträgt, und das über die Grenzen der eigenen Branche, Domäne oder Bereichs hinaus.

Sie erhalten mit diesem Werk Strategien und Werkzeuge in die Hand, um Lösungen anderer zu erkennen und diese dann erfolgreich auf das eigene Problem zu übertragen. Das Buch bietet allerdings nicht nur eine konkrete Umsetzungsanleitung, sondern ist wunderbar zu lesen, anschaulich illustriert und äußerst unterhaltsam! Ein wahrer Leckerbissen der Innovationsküche!

Mehr Informationen finden Sie unter **www.hanser-fachbuch.de**